高职信息服务校企合作教材

电子商务基础与实践

主　编　朱海静　王一海
副主编　王红梅　胡国敏

东南大学出版社
SOUTHEAST UNIVERSITY PRESS
·南京·

内容简介

本书系国家骨干高职院校优质核心课程建设成果,根据最新的经济与管理类人才培养方案,总结多年的电子商务概论教学经验,以电子商务职业能力要求为导向,采用项目教学、任务驱动的形式,将相关的课程进行整合,系统地介绍电子商务的理论和实践。

本书共分为八个项目,分别为电子商务认知、电子商务交易、电子商务网店建设、电子商务网店运营、电子商务支付、电子商务物流、电子商务安全、电子商务法规。每个项目都列出了项目要求、相关知识、项目实施和扩展知识,在项目实施中根据项目要求设置相关的实施任务,每个项目结束部分设置与项目有关的案例分析。通过项目知识的提炼和项目的实施,进行知识的扩展,使学生系统地掌握电子商务的相关理论知识,熟悉电子商务工作过程的相关操作和技能。

本书可作为高等职业院校电子商务、市场营销、国际经济与贸易、会计等经济与管理类专业和计算机应用、信息管理等信息类专业学生的教材,也可作为企业管理人员、电子商务从业人员从事电子商务活动的工具书和参考书。

图书在版编目(CIP)数据

电子商务基础与实践/朱海静,王一海主编. —南京:东南大学出版社,2015.1
高职信息服务校企合作教材
ISBN 978-7-5641-5470-7

Ⅰ. ①电… Ⅱ. ①朱… ②王… Ⅲ. ①电子商务—高等职业教育—教材 Ⅳ. ①F713.36

中国版本图书馆 CIP 数据核字(2015)第 006061 号

电子商务基础与实践

主　　编	朱海静　王一海	责任编辑	陈　跃
电　　话	(025)83795627/83362442(传真)	电子邮件	chenyue58@sohu.com
出版发行	东南大学出版社	出 版 人	江建中
地　　址	南京市四牌楼2号	邮　　编	210096
销售电话	(025)83794121/83795801		
网　　址	http://www.seupress.com	电子邮箱	press@seupress.com
经　　销	全国各地新华书店	印　　刷	南京南海彩色印刷有限公司
开　　本	787 mm×1 092 mm　1/16	印　　张	15.5
字　　数	377 千		
版印次	2015年1月第1版　2015年1月第1次印刷		
书　　号	ISBN 978-7-5641-5470-7		
定　　价	39.00 元		

* 本社图书若有印装质量问题,请直接与营销部联系。电话:025-83791830

前　言

随着现代信息技术的迅速发展,电子商务已经深入渗透到企业的采购、生产、销售、管理等多个环节及人们的学习和生活中。电子商务是企业提升企业核心竞争力、拓展市场范围、获取企业利润的主要源泉,社会对掌握电子商务知识的人才需求越来越强烈。

电子商务在全球得到了迅速的发展和应用,应用型、实用型的电子商务专业人才急需培养,越来越多的高等职业院校开办电子商务专业,并把电子商务概论作为经济与管理类以及信息管理类各专业的专业基础课程。电子商务概论课程内容体系涉及面很广,包括计算机技术、网络技术、数据库技术、经济学、信息系统等知识,从管理或商务的角度描述电子商务的理论和原理,缺乏实践环节,这给教师授课和学生的学习提出了很高的要求,同时这与电子商务人才培养方案中的培养规格和要求明显不一致。

本书是一批双师型的教师结合多年的教学经验和电子商务的实际应用,与南京淘大网络科技有限公司校企合作开发的教材。在编写过程中,打破了传统电子商务概论中过于理论化的介绍,以电子商务职业能力要求为导向,采用项目教学、任务驱动的形式,将电子商务的理论和实践进行项目化归纳,推进"理实一体",落实"学做合一",按照项目式的教学要求重新构建教材的内容结构,每个项目按照项目要求、相关知识、项目实施和扩展知识的形式编排内容。根据不同的项目要求,将电子商务的理论进行提炼整合,归纳出与项目相关的知识点,便于学生理解和掌握,同时还提出有关的扩展知识点,回避太抽象太难懂的知识点,每个项目实施中,根据电子商务应用的要求设置相应的操作任务,同时每个项目后均附有案例和一定数量的习题,以帮助学生进一步巩固基础知识,强化实践技能。

本书由朱海静、王一海担任主编,王红梅、胡国敏担任副主编,唐卫红、李苏文、陶俊、孙晶参与编写。全书由王一海、王红梅整体策划、统稿,并承担每个项目任务实施的设计工作。全书共八个项目,其中项目一、项目二由王一海编写,项目三由朱海静编写,项目四由胡国敏编写,项目五由唐卫红编写,项目六由李苏文编写,项目七由王一海、陶俊编写,项目八由孙晶编写。本书配有电子课件、教学大纲、习题参考答案等教学资源,欢迎广大读者通过电子邮件(wangyh@njcit.cn)方式索取。

在本书的编写过程中,得到了东南大学出版社的帮助和支持,在这里表示衷心的感谢。

同时本书在编写过程中,借鉴和引用了大量同行电子商务方面的相关著作、教材、案例以及网络中的资料,都在参考文献中列出,在此对所有这些文献和书籍著作者表示真诚的感谢。

由于编写水平有限,书中难免存在错误和疏漏之处,敬请广大读者批评指正。

编 者

2015 年 1 月

目 录

项目一 电子商务认知 ··· 1
项目要求 ·· 1
相关知识 ·· 1
知识 1.1　电子商务的定义 ·· 1
知识 1.2　电子商务的特点 ·· 2
知识 1.3　电子商务的分类 ·· 4
知识 1.4　电子商务的功能 ·· 5
知识 1.5　电子商务的模式 ·· 6
知识 1.6　电子商务的框架 ·· 10
知识 1.7　电子商务的交易过程 ·· 11
知识 1.8　电子商务的基本流转程式 ···································· 13
项目实施 ·· 17
扩展知识 ·· 20
知识 1.9　电子商务的标准 ·· 20
知识 1.10　电子商务的创新 ··· 21
知识 1.11　电子商务的影响 ··· 22
案例分析 ·· 23
课后习题 ·· 25

项目二 电子商务交易 ··· 27
项目要求 ·· 27
相关知识 ·· 27
知识 2.1　网上购物流程分析 ·· 27
知识 2.2　B2C 电子商务交易 ·· 29
知识 2.3　B2B 电子商务交易 ·· 31
知识 2.4　C2C 电子商务交易 ·· 34
项目实施 ·· 36
扩展知识 ·· 55
知识 2.5　电子政务 ·· 55
知识 2.6　政府采购 ·· 58

知识 2.7　电子报税 60
　案例分析 61
　课后习题 62

项目三　电子商务网店建设 64
　项目要求 64
　相关知识 64
　　知识 3.1　网店前期准备 64
　　知识 3.2　网店基本设置 66
　　知识 3.3　网店商品管理 66
　　知识 3.4　网店装修 67
　　知识 3.5　网店物流管理 71
　项目实施 75
　扩展知识 79
　　知识 3.6　2014 年天猫双十一活动交易规则 79
　案例分析 81
　课后习题 82

项目四　电子商务网店运营 84
　项目要求 84
　相关知识 84
　　知识 4.1　网店运营流程 84
　　知识 4.2　网店客户关系管理 86
　　知识 4.3　网店客户等级设置与客户分类 88
　　知识 4.4　客户关怀与营销 90
　　知识 4.5　网店店内推广 91
　　知识 4.6　网店站外推广 93
　　知识 4.7　网店数据分析 95
　　知识 4.8　网店流量数据 95
　　知识 4.9　网店服务指标 98
　　知识 4.10　网店单品数据指标 98
　项目实施 100
　扩展知识 102
　　知识 4.11　淘宝网店的站内推广方式 102
　案例分析 105
　课后习题 109

项目五　电子商务支付 111
　项目要求 111

相关知识 ·· 111
    知识 5.1　传统支付方式 ·· 111
    知识 5.2　电子支付 ·· 114
    知识 5.3　智能卡 ··· 116
    知识 5.4　电子现金 ·· 117
    知识 5.5　电子钱包 ·· 118
    知识 5.6　电子支票 ·· 120
    知识 5.7　网上银行 ·· 122
    知识 5.8　第三方支付 ·· 125
    知识 5.9　储值卡和虚拟卡 ·· 130
    知识 5.10　移动支付 ·· 131
项目实施 ·· 133
扩展知识 ·· 145
    知识 5.11　信用卡的支付方式 ·· 145
    知识 5.12　支付网关 ·· 148
案例分析 ·· 149
课后习题 ·· 150

项目六　电子商务物流 ·· 152
项目要求 ·· 152
相关知识 ·· 152
    知识 6.1　物流的定义和功能 ·· 152
    知识 6.2　物流的分类 ·· 153
    知识 6.3　电子商务与物流的关系 ·· 155
    知识 6.4　电子商务下的物流管理模式 ·· 157
    知识 6.5　我国电子商务物流的发展现状 ·· 159
    知识 6.6　我国电子商务物流的发展对策 ·· 161
项目实施 ·· 164
扩展知识 ·· 171
    知识 6.7　电子商务物流技术 ·· 171
    知识 6.8　第四方物流 ·· 174
    知识 6.9　电子物流 ·· 175
案例分析 ·· 175
课后习题 ·· 177

项目七　电子商务安全 ·· 179
项目要求 ·· 179
相关知识 ·· 179
    知识 7.1　电子商务的安全威胁 ·· 179
    知识 7.2　电子商务的安全性需求 ·· 180

知识 7.3　电子商务的安全体系结构 ······ 181
　　知识 7.4　防火墙技术 ······ 182
　　知识 7.5　病毒和木马防范 ······ 186
　　知识 7.6　数据加密技术 ······ 189
　　知识 7.7　数字摘要 ······ 191
　　知识 7.8　数字信封 ······ 191
　　知识 7.9　数字签名技术 ······ 192
　　知识 7.10　数字时间戳 ······ 194
　　知识 7.11　入侵检测技术 ······ 194
　　知识 7.12　数字证书与 CA 认证中心 ······ 196
　　知识 7.13　电子商务安全协议 ······ 200
　项目实施 ······ 202
　扩展知识 ······ 212
　　知识 7.14　RSA 算法 ······ 212
　　知识 7.15　虚拟专用网络技术 ······ 213
　　知识 7.16　电子商务安全管理策略 ······ 215
　案例分析 ······ 216
　课后习题 ······ 218

项目八　电子商务法规 ······ 220
　项目要求 ······ 220
　相关知识 ······ 220
　　知识 8.1　电子商务法概述 ······ 220
　　知识 8.2　国际电子商务立法的特点 ······ 222
　　知识 8.3　国际电子商务立法主要内容 ······ 223
　　知识 8.4　联合国国际贸易法委员会的《电子商务示范法》 ······ 224
　　知识 8.5　我国关于电子商务的法律问题 ······ 224
　　知识 8.6　电子商务中的知识产权保护 ······ 225
　　知识 8.7　电子商务纠纷的解决方式 ······ 225
　　知识 8.8　电子商务师的职业道德 ······ 227
　项目实施 ······ 228
　扩展知识 ······ 231
　　知识 8.9　电子商务网站基本资质许可 ······ 231
　　知识 8.10　示范法的主要条款内容 ······ 232
　　知识 8.11　知识产权 ······ 233
　　知识 8.12　电子商务的税收 ······ 233
　案例分析 ······ 235
　课后习题 ······ 236

参考文献 ······ 238

项目一

电子商务认知

本项目通过"电子商务认知"阐述电子商务的基本概念,包括电子商务的定义、电子商务的特点、电子商务分类和功能、电子商务的模式、电子商务的框架、电子商务的交易过程、电子商务的标准和电子商务的创新模式。

项目要求

【项目内容】

对常用的各类型电子商务网站的业务和功能进行了解与分析,熟悉电子商务的功能模块和电子商务交易的整个过程。通过对电子商务的熟悉,掌握电子商务的应用以及常见的使用技巧和方法。

【知识要求】

电子商务的使用过程中,必要清楚地掌握电子商务的定义、特点、功能和分类;了解电子商务的相关技术和应用;掌握电子商务的业务结构和框架结构;熟悉电子商务整个交易的过程;了解目前电子商务的发展及对传统商务的挑战。

相关知识

知识1.1 电子商务的定义

电子商务虽然正在以难以置信的速度渗透到人们的日常生活中,各国政府、学者、企业界人士都根据自己所处的地位和对电子商务的参与程度,给出了许多不同代表和权威的定义。

世界电子商务会议(The World Business Agenda for Electronic Commerce)权威地认为:电子商务是指实现整个贸易过程中各阶段的贸易活动的电子化。全球信息基础设施委员会(Global Information Infrastructure Commission,GIIC)对电子商务定义:电子商务是运用电子通信作为手段的经济活动,通过这种方式人们可以对带有经济价值的产品和服务进行宣传、购买和结算。联合国经济合作和发展组织（Organization for Economic Co-operation and Development，OECD）对电子商务的定义：电子商务是发生在开放网络上的，包含企业之间、企业和消费者之间的商业交易。欧洲议会对电子商务的定义是：电子商务是通过电子方式进行的商务活动，通过电子方式处理和传递数据，包括文本、声音和图像。

HP 公司认为电子商务是通过电子化手段来完成商业贸易活动的一种方式，电子商务使我们能够以电子交易为手段完成物品和服务等的交换，是商家和客户之间的联系纽带。IBM 公司认为，电子商务是指采用数字化电子方式商务数据交换和开展商务业务的活动，是在互联网的广阔联系与传统信息技术系统的丰富资源相互结合的背景下应运而生的一种相互关联的动态商务活动。

总之，无论是国际商会，还是 HP 和 IBM，都认为是利用现有的计算机硬件设备、软件和网络基础设施，通过一定的协议连接起来的电子网络环境进行各种各样商务活动的方式。因此，对于电子商务概念的科学理解应包括以下几个方面。

（1）电子商务是整个贸易活动的自动化和电子化。

（2）电子商务是利用各种电子工具和电子技术从事各种商务活动的过程。如图 1-1 所示。其中电子工具是指计算机硬件和网络基础设施(包括互联网、Intranet、各种局域网等)；电子技术是指处理、传递、交换和获得数据的多种技术的集合。

（3）电子商务渗透到贸易活动的各个阶段，因而内容广泛，包括信息交换、售前售后服务、销售、电子支付、运输、组建虚拟企业、共享资源，等等。

（4）电子商务的参与包括消费者、销售商、供应商、企业雇员、银行或金融机构以及政府等各种机构或个人。

（5）电子商务的目的是要实现企业乃至全社会的高效率、低成本的贸易活动。

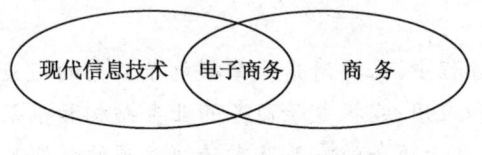

图 1-1　电子商务的形成

知识 1.2　电子商务的特点

电子商务与传统商务方式相比具有明显的特点，具体可以归纳为以下几点：高效性、方便性、集成性、可扩展性、安全性和协作性。

1. 高效性

电子商务最基本的特性是高效性，即提供买、卖双方进行交易的一种高效的服务方式、场所和机构。网上购物为消费者提供了一种方便、迅捷的购物途径，为商家提供了一个遍布世界各地的、广阔的、有巨大潜力的消费者群体；电子商务可以开展市场，增加客户数量，同时通过产品信息数据库，企业能够记录客户访问、购买的情况和购物动态以及客户对产品的偏爱，从而很好地获知客户最想购买的产品是什么，为产品的生产、开发提供有效的信息。

2. 方便性

在电子商务环境中,客户不再受时间和空间的限制,只能在一定的区域内、有限的几家商场中选择交易对象,寻找所需的商品。而他们可以在全球范围内寻找交易伙伴、选择商品,不再将目光集中在商品的价格上,而更注重产品服务质量的好坏。企业通过将客户服务过程移至开放的网络上,使客户能以一种比过去更简捷、方便的方式完成过去他们认为较为费事才能获得的服务。如将资金从一个存款户头移至一个支票户头,查看一张信用卡的收支情况,查询货物的收发情况,乃至搜寻购买稀有产品,这些都可以足不出户而实时完成。

3. 集成性

电子商务的集成性是指通过电子工程技术实现新老资源、人工操作与电子系统处理的有机集成。电子商务网络的真实商业价值在于协调新技术的开发运用和原有技术设备的改造利用,使用户能更加行之有效的利用已有的资源和技术,从而更高效地完成企业的生产和销售及客户服务。电子商务的集成性,还在于事务处理的整体性和统一性,它能规范事务处理的工作流程,将人工操作和信息处理集成为一个不可分割的整体,这样不仅提高了人力和物力的利用率,也提高了系统运行的严密性。

4. 可扩展性

要使电子商务正常运作,必须确保电子商务的可扩展性。网络上的用户数量数以万计,而且增长的速度非常快,要求电子商务系统能够有与之相适应的可扩展性。如果电子商务系统做不到随着用户数量的变化而进行方便、及时的扩展,那么客户访问的速度就将急剧下降,甚至会导致整个系统的瘫痪,从而影响企业的收入,损坏企业的形象和信誉。对于电子商务来说,可扩展的系统才是最稳定的系统,稳定的系统才能提供优质的服务,才能促进电子商务的不断发展。

5. 安全性

对于客户而言,无论网上的商品如何具有吸引力,如果缺乏对网上交易安全性的信心,就不敢随意在网上进行交易。在电子商务中,交易的安全性是必须考虑和解决的核心问题。网络中的欺骗、窃听、病毒和非法入侵都是威胁电子商务的因素,因此要求网络能提供一种端到端的安全解决方案,包括加密机制、签名机制、分布式安全管理、存取控制、防火墙、安全互联网服务器、防病毒保护等。为了帮助企业创建和实现这些方案,国际上多家公司联合开展了安全电子商务交易的技术标准和研究方案,并提出了安全电子交易协议(Secure Electronic Transaction,SET)和安全套接层协议(Secure Socket Layer,SSL)等协议标准,有助于企业建立一种安全的电子商务环境。

6. 协作性

商务活动本身是一种协调过程,它需要客户与公司内部、生产商、批发商、零售商间的协调,在电子商务环境中,它更要求银行、配送中心、通信部门、技术服务等多个部门的通力协作。为了提高效率,许多组织都提供了交互式的协议,电子商务活动也可以在这些协议的基础上进行。电子商务是迅捷简便的、具有友好界面的用户信息反馈工具,决策者们能够通过它获得高价值的商业情报、辨别隐藏的商业关系和把握未来的趋势。因而,他们可以作出更有创造性、更具战略性的决策。

知识1.3 电子商务的分类

通过研究不同类型的电子商务,可以加深对电子商务的理解。按照不同的标准,电子商务可划分为不同的类型。

1. 按照商业活动的运作方式分类

(1) 完全电子商务

完全电子商务是指完全可以通过电子商务方式实现和完成完整交易的交易行为和过程,也就是商品或者服务的完整过程是在信息网络上实现的电子商务。

(2) 非完全电子商务

非完全电子商务是指不能完全依靠电子商务方式实现和完成完整交易的行为和过程,即在商务活动的某些环节需要依靠一些外部因素来实现。

2. 按照开展电子交易的范围分类

(1) 本地电子商务

本地电子商务通常是指利用本城市或本地区的信息网络实现的电子商务活动,电子交易的范围较小。本地电子商务系统是利用互联网、Intranet或者专用网络将金融机构、保险公司、商品检验等信息系统以及本地区EDI中心系统联系在一起的网络系统。

(2) 远程国内电子商务

远程国内电子商务是指在本国范围内进行的网上电子交易活动,其交易的地域范围较大,对软硬件和技术要求较高,要求在全国范围内实现商业电子化、自动化,实现金融电子化,交易各方具备一定的电子商务知识、经济能力和技术能力,并具备一定的管理水平等。

(3) 全球电子商务

全球电子商务是指在全世界范围内进行的电子交易活动,参加电子商务的交易各方通过网络进行贸易的活动。它涉及有关交易各方的相关系统,如买卖方国家进出口公司系统、海关系统、银行金融系统、税务系统、保险系统等。全球电子商务业务内容繁杂,数据来往频繁,要求电子商务系统严格、准确、安全、可靠,必须使用世界统一的电子商务标准和协议。

3. 按照商务活动的内容分类

(1) 间接电子商务

间接电子商务是指有形货物的电子订货与付款等活动,依然需要利用邮政服务、快递等传统渠道送货,另外也可利用电子商务物流配送中心。

(2) 直接电子商务

直接电子商务是指无形货物或者服务的订货或付款等活动,如某些计算机软件、娱乐内容的联机订购、付款和交付,或者是全球规模的信息服务。

4. 按照使用网络的类型分类

(1) 基于EDI网络的电子商务

基于EDI网络的电子商务是利用EDI网络进行电子交易。EDI是指商业或行政事业按照一个公认的标准,形成结构化的事务处理或文档数据格式,以及从计算机到计算机的电子传输方法。

(2) 基于互联网的电子商务

基于互联网的电子商务就是利用互联网网络进行电子交易。互联网是一种采用 TCP/IP 协议组织起来的松散的、独立国际合作的国际互联网。

(3) 基于 Intranet 的电子商务

基于 Intranet 的电子商务是指利用企业内部网络进行电子交易。Intranet 是在互联网基础上发展起来的企业内部网，是在原有的局域网上附加一些特定的软件，将局域网与互联网连接起来，从而形成的企业内部的虚拟网络。

5. 按照交易对象分类

(1) 企业对企业的电子商务

企业对企业(Business to Business)类型的电子商务，简称 B2B。即企业或商业机构相互之间利用互联网或商务网络进行的商务活动。

(2) 企业对消费者的电子商务

企业对消费者(Business to Customer)类型的电子商务，简称 B2C。即企业或商业机构利用互联网向消费者提供商务和服务。例如，网上商店和网络学校等。

(3) 消费者对消费者的电子商务

消费者对消费者(Customer to Customer)C2C。即消费者个人之间利用互联网进行的商品交换等商务活动。

(4) 政府对企业的电子商务

政府对企业(Government to Business)类型的电子商务，简称 G2B 类型。此电子商务可以覆盖政府与企业之间通过互联网处理的许多事务。例如，政府的采购、企业的网上申报、网上年审和网上纳税等。

(5) 政府对消费者的电子商务

政府对消费者(Government to Customer)类型的电子商务，简称 G2C 类型。此类电子商务可以覆盖政府与消费者个人之间通过互联网处理的一些事务。例如，政府将电子商务扩展到社会福利费的发放，个人所得税和车辆养路费的网上交纳等。

知识 1.4 电子商务的功能

电子商务可提供网上交易和管理等全过程的服务，因此它具有广告宣传、咨询洽谈、网上订购、网上支付、电子账户、服务传递、意见征询和交易管理等各项功能。

1. 广告宣传

电子商务可凭借企业的 Web 服务器和客户的浏览器，在互联网上发布各类商业信息。客户可借助网上的检索工具(Search)迅速的找到所需商品信息，而商家可利用网上主页(Homepage)和电子邮件(E-mail)在全球范围内做广告宣传。与以往的各类广告相比，网上的广告成本最为低廉，而给顾客的信息量却最为丰富。

2. 咨询洽谈

电子商务可借助非实时的电子邮件(E-mail)，新闻组(News Group)和实时的讨论组(Chat)来了解市场商品信息，洽谈交易事务，如有进一步的需求，还可用网上的白板会议

(Whiteboard Conference)来交流即时的图形信息。网上的咨询和洽谈能超越人们面对面洽谈的限制，提供多种方便的异地交谈形式。

3. 网上订购

电子商务可借助Web中的邮件交互传送实现网上的订购。网上的订购通常都是在产品介绍的页面上提供十分友好的订购提示信息和订购交互格式框。当客户填完订购单后，通常系统会回复确认信息订单来保证订购信息的收悉。订购信息也可采用加密的支付使客户和上级的商业信息不会泄露。

4. 网上支付

电子商务要成为一个完整的过程，网上支付是一个重要的环节。客户和商家之间可采用信用卡账号进行支付。在网上直接采用电子支付手段将可省略交易中很多人员的开销。网上支付将需要更为可靠的信息传输安全性控制以防止欺骗、窃听、冒用等非法行为。

5. 电子账户

网上的支付必须有电子金融来支持，即银行或信用卡公司及保险公司等金融单位为资金融通提供网上操作服务。而电子账户管理是其基本的组成部分。信用卡号或银行账号都是电子账户的一种标志。而其可信度需配以必要技术措施来保证。如数字证书、数字签名、加密等手段的应用提供了电子账户操作的安全性。

6. 服务传递

对于已付了款的客户应将其订购的货物尽快地传递到他们的手中。而有些货物在本地，有些货物在异地，电子邮件将能在网络中进行物流的调配。而最适合在网上直接传递的货物是信息产品。如软件、电子读物、信息服务等。它能直接从电子仓库中将货物发到用户端。

7. 意见征询

电子商务能十分方便地采用网页上的"选择"和"填空"等格式文件来收集用户对销售服务的反馈意见。这样使企业的市场运营能形成一个封闭的回路。客户的反馈意见不仅能提高售后服务的水平，还能使企业获得改进产品、发现市场的商业机会。

8. 交易管理

整个交易的管理将涉及人、财、物多个方面，企业和企业、企业和客户及企业内部等各方面的协调和管理。因此，交易管理是涉及商务活动全过程的管理。电子商务的发展，将提供一个良好的交易管理网络环境及多种多样的应用服务系统，从而保障了电子商务获得更广泛的应用。

知识1.5 电子商务的模式

为了充分利用国际互联网达到最佳的商业效果，不同的企业利用电子商务的模式是不同的。企业应根据自身的经营特点，开发适合发展的电子商务战略。

1. B2B

B2B(Business to Business)是企业与企业之间通过互联网进行产品、服务及信息的交换。1997年，中国化工网（英文版）上线，成为国内第一家垂直B2B电子商务商业网站。目前基于互联网的 B2B 的发展速度十分迅猛,至 2015 年,中国电子商务 B2B 市场交易额将达到 8.3 万亿元。

从企业间电子商务系统所针对的企业间商务业务类型来看,目前的企业间电子商务系统又可分为针对国际贸易业务的国际电子商贸系统,针对一般商务过程的电子商务系统和针对支付和清算过程的电子银行系统。

图 1-2 B2B——阿里巴巴

2. B2C

B2C(Business to Customer)是企业对消费者的电子商务模式。这种形式的电子商务一般以网络零售业为主,主要借助于互联网开展在线销售活动。B2C 模式是我国最早产生的

图 1-3 B2C——当当网

电子商务模式,以8848网上商城正式运营为标志。B2C即企业通过互联网为消费者提供一个新型的购物环境,消费者通过网络在网上购物、在网上支付。近年来,中国B2C市场发展迅速,随着消费者消费习惯的改变以及企业自建与第三方平台大量涌现,投资者关注度显著提高,网上购物用户迅速增长,到2014年中国电子商务B2C市场交易额已达到7 920亿元。

3. C2C

C2C(Customer to Customer)是消费者之间的电子商务模式,是指网络服务提供商利用计算机和网络技术,提供有偿或无偿使用的电子商务平台和交易服务,便于交易双方(主要为个人消费者)达成交易的一种在线交易模式。近年来C2C电子商务也得到了快速的发展,到2011年,C2C市场交易规模已达到6 070亿元。国外C2C电子商务模式的典型代表是eBay,如图1-4所示。国内C2C电子商务模式的典型代表是淘宝。

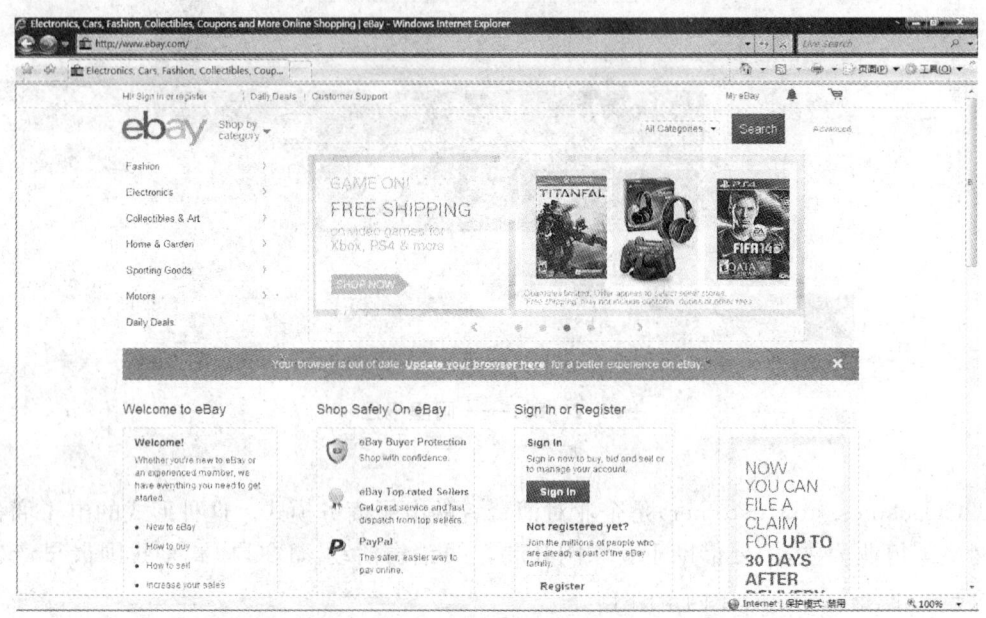

图1-4 C2C——eBay

4. G2B

G2B(Government to Business)是指政府(Government)与企业(Business)之间的电子政务,即政府通过网络进行采购与招标,快捷迅速地为企业提供各种信息服务;企业通过网络进行税务通报、办理证照、参加政府采购、对政府工作的意见反馈等;政府向企业事业单位发布的各种方针、政策、法规、行政规定等。对政府来说G2B电子政务的形式主要包括以下几种:电子采购与招标、电子税务、电子证照办理、电子外经贸管理、中小企业服务、综合信息服务等。G2B方式包括政府服务于企业和获取企业的服务。如图1-5所示。

5. G2C

G2C的全称是Government to Citizen,又写作G2C,即政府对公众的电子政务。G2C是指政府通过电子网络系统为公民提供的各种服务。与G2B模式一样,G2C模式的着眼点同样是强调政府的对外公共服务功能,所不同的是前者侧重针对企业,后者的服务对象是社会公众,特别是公众个人。

项目一　电子商务认知

图 1-5　G2B——南京市政务大厅

G2C 模式的服务范围更为广泛,例如:网上发布政府的方针、政策及重要信息,介绍政府机构的设置、职能、沟通方式,提供交互式咨询服务、教育培训服务、行政事务审批、就业指导等。如图 1-6 所示。

图 1-6　G2C——江苏人才网

6. G2G

G2G(Government to Government),也就是政府上下级、部门间利用"电子公文系统"传送有关的政府公文,以提高公文处理速度;或是利用"电子办公系统"完成机关工作人员的许多事务性的工作,如下载政府机关经常使用的各种表格,报销出差费用等,以节省时间和费用，提高工作效率。如图 1-7 所示为中国南京市政府网。

中国·南京
首页
南京概况
资讯中心
政务公开
在线服务
互动交流
查询中心
网络问政
新闻发布会

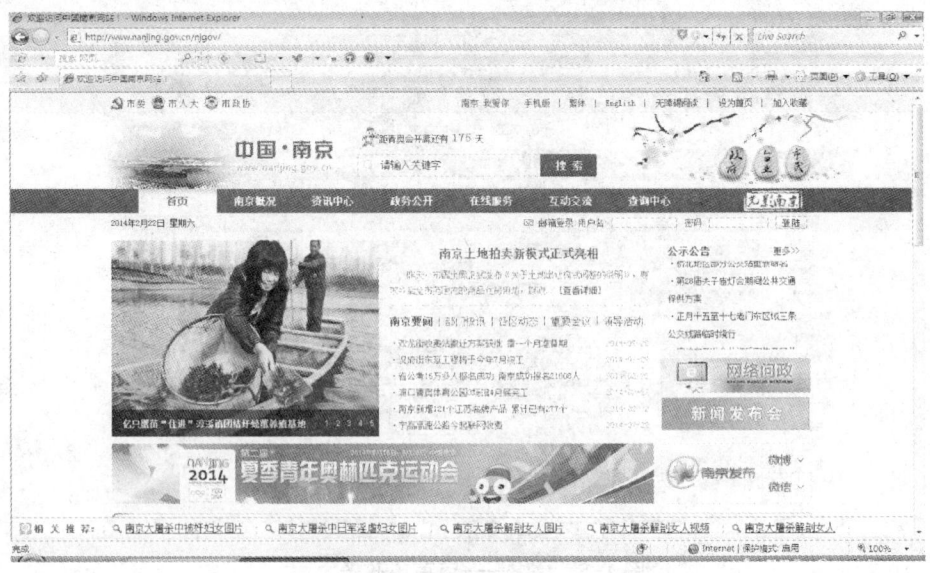

图 1-7　G2B——南京市政府网

知识 1.6　电子商务的框架

电子商务并不仅仅是创建一个 Web 网站，事实上电子商务涵盖的内容很多，目前电子商务已有很多方面的应用，如网上购物、网上证券交易、网上招聘、电子政务、网上拍卖等，而这些应用都需要相关技术的支持。电子商务的框架是指实现电子商务的技术保证和电子商务应用所涉及的领域。电子商务的技术支持分为 4 个层次和 2 个支柱。自下向上的 4 个层次分别是网络层、多媒体信息发布层、报文和信息传播层、贸易服务层；2 个支柱是国家政策及法律法规、相关技术标准及网络安全协议。4 个层次之上是电子商务的应用，可以看出电子商务的各种应用都是以 4 层技术和 2 个支柱为条件的。如图 1-8 所示。

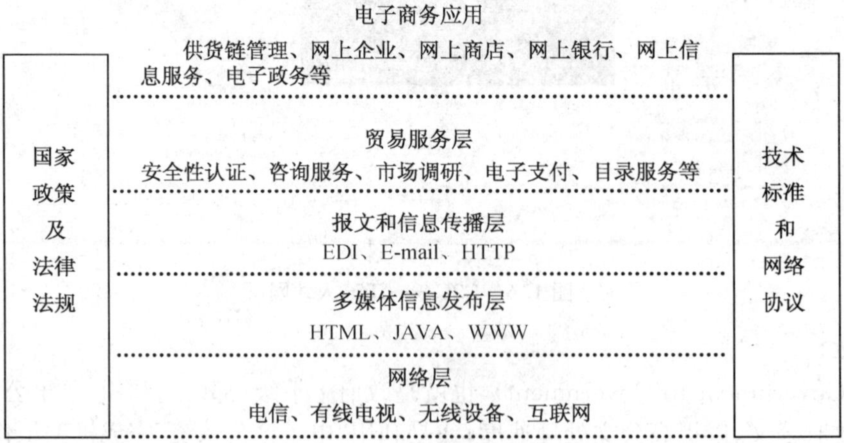

电子商务应用
供货链管理、网上企业、网上商店、网上银行、网上信息服务、电子政务等
贸易服务层
安全性认证、咨询服务、市场调研、电子支付、目录服务等
报文和信息传播层
EDI、E-mail、HTTP
多媒体信息发布层
HTML、JAVA、WWW
网络层
电信、有线电视、无线设备、互联网
国家政策及法律法规
技术标准和网络协议

图 1-8　电子商务的框架结构

1. 网络层

网络层指网络基础设施，又称网络平台。它以国际互联网为基本，包括内联网（Intranet）、外联网（Extranet）及各种增值网（VAN）等，还有远程通信网（Telecom）、有线电视网（Cable TV）、无线通信网（Wireless）等网络平台。网络层用户端硬件包括路由器（Route）、集线器（Hub）、调制解调器（Modem）、基于计算机的电话设备、机顶盒（Set-Top Box）、电缆调制解调器（Cable Modem）等。网络层是实现电子商务的最底层的基础设施，也是实现电子商务的基本保证。

2. 多媒体信息发布层

最常用的信息发布就是万维网 WWW，用 HTML 或 JAVA 将多媒体内容发布在 Web 服务器上，再通过一些安全协议将发布的信息传送给接受者。网络上的内容包括文本、图像、声音等多媒体信息。HTML 将这些多媒体内容组织得易于检索和富有表现力。从技术角度而言，电子商务系统的整个过程就是围绕信息的发布和传输进行的。

3. 报文和信息传播层

消息传播工具提供两种交流方式：一种是非格式化的数据交流，比如我们用 FAX 和 E-mail 面向人传递消息。HTTP 是互联网上通用的消息传播工具，它以统一的显示方式，在多种环境下显示非格式化的多媒体信息；另一种是格式化的数据交流，EDI 是典型代表，它的传递和处理过程可以是自动化的，无需人的干涉，也就是面向机器的，订单、发票、装运单等都比较适合格式化的数据交流。

4. 贸易服务层

贸易服务层是为了方便网上交易所提供的通用业务服务，是所有的企业、个人做贸易时都会用到的服务，所以又称为基础服务，主要包括：安全和认证、电子支付、商品目录和价目表服务等，相应的机构有网络数据中心、认证中心、支付网关和客户服务中心等，相应的设备有电子商务服务器、数据库服务器、账户服务器、协作服务器等。任何一个贸易服务都包括 3 个基本部分，即电子销售支付系统、供货体系服务、客户关系解决方案。目录服务将信息妥善组织，使之方便地增、删、改。目录服务提供这些贸易服务的基础。

知识 1.7 电子商务的交易过程

电子商务的交易过程大致可以分为交易前准备、洽谈和签订合同、办理合同履行前手续、交易合同履行、交易后处理 5 个阶段。每个阶段要完成的工作跟传统商务是相似的，但采用的技术手段、运用的管理模式有很大的差异，最终的效果显然不同。在整个电子商务交易过程中有信息流、资金流和物流在循环流动。

1. "交易前准备"阶段

卖方根据自己所销售的商品，召开商品新闻发布会，制作广告进行宣传，全面进行市场调查和市场分析，制订各种销售策略和销售方式，了解各个买方国家的贸易政策，利用互联网和各种电子商务网

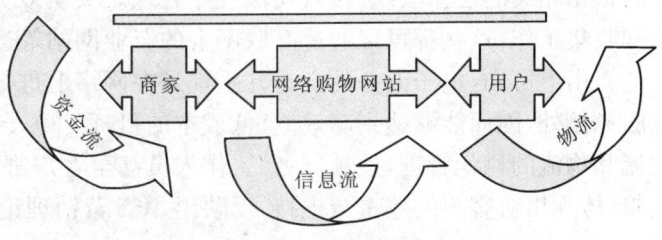

图 1-9 电子商务中的信息流、资金流和物流

络发布商品广告,激发客户的需求,寻找贸易伙伴和交易机会,扩大贸易范围和商品所占市场的份额。

买方通过互联网和其他电子商务网络(如:增值网),寻找所需的商品和满意的商家,发出询价和查询信息,收集相关信息,进行市场调查和分析,了解各个卖方国家的贸易政策,比较选择,制订、修改和审批购货计划,按计划确定购买商品的种类、数量、规格、价格、购货地点和交易方式等,准备购货款等。

其他参加交易的各方(称中介方),如:电子商城、银行、信用卡公司(或发卡银行)、海关、商检、保险、税务以及物流配送公司等机构都要做好参与交易的相应的准备工作,要能随时进行在线的服务。

2. "洽谈和签订合同"阶段

交易双方采用现代通信方式(如:阿里巴巴的贸易洽谈软件阿里旺旺、腾讯公司的QQ、中国移动的飞信等)和互联网的电子邮件(E-mail)、电子公告牌系统(BBS)、网络新闻组(USENET)、聊天室等手段,对所有交易细节进行洽谈、磋商和谈判,进一步比较选择,作出购买决策,进而商定电子贸易合同的条款(对于小数量低价位的商品,不一定具备合同形式),合同条款包含双方在交易中的权利、所承担的义务、对所购买的种类、数量、价格、交货地点、交货期、交易方式和运输方式、违约和索赔等作出详细的约定,交易双方可以通过电子邮件或电子数据交换(EDI)进行签约,采用数字签名等方式签名,采用安全保密传送方式交换电子合同文件。

3. "办理合同履行前手续"阶段

电子商务交易在签订合同后到合同履行之前必须完成一系列必要的手段。交易双方和中介方,包括电子商城、银行、信用卡公司(或发卡银行)、海关、商检、保险、税务以及物流配送公司等机构,彼此之间需要实时完成相应的手续,交换有关的电子票据和电子单证,如:信用卡申请、账号及密码校验、支付能力查证、支付信誉查证、付款通知、转账通知等等,均需随着信息流和资金流,按步骤逐项完成。

4. "交易合同履行"阶段

买卖双方办完必要手续之后,随着物流、信息和资金流,卖方要按约备货、组货,同时启动相应服务机构进行报关、保险、取证等,卖方将所购商品交付给运输公司包装、起运、发货,银行和金融机构完成结算、转账,出具相应的电子单据等,直到买方按时收到所订货物,卖方代理完成所规定的安装、启动及验收工作,取得收货证明,该阶段工作才告结束。

5. "交易后处理"阶段

卖方应按规定负责做好售后服务,包括有关的使用培训和维修服务。如果出现违约情况,则买卖双方还需进行违约处理,受损方有权向违约方索赔。倘若双方不能正常处理,则需根据相关的法律法规,转入司法程序处理。买卖双方还需合作完成销售反馈意见的填写和收集工作,这些都可以通过互联网上的企业网站等途径简捷地完成。

由上可知,电子商务的交易几乎都是在网络上进行,只是实体商品的配送和部分的售后服务例外,因而能够达到高效率、低成本的目标。电子商务交易充分体现了对信息流、资金流和物流的科学管理,使领导者、工作人员甚至客户都能直观地了解交易的进展和管理的全貌;体现出对客户的尊重与支持,反映出4CS营销理论的"客户需求导向"这一重要观点。

知识 1.8　电子商务的基本流转程式

不同类型电子商务交易的流转过程是不同的,大致可以分为 4 种交易流程,分别是无认证中心的网络商品直销、存在认证中心的网络商品直销、企业间的网络交易和网络商品中介交易。前两种交易流程归属于 B2C 电子商务范畴,而后两种交易流程归属于 B2B 电子商务范畴。目前市场上应用最广泛的是无认证中心的网络商品直销和网络商品中介交易两种。

1. 网络商品直销

网络商品直销是指消费者和生产者或者需求方和供应方,直接利用网络形式所开展的买卖活动,B2C 电子商务基本属于网络商品直销的范畴。例如图 1-11 所示戴尔公司的网络商品直销。这种交易的最大特点是供需方直接见面、环节少、速度快、费用低。这种网络商品直销的流转过程如图 1-10 所示,具体步骤如下:

(1) 消费者进入互联网,查看企业和商家的网页;

(2) 消费者通过购物对话框填写购货信息,包括:姓名、地址、所购商品名称、数量、规格和价格等;

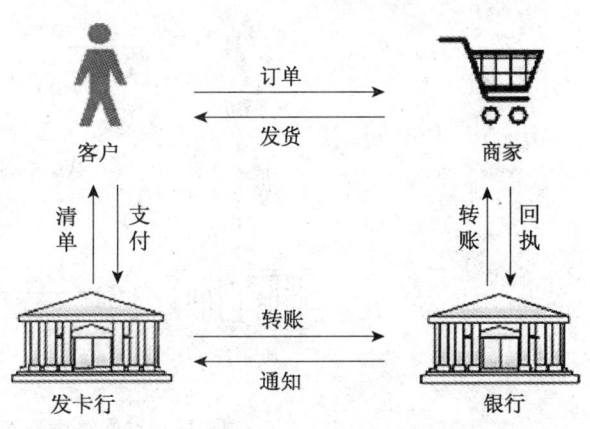

图 1-10　网络商品直销的流转过程 1

图 1-11　戴尔公司的网络商品直销的部分页面

(3) 消费者选择支付方式,如信用卡、电子货币、电子支票、借记卡等;

(4) 企业或商家的客户服务器检查支付方服务器,确认汇款额是否认可;

(5) 企业或商家的客户服务器确认消费者付款后,通知销售部门送货上门;

(6) 消费者的开户银行将支付款项传递到消费者的信用卡公司,信用卡公司负责发给消费者收费单。

2. 存在认证中心的网络商品直销

为了保证交易过程中的安全,需要有一个认证机构对在互联网上交易的买卖双方进行认证,以确认他们的身份。这种网络商品直销的流转过程如图 1-12 所示。

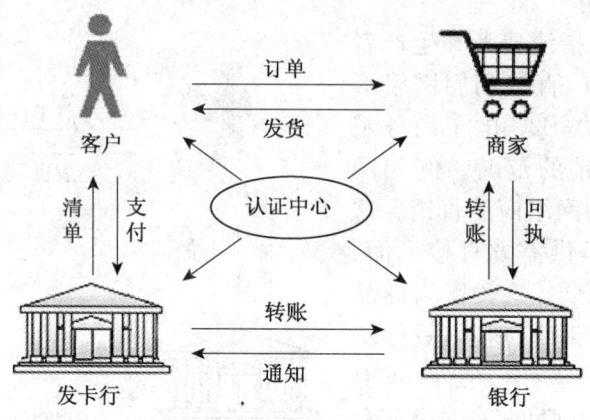

图 1-12 网络商品直销的流转过程 2

上述过程应当在 SET 协议下进行。在安全电子交易的 4 个环节中,即从消费者、商家、支付网关到认证中心,IBM、Microsoft、Netscape、SUN、Oracle 均有相应的解决方案。

这种交易方式不仅有利于减少交易环节,大幅度降低交易成本,以降低商品的最终价格,而且可以减少售后服务的技术支持费用,并且可为消费者提供更快更方便的服务。当然,这种方式也有其不足,主要表现在两个方面:一是购买者只能从网络广告上判断商品的型号、性能、样式和质量,对实物没有直接的接触,这在很多情况下可能会产生错误的判断,存在一些厂商利用虚假广告欺骗顾客的现象;二是购买者利用信用卡或电子货币进行网上交易,不可避免地要将自己的密码输入计算机,这就使一些犯罪分子有机可乘,利用各种高新科技的作案手段窃取密码,进而窃取用户的钱款。

消费者在进行网上购物一定要慎重,使用知名的网上商城,如:卓越亚马逊、当当网等;或者使用网上银行的商城,如:招商银行的一网通商城,里面的商家链接都是招商银行的商户,比较有安全保障。

最早存在认证中心的网络商品直销的示范工程是首都电子商城,现在已经演变为首信易支付平台,其功能相当于一个第三方支付平台,目前平台上有很多合作商户,通过首信易购物可以有更多优惠,因此可以说在实际应用中,首信易支付充当了一个认证的角色。

3. 企业间的网络交易

企业间网络交易是指企业利用自己的网站或网络服务商的信息发布平台发布买卖、合作、招投标等商业信息,借助互联网超越时空的特性,既让其他企业了解本企业,又可方便地发现世界各地其他企业的信息;同时通过认证中心核实对方的真实身份;通过商业信用调查

项目一 电子商务认知

图 1-13　招商银行的一网通商城的部分页面

图 1-14　首都电子商城的部分页面

平台(信用中心),买卖双方可以进入信用调查机构申请对方的信用调查;通过产品质量认证平台,可以对卖方的产品质量进行有效的调查;然后在信息交流平台上签订合同,进而实现电子支付和物流配送;最后是销售信息的反馈。完成 B2B 的整个电子商务交易流程,如图

· 15 ·

1-15所示。

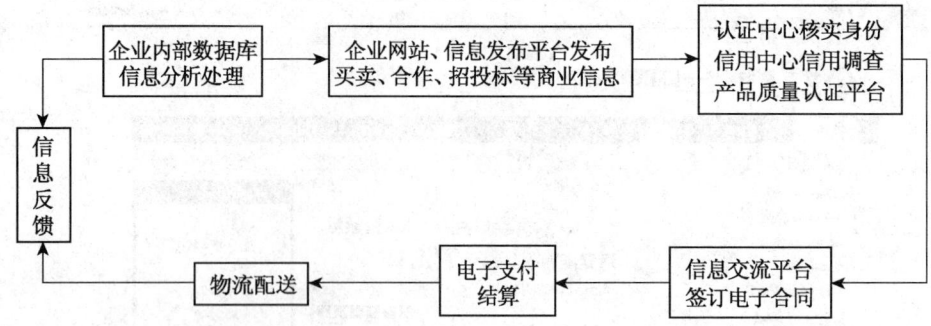

图 1-15　企业间的网络交易的流转过程

随着市场竞争的加剧,很多企业逐步认识到客户信息反馈的重要性,开始加强客户关系管理,建立企业内部数据库,对客户的资料、反馈信息进行分析处理,以便更好地服务顾客,占领市场。

4. 网络商品中介交易

网络商品中介交易是通过网络商品交易中心,即虚拟网络市场进行的商品交易。在这种交易过程中,网络商品交易中心以互联网为基础,利用先进的通信技术和计算机软件技术,将商品供应商、采购商和银行紧密地联系起来,为客户提供市场信息、商品交易、仓储配送、货款结算等全方位服务,网络商品中介交易的流转过程如图1-16所示,整个过程可以分为以下4个步骤:

(1) 买卖双方将各自的供应和需求信息通过网络告诉网络商品交易中心,网络商品交易中心通过信息发布服务向参与者提供大量的详细的交易数据和市场信息;

(2) 买卖双方根据网络商品交易中心提供的信息,选择自己的贸易伙伴;

(3) 网络商品交易中心从中撮合、促使买卖双方签订合同;

(4) 网络商品交易中心在各地的配送部门将卖方货物送交买方。

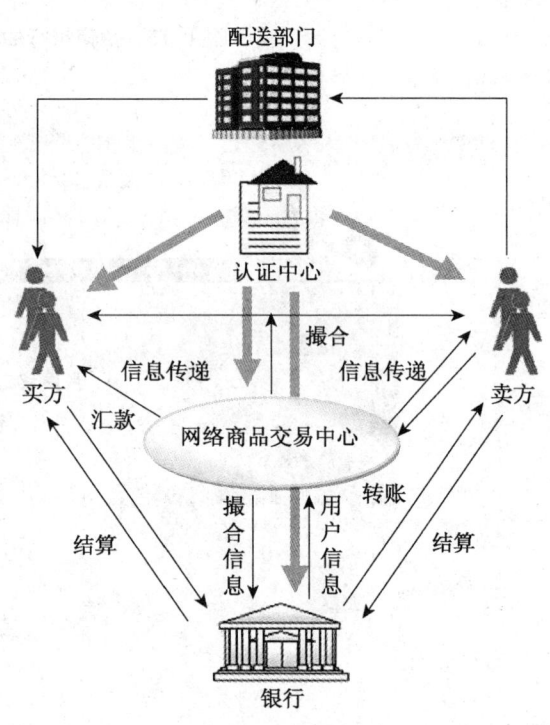

图 1-16　网络商品中介交易的流转过程

采用这种交易方式虽然会增加一定的成本,但是却可以降低买方和卖方的风险:首先,这个市场是由商品中介组织的,商品的生产商和供应商遍及全国甚至全球各地,为双方提供了很大的交易市场,增加了许多交易机会。其次,网络商品交易中心可以解决"拿钱不给货"

或者"拿货不给钱"的问题。在双方签订合同之前,网络商品交易中心可以协助买方对商品进行检验,只有符合条件的产品才可以入网,这在一定程度上解决了商品的"假、冒、伪、劣"问题。而且,网络交易中心会协助交易双方进行正常的电子交易,以确保双方的利益。最后,网络商品交易中心采取的是统一结算模式,这可以加快交易的速度。

项目实施

【项目任务】

根据项目内容,本项目为初步认识电子商务,了解电子商务的业务功能和电子商务的应用范围以及电子商务使用方法和过程。主要有下面几个任务:

(1) 著名电子商务网站的业务功能分析;

(2) 搜索引擎百度的使用操作;

(3) 淘宝网站会员免费注册,网上购物。

【项目要求】

(1) 浏览著名电子商务网站,初步了解电子商务业务,叙述业务功能;

(2) 掌握搜索引擎的用途,掌握百度的基本搜索、关键词强制搜索和高级搜索的方法;

(3) 掌握网上购物的业务流程,熟悉电子商务网上购物的相关业务和功能。

【实施步骤】

1. 著名电子商务网站的业务功能分析

(1) 通过实际运营中的各类网站,充分理解 B2B、B2C、C2C、EG 电子商务的功能、应用和特点。

海尔集团的海尔招投标网(http://www.haierbid.com)

中国商品交易中心(http://www.ccec.com)

戴尔公司(http://www.dell.com.cn)

海尔商场(http://www.ehaier.com)

易趣(http://www.eachnet.com)

首都电子商城(http://www.beijing.com.cn)

招商银行—网通商城(http://shop.cmbchina.com)

阿里巴巴(http://www.alibaba.com.cn)

eBay(http://www.ebay.cn)

亚马逊(http://www.amazon.cn)

中华人民共和国商务部网站(http://www.mofcom.gov.cn)

南京市政务大厅(http://www.mynj.gov.cn)

(2) 分析每个电子商务网站的类型、主题、栏目、业务和功能,从以下几个方面进行思考,并就某一网站进行讨论,总结后记录在下面的表格中。

① 建立网站的目的在于哪些方面?

② 电子商务交易的参与方有哪些?对于政务网站来说,网站服务的对象有哪些?

③ 通过什么渠道获得用来交易的商品?

④ 网站的赢利方式有哪些?

⑤ 交易的流程是怎样的？对于政务网站来说，举例说明办事流程。

表 1-1　电子商务网站业务功能分析

网站名称	
网站主题	
网站类型	
设置栏目	
业务	功能

（3）浏览政府采购、金融、证券、旅游、汽车、烟草、教育、保险、医药、电信、物流、房地产、农产品、林产品、水产品等行业和领域的电子商务网站，体会电子商务在各个领域的应用。

2. 搜索引擎百度的使用操作

在互联网中用来搜索的程序叫做搜索引擎(Search Engine)，是一类运行特殊程序的、专门用来帮助用户查询互联网上的 WWW 服务信息的 Web 站点。搜索引擎站点也被誉为"网络门户"。目前，互联网上的搜索引擎基本上是由信息查询系统、信息管理系统和信息检索系统 3 个部分组成。

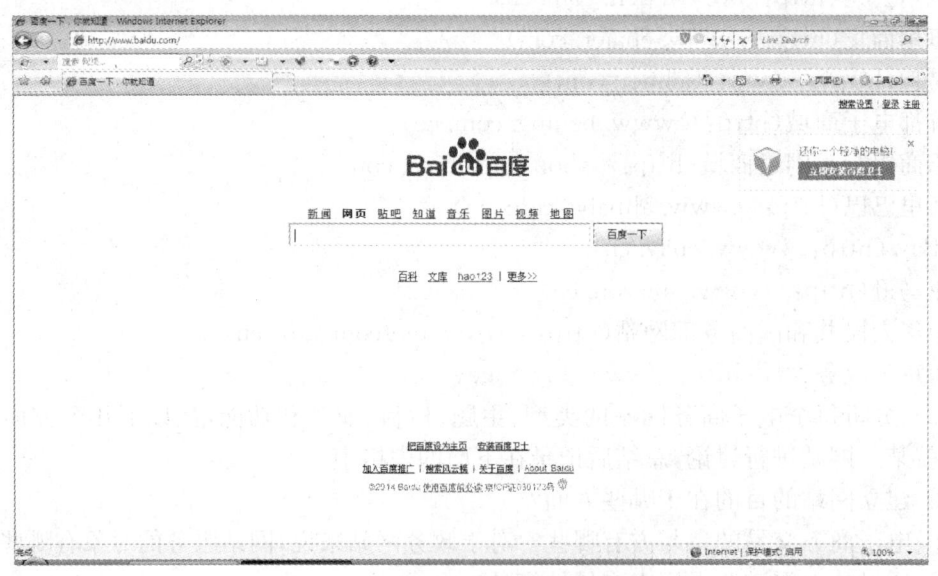

图 1-17　百度搜索引擎普通搜索

国外著名的搜索引擎大多数提供多种语言的支持。常用的有 http://www.google.cn，http://www.infoseek.com，http://www.hotbot.com，http://www.lycos.com 等。国内著名的搜索引擎有百度（http://www.baidu.com），很多出名的门户网站，如：网易（http://www.netease.com），搜狐（http://www.sohu.com），新浪（http://www.sina.com）等也提供中文搜索引擎服务。

（1）了解常见的搜索引擎工具有哪些，打开搜索工具百度（http://www.baidu.com）网站；

（2）任意输入产品的名称、品牌、型号、性能进行搜索，了解搜索的效果，使用（AND、OR、一、|、括号等）连接符进行搜索，查看搜索的效果。掌握目录分类搜索和关键词搜索的方法和原理；

（3）熟悉阿里巴巴、淘宝、海尔商城等电子商务网站上进行产品、公司、求购、宝贝、店铺、拍卖等搜索的方法和技巧。

3. 淘宝网站会员免费注册，网上购物

（1）打开淘宝（http://www.taobao.com/）网站，使用邮箱进行会员免费注册；

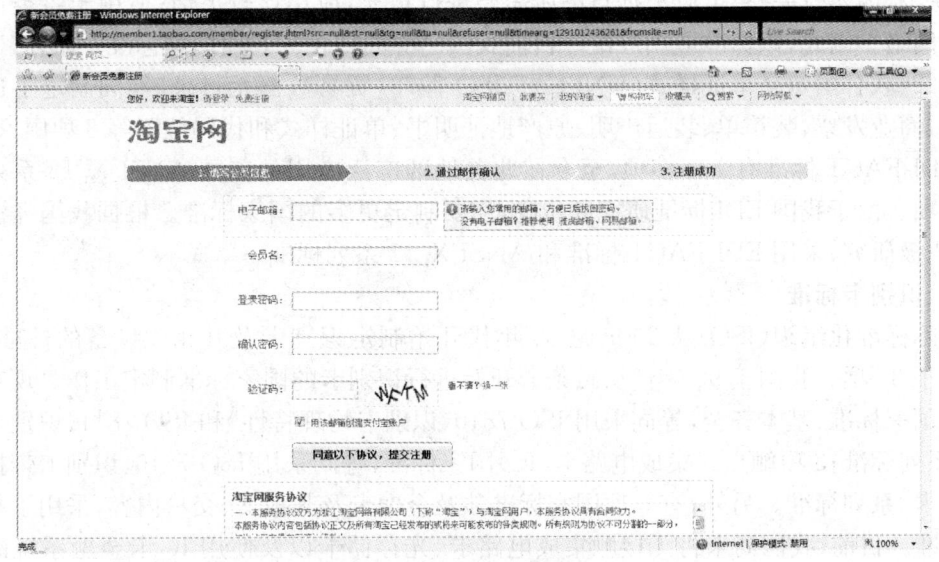

图 1-18 淘宝会员免费注册

（2）搜索查询商品，选择商品进行购物交易，熟悉完整的电子商务购物的过程；

（3）将电子商务网上购物的流程记录在下表中。

表 1-2 电子商务网上购物流程

网站名称	
选购商品	
购物流程	

扩展知识

知识1.9 电子商务的标准

当前我国电子商务技术标准现状,即电子商务技术标准包含了4个方面的内容:EDI标准、识别卡标准、通信网络标准和其他相关标准。目前涉及的标准我国约有1 250多项。我国把采用国际标准和国外先进标准作为一项重要的技术经济政策积极推行。

1. EDI标准

国际上自20世纪60年代起就开始研究EDI标准。1987年,联合国欧洲经济委员会综合了经过10多年的实践的美国ANSI X.12系列标准和欧洲流行的"贸易数据交换(TDI)"标准,制定了用于行政、商业和运输的电子数据交换标准(EDI FACT)。该标准的特点是:包含了贸易中所需的各类信息代码,使用范围较广;包括了报文、数据元、复合数据元、数据段、语法等,内容较完整;可以根据自己所需要进行扩充,应用比较灵活;适用于各类计算机和通信网络。因此,该标准应用广泛。目前我国已等同转化为5项国家标准。此外,还按照ISO 6422《联合国贸易单证样式(UNLK)》、ISO 7372《贸易数据元目录》等同制定了进出口许可证、商业发票、装箱单、装运声明、原产地证明书、单证样式和代码位置等8项国家标准。现在EDI FACT标准有170多项,至今在北美地区广泛应用的美国ANSI X.12系列标准有110项。由于我国EDI标准研究起步晚,需要制定更多的国家标准。根据我国经济发展需要,积极研究、采用EDI FACT标准和ANSI X.12系列标准。

2. 识别卡标准

国际标准化组织(ISO)从20世纪80年代开始制定识别卡及其相关设备的标准,至今已颁布了37项。我国于90年代从磁条卡开始进行识别卡的国家标准制定工作。现有6项磁条卡国家标准,基本齐全,等同采用ISO 7810《识别卡物理特性》和ISO 7811《识别卡记录技术》系列标准;3项触点式集成电路卡(IC)国家标准,等同采用ISO 7816《识别卡带接触件的集成卡》系列标准。另外,有5项国家标准涉及金融卡及其报文、交易内容,采用了相应的ISO标准。目前,我国尚未将无接触集成电路卡、光存储卡以及使用IC卡金融系统的安全框架等国际标准化制定为我国标准。

3. 通信网络标准

通信网络是电子商务活动的基础,目前国际上广泛应用的有MHS电子邮政系统和美国互联网电子邮政系统。前者遵循ISO、IEC、CCITT联合制定(个别是单独制定)的开放系统互联(OSI)系列标准,后者执行美国的ARPA互联网系统标准。这两套标准虽然可兼容,但还有差异。因此,我国制定通信网络国家标准时,主要参照OSI标准,不考虑ARPA互联网标准。现在我国有146项网络环境国家标准,其中有99项标准分别采用ISO、IEC标准,占67.8%。我国现有的网络环境国家标准还不配套,如网络管理,我国仅有2项国家标准,而ISO/IEC有40多项标准。其中系统管理、管理住处机构、系统间信息交换是我国标准空白。

数据加密、密钥管理、数据签名等安全要素,已有国际标准草案,需要我们追踪,及时等同地转化为我国标准。通信、网络设备标准约有380项,其中123项采用IEC、CCITT等标准,占32%。微波通信、卫星通信、移动通信等方面的国家标准中采用国际标准比例较低,如卫星通信18项国家标准中采用国际标准的仅一项。信息传输介质国家标准较多,以光纤通信电缆为例,有53项国家标准,其中45项采用IEC、CCITT标准,8项涉及进网要求,视我国情况而定,故没有采用。

4. 其他相关标准

与电子商务活动有关的标准,有术语、信息分类和代码、计算机设备、软件工程、安全保密等标准,约有440项国家标准,其中采用ISO标准约164项,占37%。这些相关标准中的许多标准仅描述我国特有的信息,如民族代码,汉字点阵模集等,因此不能采用外国标准。

综上所述,我国电子商务技术标准,一是起步晚,EDI等领域内的技术标准工作是在20世纪90年代才开始的;二是标准未成体系,EDI标准、EDI FACT有170项,ANSI X.12有110项,我国仅有13项,其中租赁计划询价单、税务情况报告等还是空白;三是积极采用国际标准,20世纪90年代前制定的电子商务国家标准约有600项,采用国际标准占30%;20世纪90年代制定的电子商务标准约650项,采用国际标准占50%。这表明我国需要进一步重视电子商务标准的国际化。

知识1.10 电子商务的创新

随着互联网的不断普及,电子商务模式逐渐成为企业生存和发展的核心,越来越多的企业通过电子商务这种模式来尽可能的追求最大的经营利润。虽然现阶段像阿里巴巴和易趣(eBay)这样的大型网站在这个领域内牢牢占据着制高点的位置,但是中小企业或是个人从来没有停下自己在这个领域内不断前进的步伐。每天都有新的电子商务企业诞生,同样每天也有不断被淘汰出局的企业。在竞争激烈的市场中,不断的创新才是企业具有持久优势的潜力所在。一般看来电子商务的创新模式可以从下面几个方面探讨。

1. 电子商务与无线的结合发展模式

2006年,腾讯拍拍网凭借腾讯QQ强大的即时通信IM平台所拥有的数亿用户基数和IM与拍拍网的强黏性结合,取得了不错的业绩。易趣(eBay)作为中国颇具实力的C2C平台之一,易手TOM在线,这意味着中国C2C互联网平台的格局从2005年的淘宝、易趣之争,经过2006年的发展转化为了2007年淘宝、拍拍、TOM易趣三家竞争的局面。在无线互联网蓬勃发展,3G已进入人们生活的今天,基于用户基数的无线互联网的引进将成为中国电子商务C2C领域的"黑马",无处不在的用户电子商务时代即将来临。

2. 企业电子商务平台的垂直发展模式

对于个人用户来讲,无法熟知的企业级电子商务,例如:阿里巴巴、环球资源等,一贯以综合电子商务平台的角色出现。综合性B2B平台所提供的信息具有全面性的优势,交易平台本身对于中小型交易在电子支付领域,物流接口等方面具有优势,但是运营压力大,利润率相对低。而在中国,我们触手可及的资本市场成功上市的网盛科技则即将改变企业级电子商务市场的格局,通过垂直B2B平台所具有的运营成本低,信息精准和高置信度特点等优势,更主动地扩大其在企业级交易中的市场份额的路径已经清晰可见。

3. "以销定采"的电子商务发展模式

以往电子商务服务提供商所面临的三大挑战是：信息流、资金流、物流。一家名为爱代购的新型电子商务在其2006年宣布上线时，为业界带来的则是以B for C为主的商业模式，有效避免了传统的B2C库存的缺陷。B for C模式采用的是"以销定采"的方式，通过虚拟的产品定购，避免了原有B2C厂商的库存压力，解决了信息流、资金流、物流三流中关键的资金流问题。

4. 线上、线下畅通的电子商务发展模式

国家邮政局与阿里巴巴集团在北京签署了电子商务战略合作框架和产品协议。在电子商务的信息流、资金流、物流等方面达成了全面、长期的合作伙伴关系。邮政EMS还专门为此次合作推出了一款名为"e财宝"（EMS电子商务经济快递）的新产品。

5. 大型搜索引擎将在运营商与电子商务运营商之间开展深入合作

电子商务和搜索引擎的发展趋势使合作越来越紧密，电子商务网站目前最重要的特征是要具备优秀的搜索功能，一旦消费者无法搜索到想要的商品，即会转移到其他网站。因此，拥有高质量的站内搜索工具对刺激在线零售的销售收入是至关重要的。为能在2008年奥运经济中占领商机，2007年，大型搜索引擎将在运营商与电子商务运营商之间开展深入合作，"电子商务＋搜索"的模式将使商业信息搜索更有针对性和更有商业价值，具有风险控制体系。

6. 网络广告媒介资源的合作创新模式

合作模式一般主要出现在企业间，而对于万普世纪这个提供独立WAP站点的媒体代理服务机构来讲，合作不是基于企业的，而是基于个人用户的。WAP站点由于其非官方性导致其拥有很大一部分个人用户网站，通过对个人用户的培育，万普世纪获得了庞大的独立WAP站点队伍，促进了无线互联网的发展。由于是培育的，所以对这些站点有着深入的了解，可以采用有效控制，实行集中管理和采购，并实现更高媒介代理利润率。

知识1.11 电子商务的影响

随着电子商务的迅速发展及应用，电子商务对社会、企业、消费者和经济产生着最大的影响。

1. 电子商务促进全球经济的发展

电子商务构建了一个虚拟的全球性市场，企业可以建立网站，组建网络市场，通过网络进行商务谈判、签订电子合同、实施电子支付。企业的经营规模不受限制，业务范围不受地区和国界的限制，电子商务为企业打开了一条新的贸易通道，使全球贸易量大幅度增加。电子商务为企业建设覆盖全球的商业营销体系，实施全球性经营战略，加强全球范围内的经贸合作，最终促进全球经济的发展。

2. 电子商务促进新兴行业的产生

电子商务的迅速发展带动经济结构的调整和产业结构的重组，不适应网络经济的企业被淘汰，适应网络经济发展的新兴行业被催生。传统的交易活动中，价格由卖方提出，而在电子商务中，买方可以通过网络平台与卖方议价，获取更低价格的商品，还可以团购获得最低的价格。电子商务给金融业带来最大的变革，随着电子商务在电子交易环节中的创新应

用,网上银行、银行卡支付网络、银行电子支付系统、电子支票等服务的产生,改变传统金融业的结构和工作模式。

3. 电子商务促进知识经济的发展

电子商务是现代科学技术在商务领域中的应用,属于知识经济的范畴。电子商务给企业提供一个广阔平台,也提供了一个激烈的竞争环境,许多企业在电子商务环境下,不断对自己的产品进行创新,实现利润的增收,从而促进了全球知识经济的发展。

4. 电子商务改变了企业的经营环境

电子商务改变了市场模式,实现了商务的便捷化,减少了中间环节,大多数企业需要直接面临消费者,需要更加深入地研究消费者的行为,研究市场动态,越来越多的企业采用直销模式。同时,电子商务也改变了行业结构,使跨国管理成为现实。

5. 电子商务改变了企业的组织结构和管理模式

在电子商务的架构里,企业间的业务单元不再是封闭的金字塔式结构,而是相互沟通、相互学习的网状结构。在企业内部管理方面,企业组织信息传递的方式由单项的一对一到双向多对多的转变。企业内部构建了内部网和数据库,所有的业务单元可以通过平台进行交流,企业管理由集权制向分权制转换。

6. 电子商务改变了企业的生产经营方式

电子商务缩短了企业的生产周期,企业通过电子商务提高了与消费者接触的机会,并且可以将消费者的需求及时反映到决策层,促进企业针对消费者需求进行研究与开发,实现产品的创新,缩短生产周期,降低企业的交易成本,减少企业的库存。

7. 电子商务改变了消费者的消费方式

在电子商务时代,消费者可以从网络上快速获取全面的商家产品服务信息,消费者足不出户就可以购物,同时使消费者的休闲生活更加丰富多彩。

案例分析

网上广交会

中国进出口商品交易会,又称广交会,创办于1957年春季,每年春秋两季在广州举办,迄今已有逾50年的历史,是中国目前历史最久、层次最高、规模最大、商品种类最全、国别地区最广、到会客商最多、成交效果最好、信誉最佳的综合性国际贸易盛会。

广交会由48个交易团组成,有数千家资信良好、实力雄厚的外贸公司、生产企业、科研院所、外商投资/独资企业、私营企业参展。广交会贸易方式灵活多样,除传统的看样成交外,还举办网上交易会。广交会以出口贸易为主,也做进口生意,还可以开展多种形式的经济技术合作与交流,以及商检、保险、运输、广告、咨询等业务活动。来自世界各地的客商云集广州,互通商情,增进友谊。

中国进出口商品交易会网站(http://www.cantonfair.org.cn),又名广交会网站,是中国出口商品交易会的承办单位中国对外贸易中心拥有独立版权的网站。如图1-19所示。网上广交会凭借"中国第一展"的品牌优势,利用广交会数十年积累的参展商展品数据库和客商数据库资源,通过与现场广交会业务的紧密结合,实现"网上洽谈,现场成交",促进了国内企业的出口成交,成为每届广交会现场成交的有力补充。网站与传统展会紧密结合,充分利用数十年积累的庞大数据库资源,为与会的中国优秀出口企业与优质国际买家提供广交会权威、丰富、及时的信息服务。同时,作为国内大型电子商务网站,广交会网站提供大型电子商务平台,为中国企业与国际买家提供更方便的信息交流渠道,创造更多的贸易合作机会。

图 1-19 中国进出口商品交易会

　　网上广交会与广交会产品资料库数据同源,具有无可比拟的资源优势、宣传优势以及渠道整合优势。网上广交会日均访问量达 60 万次,在广交会期间日均访问量更高达 700 万次。据统计,超过 75% 以上的到会客商通过广交会网站获知展会资讯,并提前查询关注的企业及产品信息。到目前为止,网上广交会已成功吸引了来自 211 个国家和地区的 11 万家国际买家会员和 4 万多家中国供应商会员。网上广交会成为广交会主站上访问量最高的业务平台。

　　随着经济全球化的飞速发展,我国中小企业的外贸出口面临难得的发展机遇。网上广交会致力于打造专业的国际贸易电子商务平台,协助更多国内企业开拓国际市场,分享全球经济增长的成果。

　　在线广交会的功能有:企业展示、商品展示、强力搜索引擎、订单管理、在线招投标、交易撮合、商务留言、信息订阅、展会推介、贸易服务、咨询服务等。

　　网上广交会独有三大核心优势。

　　1. 资源优势:鲜活的采购商数据库、真实的买家采购信息、高质量的贸易撮合推荐服务、丰富的商贸资讯,为企业提供更多贸易机会。

　　2. 现场优势:在广交会现场数十个信息咨询点收集到会买家第一手采购信息,利用百台以上电脑终端辅助宣传推广会员企业;设立专门的会员服务中心,提供贸易撮合推荐服务。

　　3. 整合优势:整合广交会多个独有优势渠道,在广交会网站、广交会展商展品查询系统、广交会宣传光盘中进行多方位推介;利用现场多媒体视频广告、电子杂志、邮件直投、短信推广等手段加强推广力度,实现强势宣传组合。

案例思考:
1. 现代信息技术的快速发展对商业活动产生了哪些影响?
2. 网上广交会是如何体现出电子商务功能的?
3. 通过网上广交会的出现和发展,简述电子商务在现代经济社会中的地位。

课后习题

1. 选择题

(1) 制造商和外部原材料供应商之间的电子商务属于( )。
    A. 企业内部的电子商务   B. 企业对企业的电子商务
    C. 企业对消费者的电子商务   D. 政府对企业的电子商务

(2) 从电子商务的结构来看,支付网关属于( )。
    A. 网络平台   B. 电子商务平台
    C. 电子商务应用   D. 电子商务的社会环境

(3) EDI 翻译软件的功能是( )。
    A. 把数据库的数据转换成 HTML 格式
    B. 把数据库的数据转换成 XML 格式
    C. 平面文件(FlatFile)转换成标准报文文件
    D. 把文本文件转换成标准的网页图像文件

(4) 下面( )属于 B2G 的电子商务模式
    A. 企业与企业之间进行的各种交易
    B. 政府某办公人员在网上购买 163 上网卡
    C. 政府机关通过 Iateraet 实行政务公开
    D. 顾客在网上书店购买书籍

(5) 不属于电子商务系统组成成员的是( )。
    A. 相关的安全交易协议(SET、SSL、S/MIME、S-HTTP、HTTPS 等)
    B. 客户(包括购物单位、消费者)
    C. 销售中心(包括电子商城、服务提供商)
    D. 配送中心(包括现代商品物流配送公司、邮政局)

(6) 认证中心在网络商品直销过程中的作用是( )。
    A. 对网上交易的买卖双方进行认证,确认其真实身份
    B. 是工商管理部门在网上的分支机构
    C. 办理各种信用证
    D. 保证商家所售商品的质量,发质量合格证

(7) 目前,网络商品交易中心仍存在一些问题待解决,主要有( )
    A. 资金二次流转的税收问题
    B. 为买卖双方展现一个巨大的世界市场

C. 交易中"拿钱不给货"和"拿货不给钱"的难题

D. 分散的结算模式

(8) VAN 属于电子商务结构中的（　　）。

　　A. 电子商务应用　　B. 电子商务平台　　C. 网络平台　　D. 应用发布层

(9) 下列说法（　　）是不正确的。

　　A. 企业间的网络交易是 B2B 电子商务的一种基本方式

　　B. 网络商品直销不属于 B2C 电子商务的范畴

　　C. 网络商品中介交易不属于 B2B 电子商务形式

　　D. 认证中心存在下的网络商品直销不属于 B2C 电子商务形式

(10) 电子商务的两大支柱是（　　）。

　　A. 计算机制造商的发展

　　B. 政府制定的公共政策和相关的法律法规

　　C. 让广大民众的生活尽可能地和互联网贴近

　　D. 电子商务的安全协议、技术标准

2. 简答题

(1) 什么是电子商务？电子商务有哪些特点及优缺点？

(2) 简述电子商务的分类及功能，并举例说明。

(3) 电子商务系统主要有哪些部分构成？

(4) 网络商品中介交易的步骤有哪些？

(5) 谈谈电子商务的创新模式有哪些？

电子商务交易

本项目通过"电子商务交易"阐述电子商务网上购物的流程分析,B2C 电子商务交易的定义、特点、模式和交易流程,B2B 电子商务交易的定义、模式和交易流程,C2C 电子商务交易的定义、优势和交易流程。

项目要求

【项目内容】

通过南京商友资讯电子商务研究所提供的电子商务系统进行 B2C 和 B2B 的电子商务交易,熟练的掌握 B2C、B2B 的理论知识和电子商务的交易过程。

【知识要求】

掌握 B2B 电子商务网络商品交易的相关知识,能够熟练地在 B2B 电子商务平台上进行各种买入和卖出交易;能够熟练地使用 B2B 平台提供的交易辅助软件;掌握 B2C 电子商务网络商品交易的相关知识,熟练操作 B2C 电子商务交易流程。

相关知识

知识 2.1　网上购物流程分析

消费者在网上购物的操作流程可以用图 2-1 来表示。

1. 用户注册

消费者在第一次访问所选定的网上商店进行购物时,先在该网上商店注册姓名、地址和联系方式等必要的用户信息,以便获得用户名和密码,然后才能在网上商店进行相关的操作。

2. 浏览并选购商品

消费者通过网上商店提供的多种搜索方式,如关键词和产品分类等方式进行商品的查询和浏览。消费者按一定的搜索方式找到所需的商品后,查询到想要购买的商品编号,并在购物条中输入所需的数量,单击"购买"按钮,即可将商品放入购物车中。同时,消费者可以在购物车内看到自己选购的商品。在确定购买之前,消费者可以在购物车内查看和修改选购的商品。

3. 网上购物车

购物车伴随着消费者的购物过程,商店最后按照客户购物车的信息确定客户的订单。购物车一般应具备以下一些功能。

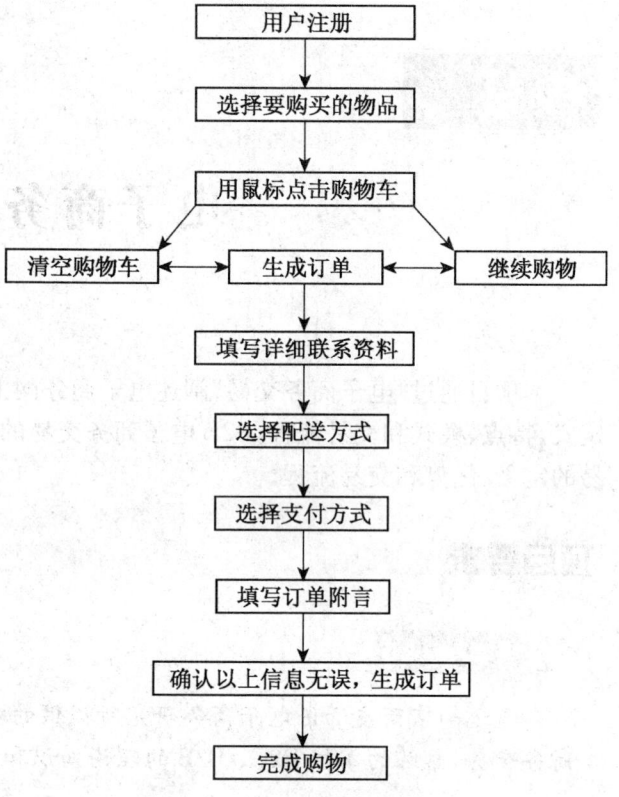

图2-1 网上购物操作流程

(1) 自动跟踪并记录消费者在网上购物过程中所选择的商品,并在购物车中显示这些商品的清单及这些商品的一些简单的信息,如:品名、编号、单价和数量等。

(2) 允许购物者随时更新购物车中的商品,包括修改商品的数量或删除某种已选择的商品等,同时所涉及的相关商品的信息也应该同步被修改。

(3) 自动累积客户购物的总金额,并按消费者选择的送货方式和资金结算方式计算相应的服务费用,最后显示该客户本次消费的总金额。

(4) 在完成对客户所选购的商品的数据进行检验的基础上,根据客户所购买的商品生成订单,并检查数据的完整和一致性。

(5) 在客户确认了支付方式、送货和送货地点等定购信息和支付信息后,确认和支付模块完成对客户订单的存档数据库更新,同时根据支付方式的不同选择是否"唤醒"电子钱包,完成和支付网关接口的接通。

4. 支付结算

一般网上商店常用的支付结算方式有货到付款、银行电汇、网上在线支付和手机支付等。消费者可以根据自己和网上商店的实际情况选择支付结算的方式。

5. 物流配送

网上销售无形商品和销售有形商品的物流配送有很大的不同。

(1) 无形商品的物流配送

无形商品一般可以包括信息、计算机软件、视听娱乐产品等,根据无形商品本身的特殊性能就可以通过网络浏览、下载等形式直接向消费者提供。无形商品和服务的电子商务模式主要有4种:网上订阅模式、付费浏览模式、广告支持模式和网上赠予模式。

① 网上订阅模式。指企业向消费者提供网上直接订阅和直接信息浏览的电子商务模

式。该模式主要用于销售报纸杂志、有线电视节目等,主要包括在线服务、在线出版、在线娱乐等。例如,国内一些在线电影网站就采用会员制的形式让消费者在线观看电影。

② 付费浏览模式。指企业通过网页安排向消费者提供计次收费性网上信息浏览和信息下载的电子商务模式。付费浏览模式让消费者根据自己的需要,在网址上有选择地购买一篇文章和一本书的内容。

③ 广告支持模式。指在线服务商免费向消费者或用户提供信息在线服务,而营业活动支出用广告收入支持,如新浪、搜狐等。

④ 网上赠予模式。指企业借助于国际互联网全球广泛性的优势,向互联网上的用户赠送软件产品,扩大知名度和市场份额。这种模式的实质是"先试用,后购买"。用户先免费下载有关软件,试用一段时间后,再决定是否购买。适宜采用这种模式的企业主要包括软件公司和出版商。

(2) 有形商品的物流配送

在互联网上成交的有形商品,其实际商品的交付仍然要通过物流配送方式,不能通过计算机的信息载体来实现。一般企业所采取的物流模式有:企业自营物流模式、物流联盟模式、第三方物流模式和第四方物流模式。

知识 2.2　B2C 电子商务交易

1. B2C 电子商务交易概述

B2C 电子商务就是企业对消费者通过电子化、信息化的手段,尤其是互联网技术,把本企业或其他企业提供的产品或服务,直接销售给消费者的新型商务模式。这种模式基本上等同于电子化的零售,它随着互联网的出现而迅速发展起来。目前,各类企业在互联网上纷纷建立网上虚拟商场,从事网上零售业务。由于这种模式节省了客户和企业双方的时间,也扩展了空间,大大提高了交易效率,节省了不必要的开支,因此深受广大网民的欢迎。互联网用户数量的增加和用户对电子商务的认可使得 B2C 电子商务市场规模越来越大,支付、物流和信用环节的逐步完善,也为 B2C 电子商务的发展提供了越来越好的产业环境。

B2C 电子商务主要由 3 个部分组成:网上商场、物流配送系统和货款结算及认证系统。

(1) 网上商场。网上商场是商家直接面向消费者的场所。网上商场中的商品与实际商场中的商品不一样,实际商品是物理的实体,虚拟商品由文字和符号组成。随着电子商务的发展,目前已有部分网站将虚拟商品以三维立体形式显示,消费者可从多个角度观察商品。

(2) 物流配送系统。物流配送体系是关系到网上商场能否顺利发展的关键,同时也是难点。商家根据实际情况选择配送方式,配送方式主要有:直接送货、EMS 包裹和第三方物流等。

(3) 货款结算及认证系统。在 B2C 电子商务模式中主要的支付方式有货到付款、汇款方式和网上支付。其中送货上门付款方式是最原始的付款方式,即货到再付款;汇款方式则是指客户完成订货后,通过邮政系统或银行系统付款;网上支付则是指通过互联网实现的电子支付形式。随着电子商务的发展,使用网上支付方式付款,已成为电子商务支付的主流。

2. B2C 电子商务的模式

（1）无形产品和劳务的电子商务模式

① 网上订阅模式

网上订阅模式指的是企业通过网页向消费者提供网上直接订阅,消费者直接浏览信息的电子商务模式。网上订阅模式主要被商业在线机构用来销售报刊杂志、有线电视节目等。

② 付费浏览模式

付费浏览模式指的是企业通过网页向消费者提供计次收费性网上信息浏览和信息下载的电子商务模式。付费浏览模式让消费者根据自己的需要,在网上有选择地浏览文章、书和刊物的内容等。

③ 广告支持模式

广告支持模式是指在线服务商免费向消费者或用户提供信息在线服务,以吸引广大的网民访问对应的网站,而营业活动全部用广告收入支持,此模式是目前最成功的电子商务模式之一。网页中的广告能否吸引大量的消费者是该模式能否成功的关键。

④ 网上赠与模式

网上赠与模式是一种非传统的商业运作模式,是企业借助于互联网用户遍及全球的优势,向互联网用户赠送软件产品,以扩大企业的知名度和市场份额。通过让消费者使用该产品,让消费者下载新版本的软件或购买另外相关的软件。

（2）实物商品的电子商务模式

实物商品指的是传统的有形商品,这种商品交付仍然要通过物流配送系统,而不是靠网络的信息载体来实现。网上实物商品销售与传统的店铺市场销售相比,网上销售可以将业务伸展到世界各个角落。例如,美国的一种创新产品"无盖凉鞋",其网上销售的订单有 2 万美元是来自南非、马来西亚和日本。一位日本客户向坐落在美国纽约的食品公司购买食品,付出的运费相当于产品的价值。然而,客户却非常满意,因为从日本当地购买相同的产品,其代价更昂贵。

（3）综合模式

实际上,多数企业网上销售并不是仅仅采用一种电子商务模式,而往往采用综合模式,即将各种模式结合起来实施电子商务。Golf Web 就是一家有 3 500 页有关高尔夫球信息的网站(www.golf.com),这家网站采用的就是综合模式。其中 40% 的收入来自于订阅费和服务费,35% 的收入来自于广告,还有 25% 的收入是该网址专业零售点的销售收入。该网址已经吸引了许多大公司的广告,如美洲银行、美国电报电话公司等。专业零售点开始两个月的收入就高达 10 万美元。

3. B2C 电子商务交易流程

消费者通过 B2C 网上商场购物,主要是通过搜索浏览功能和多媒体界面寻找适合自己需要的商品。由图 2-2 中流程可以看出,B2C 网上购物流程可以大致分为以下几个步骤:

（1）商品搜索选购　消费者通过商店提供的各种搜索方式,如产品组合、分类、品牌、关键词查询等,查看和浏览商店经营的商品,选择自己需要的商品。

（2）下订单(放进购物车)　消费者查看和浏览商店经营的商品后,选择自己想购买的物品放入购物车内,订购商品。

（3）支付货款　消费者确认订单中商品种类、数量、价格后,选择支付方式,如信用卡、借记卡、电子货币、电子支票等支付方式,输入自己的保密口令以后,开始付款;也可以采用

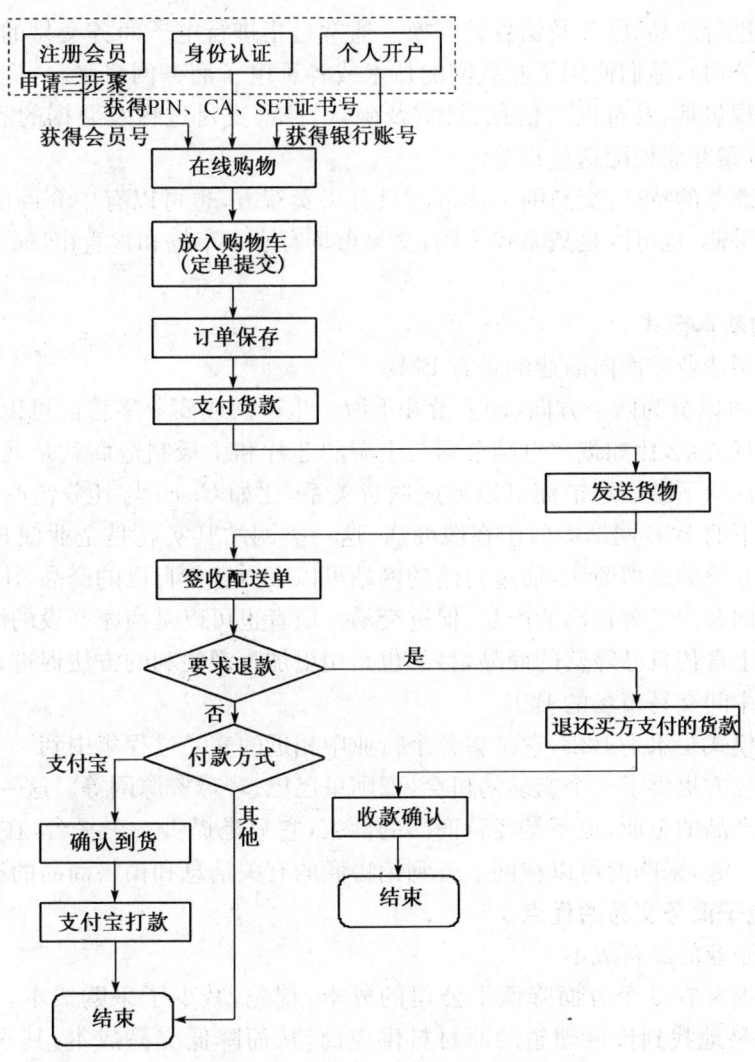

图 2-2　B2C 电子商务交易流程

货到付款、邮局汇款、银行汇款、网上支付等方式。

（4）选择送货方式　消费者通过订货单选择送货方式如送货上门、自提、邮寄和送货时间及接货人。

（5）购物完成　购物过程结束后，网上商店的客户服务器保存整个交易过程中的单证，并且提供一份电子订单给消费者，按消费者提供的电子订货单进行发货、签收或退货。

（6）订单查询　消费者在结束购物后可以查询所购货物的单价、合计货款、支付方式、送货方式及订单状态等信息。

知识 2.3　B2B 电子商务交易

1. B2B 电子商务交易概述

B2B 指的是 Business to Business，商家（泛指企业）对商家的电子商务，即企业与企业之间通过互联网进行产品、服务及信息的交换。通常是指进行电子商务交易的供需双方都是商家(或企业、公司),他们使用了互联网的技术或各种电子商务网络平台,完成商务交易的过程。这些过程包括:发布供求信息、订货及确认订货、支付过程及票据的签发、传送和接收、确定配送方案并监控配送过程等。

B2B 电子商务的特征:交易的主体可以只有买卖双方,也可以有中介商的参与;采购方式可以为实时采购,也可以是战略式采购;交易市场有水平市场和垂直市场;交易次数少,交易金额大。

2. B2B 的基本模式

(1) 面向制造业或面向商业的垂直 B2B

垂直 B2B 可以分为两个方向,即上游和下游。生产商或商业零售商可以与上游的供应商之间形成供货关系,比如戴尔电脑公司与上游的芯片和主板制造商就是通过这种方式进行合作。生产商与下游的经销商可以形成销货关系,比如 Cisco 与其分销商之间进行的交易。这种模式下的 B2B 网站类似于在线商店,这一类网站其实就是企业门户网站,就是企业直接在网上开设的虚拟商店,通过自己的网站可以大力宣传自己的产品,用更快捷更全面的手段让更多的客户了解自己的产品,促进交易。或者也可以是商家开设的网站,这些商家在自己的网站上宣传自己经营的商品,目的也是用更加直观便利的方法促进、扩大交易。

(2) 面向中间交易市场的 B2B

这种交易模式是水平 B2B,它是将各个行业中相近的交易过程集中到一个场所,为企业的采购方和供应方提供了一个交易的机会,像阿里巴巴、环球资源网等。这一类网站其实自己既不是拥有产品的企业,也不是经营商品的商家,它只是提供一个平台,在网上将销售商和采购商汇集一起,采购商可以在网上查到销售商的有关信息和销售商品的有关信息。

3. B2B 电子商务交易的优点

(1) 降低企业的经营成本

B2B 电子商务在 3 个方面降低了公司的成本:首先,减少了采购成本,企业通过互联网能够比较容易地找到价格理想的原材料供应商,从而降低交易成本;其次,有利于较好地实现供应链管理;最后,有利于实现精确的存货控制,企业从而可以减少库存或零库存。

(2) 缩短企业的生产销售周期

一个产品从设计到生产再到销售是许多企业相互协作的结果,因此产品的设计开发和生产销售涉及许多关联的企业,从原材料供应商、开发设计,跨到生产厂商、批发商和零售商。通过电子商务减少过去由于信息交流手段落后而产生的信息滞后和差错等现象,从而加快企业信息、现金和物资的流动,大大缩短企业的整个生产销售周期。

(3) 促进买卖双方信息交流

传统商务活动的信息交流是通过电话、电报、信件或传真等工具,有些方式还需要具体的信息载体,时效性差、形式单一;而 B2B 可通过 Web 超文本格式进行信息传送,可采用文本、图像、音频、视频、动画等众多信息形式,或者以 EDI 电子数据格式传送,更具时效性。同时,采用电子网络数据方式处理和传输信息,与传统的文件传输方式比较,极大地减少了处理时间和出现差错的可能。

(4) 增加商业机会和开拓新的市场

越来越多的企业将接受网络化的业务,B2B 电子商务将是未来企业商业活动的主流模式。互联网的优秀资源将为企业提供理想和低成本的信息发布渠道,企业获得的商业机会大大增加。

（5）改善信息管理和决策水平

准确的信息和交易审计跟踪造就了更好的决策支持环境,协助发现潜在的大市场,发现不断降低成本的规律。

4. B2B 电子商务交易流程

由图 2-3 可知,B2B 电子商务的交易流程,大致分为以下几个步骤:

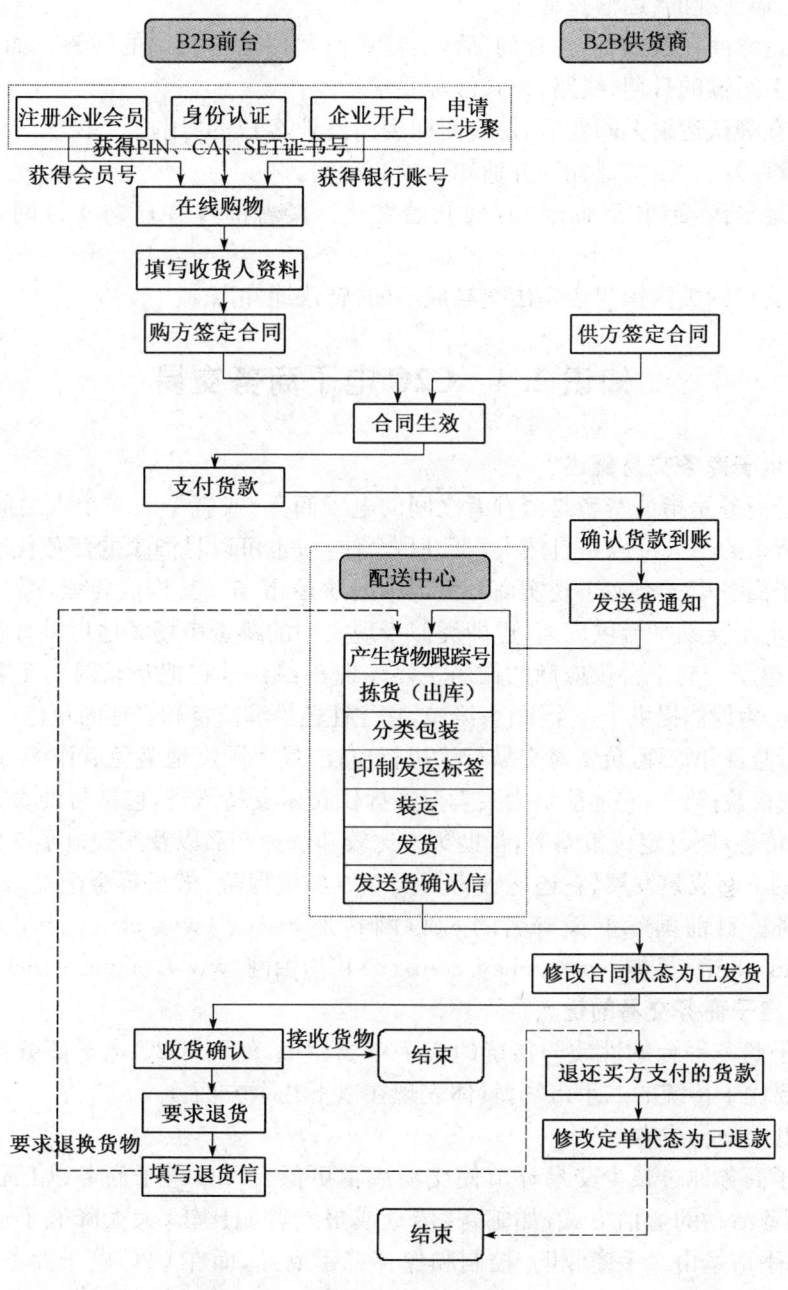

图 2-3　B2B 电子商务交易流程

第一步，商业客户向销售商订货，首先要发出"用户订单"，该订单应包括产品名称、数量等一系列有关产品的问题。

第二步，销售商收到"用户订单"后，根据"用户订单"的要求向供货商查询产品情况，发出"订单查询"。

第三步，供货商在收到并审核完"订单查询"后，给销售商返回"订单查询"的回答。基本上是有无货物等情况。

第四步，销售商在确认供货商能够满足商业客户"用户订单"要求的情况下，向运输商发出有关货物运输情况的"运输查询"。

第五步，运输商在收到"运输查询"后，给销售商返回运输查询的回答。如：有无能力完成运输，及有关运输的日期、线路、方式等等要求。

第六步，在确认运输无问题后，销售商即刻给商业客户的"用户订单"一个满意的回答，同时要给供货商发出"发货通知"，并通知运输商运输。

第七步，运输商接到"运输通知"后开始发货。接着商业客户向支付网关发出"付款通知"。

第八步，支付网关向销售商发出交易成功的"转账通知"。

知识 2.4　C2C 电子商务交易

1. C2C 电子商务交易概述

C2C 电子商务是指消费者与消费者之间的电子商务，或者个人与个人之间的电子商务活动。这里所指的个人可以是自然人，可以是个体户，也可以是商家的商务代表。

C2C 电子商务模式类似于现实商务世界中的跳蚤市场。其构成要素，除了包括买卖双方外，还包括电子交易平台供应商，也即类似于现实中的跳蚤市场场地提供者和管理员。在 C2C 交易中，电子交易平台供应商的作用主要体现在：第一，它把互联网上无数的买家和卖家聚集在一起，为他们提供了一个平台；第二，它往往还扮演监督和管理的角色，负责对买卖双方的诚信进行监督和管理，负责对交易行为进行监控，最大限度地避免欺诈等行为的发生，保障买卖双方的权益；第三，它还能够为买卖双方提供技术支持服务，包括帮助卖方建立个人店铺，发布产品信息，制订定价策略等，帮助买方比较和选择产品以及实现电子支付等；第四，随着 C2C 模式的不断成熟发展，它还能够为买卖双方提供保险、借贷等金融类服务，更好地为买卖双方服务。目前国际上最有名的 C2C 网站是 eBay（www.ebay.com），国内有淘宝（www.taobao.com）、易趣（www.ebay.com.cn）和拍拍网（www.paipai.com）等。

2. C2C 电子商务交易的优点

C2C 电子商务平台的性质与传统的二手市场相似，然而，C2C 电子商务自身的特点决定了它必然要优于传统的二手市场，具体表现在以下几个方面。

（1）较低的交易成本

C2C 电子商务通过减少交易环节使交易成本更低。C2C 电子商务以互联网为交易平台，与传统商务活动的通信方式，如邮寄、传真或报纸等相比较，大大降低了通信费用。同时，传统的二手市场由二手商收购、控制和保存二手商品，而在 C2C 电子商务模式下，由各个卖家保存商品，从而最大限度地降低了库存。

（2）经营规模不受限制

传统二手市场的经营规模在很大程度上受到营业面积的限制，当经营规模扩大时必须相应地扩大其营业面积。C2C电子商务利用互联网提供的虚拟经营环境，可以轻松地通过增加网页来扩大其经营规模。

（3）便捷的信息收集

基于互联网的电子信息技术使得C2C电子商务买卖双方易于获知对方信息，这一点是传统二手市场所无法比拟的。

（4）扩大销售范围

C2C电子商务是基于互联网的商业模式，所面对的客户遍布全国，甚至全世界。与传统的二手市场相比，无疑扩大了销售范围。此外，营运时间不受限制，方便了买卖双方之间的联系。

同时，在C2C电子商务中，电子单据取代了传统的纸单据，通过网络实现快速、准确的双向信息交流，资金支付、结算也能够通过网络完成，加速了资金的流动，提高了资金的使用效率。

综上所述，C2C电子商务模式为消费者提供了便利与实惠，迅速成为电子商务普及与发展的重要形式，具有广阔的市场前景与发展潜力。在C2C电子商务的发展中，赢利模式也在不断探索和创新。

3. C2C电子商务交易流程

消费者通过C2C网站交易，既可以成为买方，也可以成为卖方。下面以在易趣网上交易说明C2C电子商务的交易流程。

（1）注册

在易趣网上交易，不论是买方还是卖方，都必须先注册成为会员。

① 免费注册：进入易趣的主页后，首先点击网页右上角的"免费注册"的按钮。

② 填写表格：然后按照网页要求填写个人信息，包括常用姓名、电子邮件、电话、地址等，所有项目均为必填。填完个人信息后，再仔细阅读服务条款，勾选全部选项并点击"我已阅读并接受上述条款，并继续"按钮后到下一步。

③ 选择用户名和密码：填写个人信息后，接下来就是创建或选择在易趣上的用户名和密码了。用户名用于辨认在易趣上的身份，因此不能重复，而密码则是安全交易的保障基础。

④ 完成注册：易趣将发送一封确认信到刚才注册时所填写的邮箱中，此时不要关闭窗口，如果没有收到确认信，需点击"再次发送确认信"按钮。在收到确认信后点击信中"确认您的邮箱"按钮，这样，在易趣网上注册就完成。

（2）购买物品

① 寻找物品：既可以通过搜索也可以通过物品分类来寻找。在任何页面的搜索框里，输入有关买家想要查询物品的关键字，即能得到所有相关物品的列表，然后就可以在搜索结果中再搜索或根据物品分类来筛选搜索结果；易趣网提供了全面、详细的物品分类结构，只需按类点击就能找到自己需要的物品。

② 进行网上出价：在详细了解所需要的物品后，就可以在网上出价了。有两种出价的方式可供选择，竞价购买：点击"出价"按钮，在出价框里填一个能接受的最高价格，随后系统会代买自动出价，并以当前最低获胜价保持买家的领先。一口价购买：也可以按卖家所标出的"一口价"当场购买得到该物品。

③ 网下交易：易趣提供给买家和卖家交易的平台，网上成交后，买家需向卖家付款，并联

系收货。在网上竞拍成功后,易趣会 E-mail 给买家一封成交信,告知卖家的联系方式。同时买家也可以在"我的易趣"中的"已买入的物品"里查看卖家的联系方式,并与卖家联系成交。

④ 作出评价:如果买家与卖家在网下实际达成交易,那么就有义务为他做一个客观、真实的信用评价。累积起来的信用级别与信用度积分表示了买家交易信用程度的高低。不断提升买家的信用级别,对以后的成功交易有着重要作用。

(3) 出售物品

① 准备出售商品:注册并通过卖家认证;点击导航栏上的"卖东西",登录易趣。

② 发布商品信息:选择物品分类;填写物品信息,包括物品名称(尽量以关键字命名)、描述、数量、所在地等;设定价格,如起始价、一口价、底价等;选择物品在线时间;确认交易联系方式;上传物品图片;附加支付、运货及保修信息。

③ 网上成交:可以方便地在"我的易趣"中查看卖家正在出售和已经出售的物品情况。有许多买官会在物品中留言提出问题,易趣也会 E-mail 提醒。如果买家用一口价买下卖家的物品,或卖家的物品在结束时有人竞标并达到卖家的底价,卖家的物品就可以在网上成交了。

④ 网下交易:在卖家与买家成交后,易趣将以 E-mail 方式给卖家送出一封成交信,告知买家的联系方式。卖家也可以在"我的易趣"中找到买家的联系方式。然后卖家就可以和买家约定如何付款,如何送货或当面交易等实物交付方式。如果卖家在发布商品信息时就说明了支付和发货方式,也需要卖家和买家确认一下。

⑤ 作出评价

如果卖家与买家在网下实际达成交易,卖家就有义务为买家作出客观、真实的信用评价。同样,买家也会对卖家作出信用评价。所累积起来的信用级别与信用度积分代表了卖家交易信用程度的高低。努力提升卖家的信用级别,对以后的成功交易会有重要作用。

⑥ 支付卖东西费用

卖家卖出东西,则应向易趣支付卖东西的费用。

项目实施

【项目任务】

根据项目内容,本项目为电子商务交易,通过南京商友资讯电子商务研究所提供的电子商务系统进行 B2C 和 B2B 的电子商务交易,熟练的掌握电子商务的交易过程。主要有下面三个任务:

(1) B2C 电子商务交易;

(2) B2B 电子商务交易;

(3) 淘宝网的使用。

【项目要求】

(1) 掌握 B2C 网络商品交易的相关知识,熟练地在 B2C 电子商务平台上进行交易;

(2) 掌握 B2B 网络商品交易的相关知识,熟练地在 B2B 电子商务平台上进行交易;

(3) 熟悉淘宝网的功能,熟练掌握淘宝网购物的过程。

【实施步骤】
1. **B2C 电子商务交易**

图 2-4　B2C 电子商务交易平台

（1）用户注册

在 B2C 主页上点击"注册"按钮进行会员申请，按照提示填写用户信息，提交并完成会员申请，图 2-5 所示。

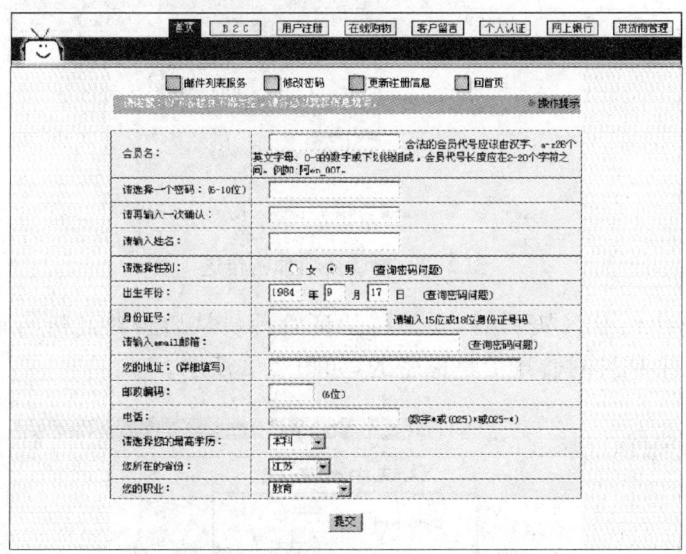

图 2-5　会员注册

（2）个人认证

在注册成会员后，必须对自己的网上虚拟身份进行个人识别码、数字证书和安全电子交易协议三方面的认证。

① 进行 PIN 的认证

步骤一：首先进行前台的操作，点击"个人认证"进入到认证中心，进行"申请 PIN"。申请 PIN 时，登记的身份证与前面"B2C"会员注册时相一致，一个身份证只能登记一次。如图 2-6 所示。

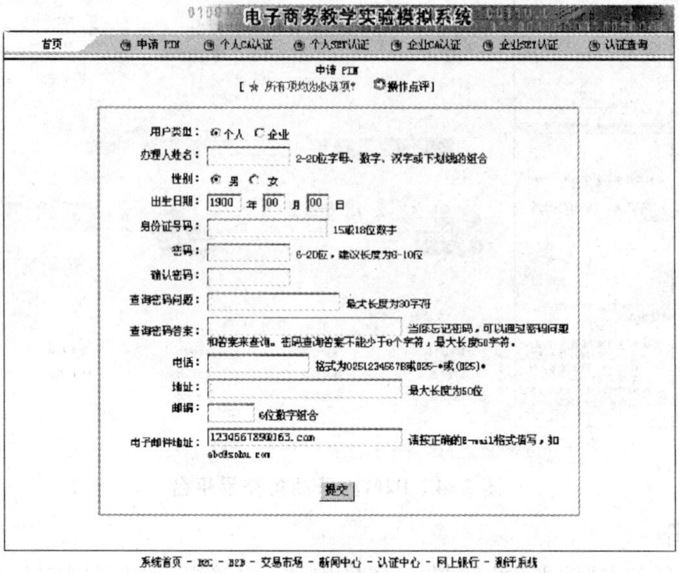

图 2-6　申请 PIN 码

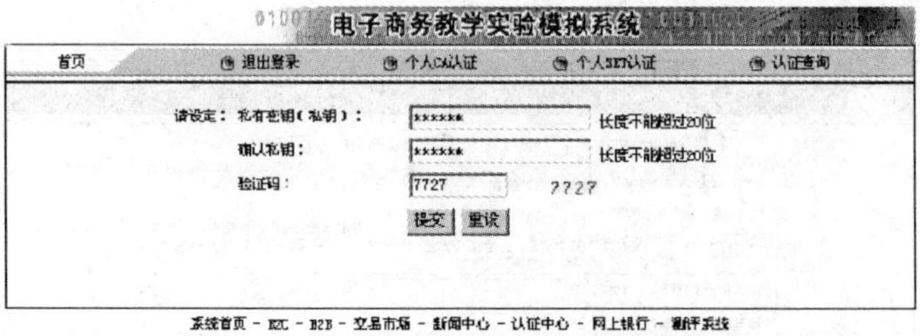

图 2-7　申请资料加密传送

步骤二：填写申请 PIN 资料后，须等待认证管理员从后台对此进行审批，审批时 PIN 是系统随机产生，此 PIN 对管理员是保密的，如图 2-8 所示。

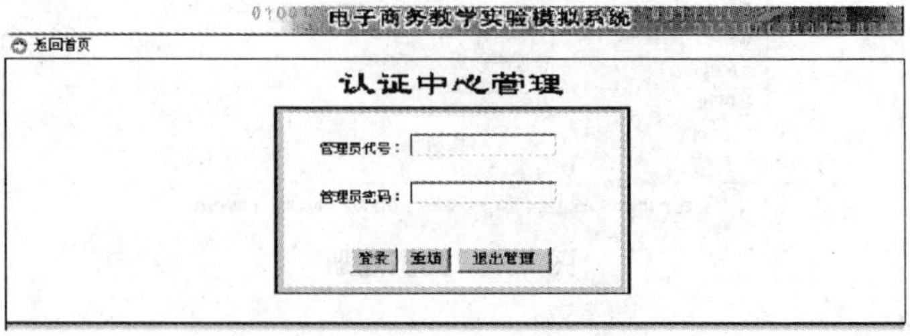

图 2-8　B2C 认证管理中心

步骤三：进入电子商务系统后台管理，输入管理员代号和管理员密码，登陆后找出自己的申请，点击审批，如图 2-9 所示。

图 2-9　PIN 码认证审批

步骤四：在解读保密文件页面中使用私钥进行解密，如图 2-10 所示。

图 2-10　解读保密文件

步骤五：解密后按照提示填写相关信息，提交，如图 2-11 所示。

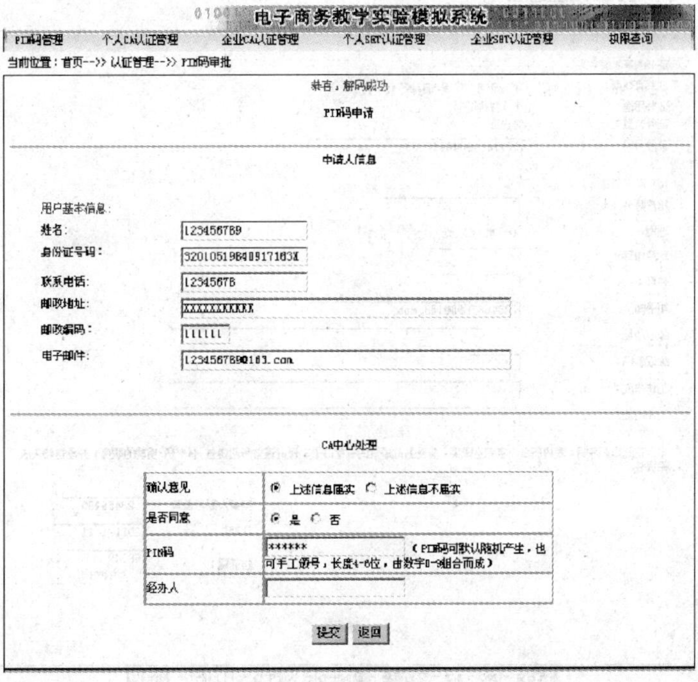

图 2-11　PIN 码审批

步骤六：审批后申请者回到前台从"认证查询"中对此 PIN 进行查询，获得自己的 PIN 码，如图 2-12 所示。

图 2-12　认证查询

② 进行 CA 认证

步骤一：获得 PIN 码后，返回前台登录认证中心进行"个人 CA 认证"，如图 2-13 所示，认真填写数字申请表后提交，等待审批。

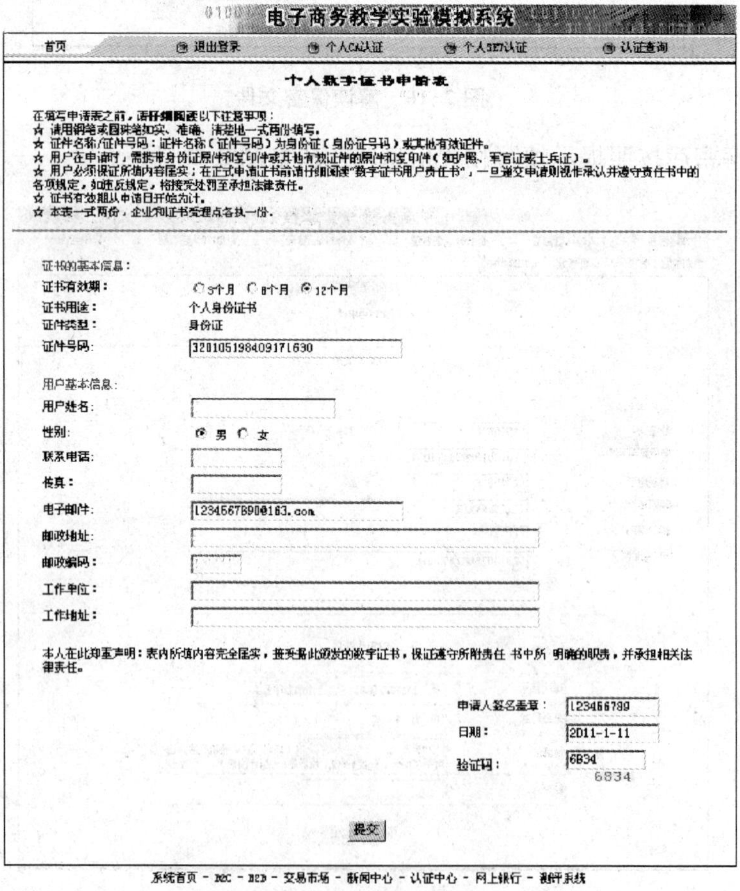

图 2-13　个人数字证书申请

步骤二：进入认证管理后台，点击"个人 CA 认证管理"进入个人 CA 审批页面，凡状态为"未审批"的个人姓名，则出现未批准申请人情况介绍，核实后颁发 CA 证书号。操作步骤与 PIN 的审批过程相同。

步骤三：返回前台从认证查询中对 CA 进行查询，获得 CA 证书号，如图 2-14 所示。

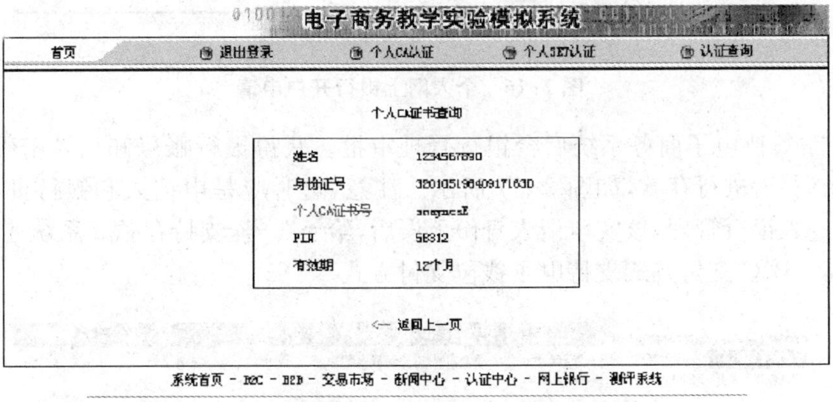

图 2-14　个人 CA 证书号查询

③ 进行 SET 认证

步骤一：进入"个人 SET 认证"填写 SET 认证申请表，如图 2-15 所示，点击提交，等待审批。

步骤二：在系统后台点击"个人 SET 认证管理"，同上方法颁发 SET 证书号。

图 2-15　个人 SET 证书申请

（3）网上银行

步骤一：个人获得 CA 证书号和 SET 证号后，点击"网上银行"，进行"个人开户"，如图 2-16 所示。

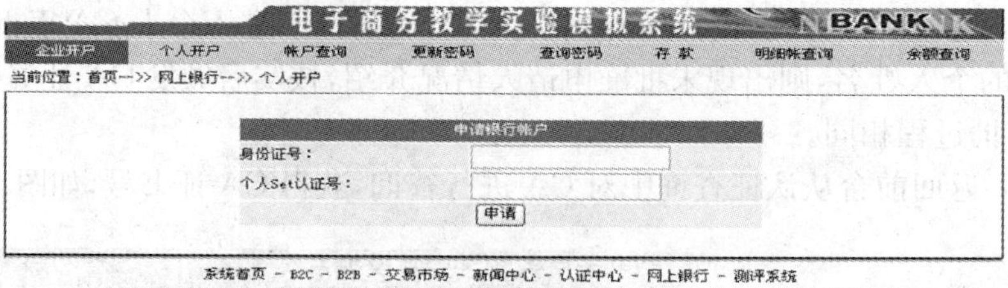

图 2-16　个人网上银行开户申请

步骤二：等待电子商务系统后台银行管理审批。获得银行账号和初始密码（随机产生六位初始密码）后进行存款，如图 2-17 所示。注意，这时应是申请人和银行批准人双方操作，银行方进入银行管理，核实申请人身份无误后，给予账号，支持存款。系统还提供电子钱包支付功能。B2C 支付方式支持电子钱包支付方式。

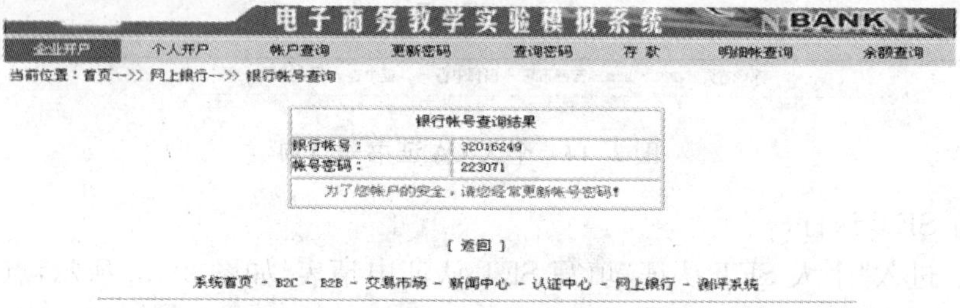

图 2-17　个人网上银行账号密码查询

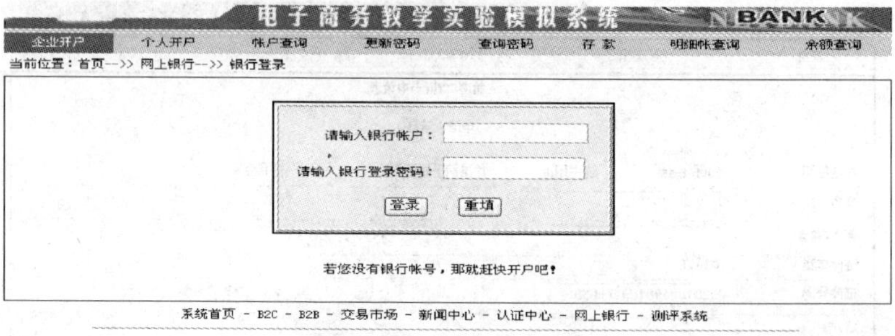

图 2-18　网上银行登录

电子钱包是一个可以由持卡人用来进行安全电子交易和储存交易记录的软件。包括 4 个功能：申请电子钱包、钱包划进账、电子钱包支付、钱包明细账查询。只支付个人账户。

可以在申请"个人开户"之后，申请电子钱包。也可以在登录银行后，点击"电子钱包"→"申请电子钱包"。

钱包划进账：输入正确的银行账户和密码后，再输入正确的钱包账号后进行充值。从银行账户中划入相应数额款到钱包账内。如图 2-19 所示。

（4）网上购物

获得 CA 认证号，SET 认证号和银行账户及电子钱包申请后，则可进行购物。返回"B2C"，点击商品查询→在线购物→选中商品→购物车提供所购商品清单→如图 2-21 所示

图 2-19 电子钱包业务

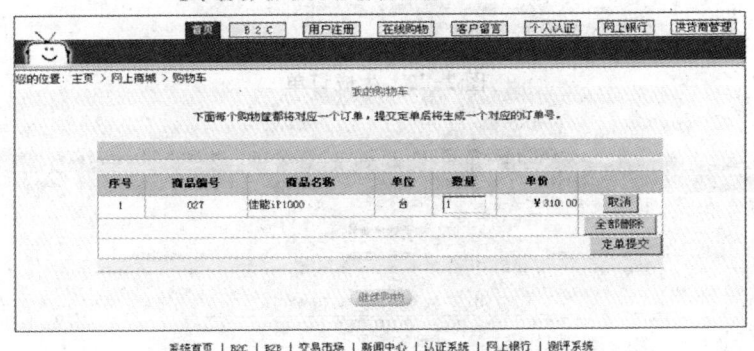

图 2-20 购物车

填写定单→提交定单→签订合同前身份认证→生成合同→网上支付,如图 2-23 所示。注意:这时购货人和供货方要同时操作,购货人与银行管理要同时操作。

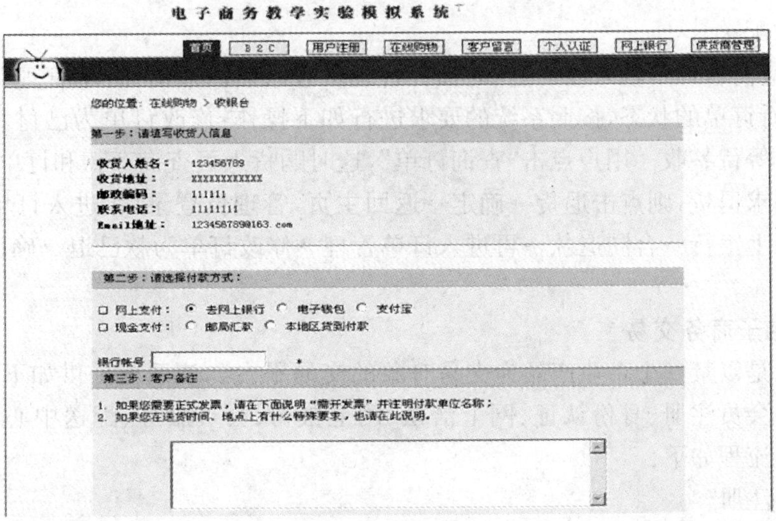

图 2-21 填写订单

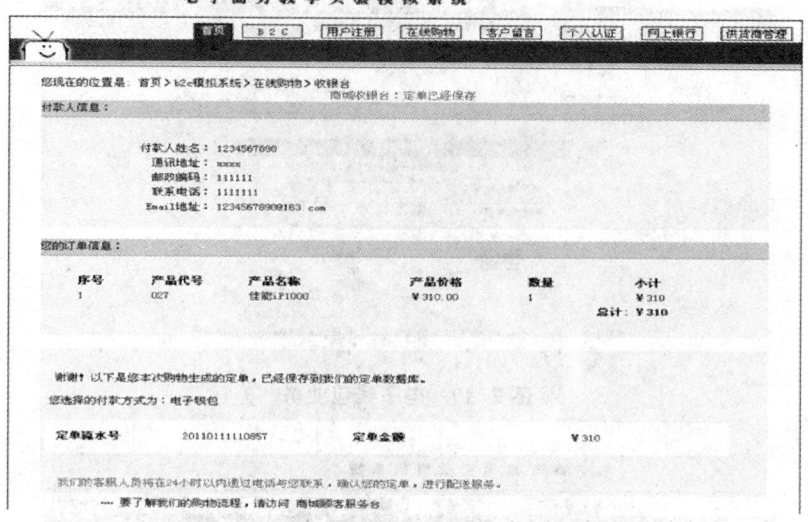

图 2-22　生成订单

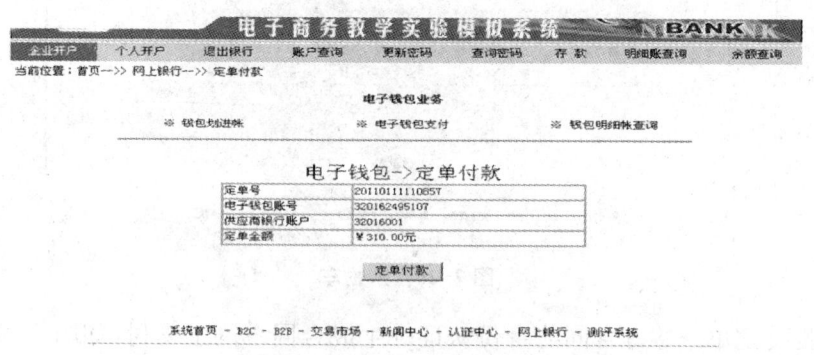

图 2-23　电子钱包支付

(5) 货物配送

点击"供应商管理",输入用户名和密码,管理员登录后。点击"订单管理",在订单中查看订单号,查看订单的状态,按照系统的要求进行如下操作:修改订单为已付款→发送货物→点击确定→等待签收。用户点击"查询订单",这时购货人可查询存款和订单,若无误则交易完成。若要求退货,则点击退货→确定→返回主页,管理员登录后,进入订单管理→退还货款→进入网上银行→合同退款→再进入订单管理→修改订单为款已退→确认→提示交易结束。

2. B2B 电子商务交易

B2B 系统是以某一个企业产品为交易对象的交易平台。该系统提供如下功能:企业展示、商品展示、会员注册、身份认证、网上洽谈、网上银行、会员服务、配送中心、供货商管理等。具体操作流程如下:

(1) 会员注册

步骤一:点击主页面 B2B 窗口,进入 B2B 主页进行浏览,如图 2-24 所示。

项目二　电子商务交易

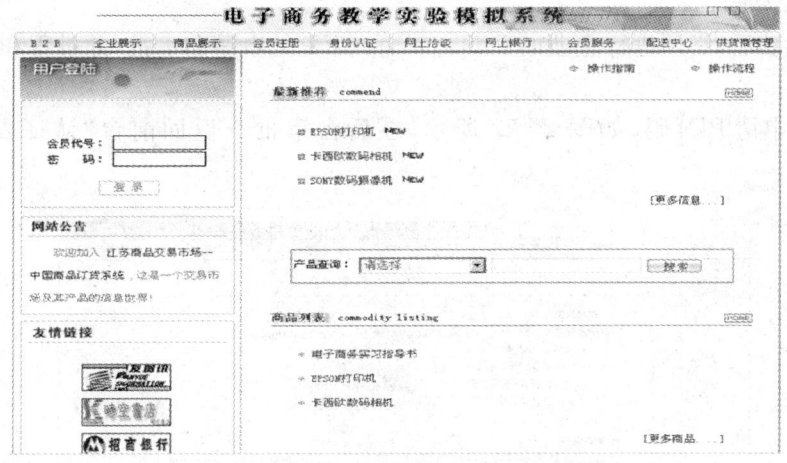

图 2-24　B2B 电子商务交易平台

步骤二：点击"会员注册"，如图 2-25 所示，按照系统要求填写相关会员资料→提交→注册成功。

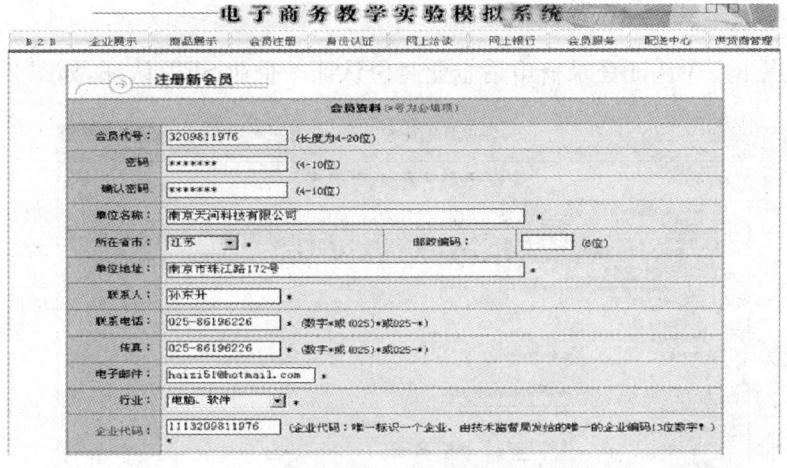

图 2-25　企业会员注册

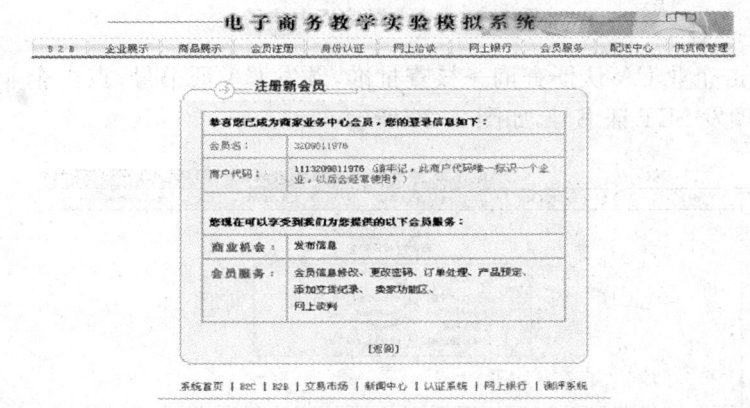

图 2-26　企业会员注册成功

· 45 ·

（2）企业认证

在注册成功后，必须进行企业的 PIN、CA 和 SET 的申请和审批，此过程和 B2C 的认证步骤相似。

步骤一：申请 PIN 码，如图 2-27 所示，在后台审批→返回前台"认证查询"→获得 PIN 码。

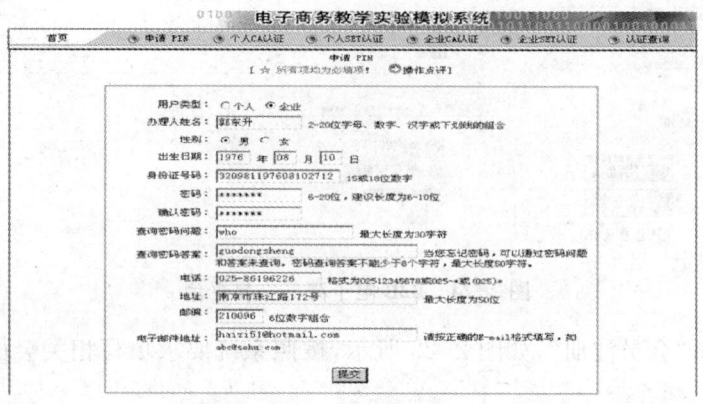

图 2-27　申请 PIN 码

步骤二：点击 CA 认证登录→申请企业身份认证→企业 SET 认证，如图 2-28 所示。

图 2-28　企业数字证书申请

步骤三：点击企业 CA 认证查询→核查批准，颁发 CA 证书号；点击企业 SET 认证查询→核查批准，颁发 SET 证书号，如图 2-29 所示。

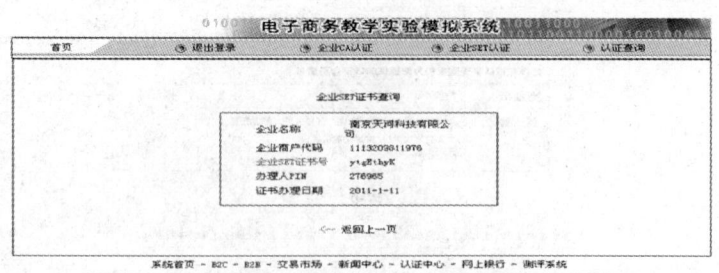

图 2-29　企业 SET 证书查询

(3) 网上银行

企业获得 SET 号后可以进行网上银行的申请、审批并且存款。

步骤一：获得 SET 号后点击网上银行进行企业开户申请账户的操作；

步骤二：进入网上银行的后台管理，对申请信息进行审批。获得银行账号和密码；

步骤三：输入银行账号和密码后存款，如图 2-30 所示。

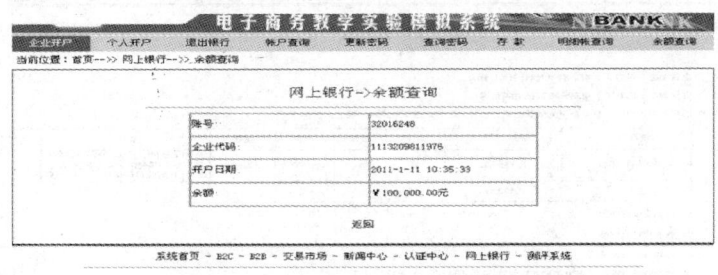

图 2-30　企业网上银行账号信息

(4) 选购商品并签订合同

① 选购商品

步骤一：在 B2B 系统中选中要购买的商品，点击"购买"后自动生成合同。

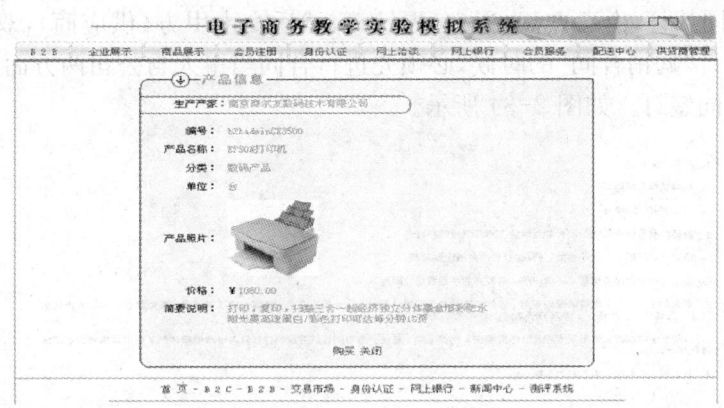

图 2-31　选购商品

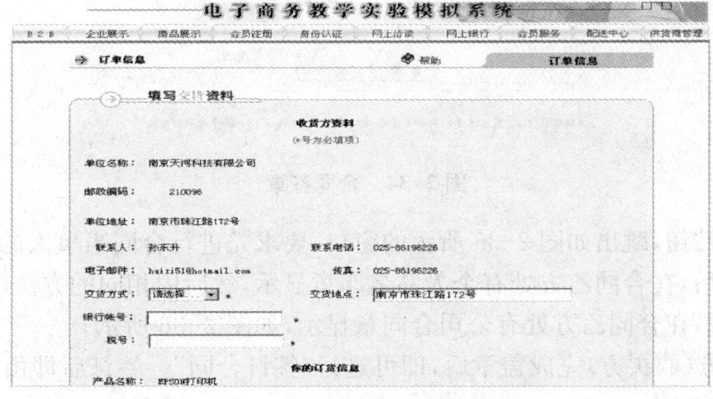

图 2-32　填写收货方资料

步骤二：学生可分析订单，考虑是否接受购货价格，接受则直接签订合同，这时系统要核实购买方的身份，进行身份认证登录，获得认证后签订合同，如图2-33所示。

步骤三：不接受可点击"网上洽谈"，对合同的价格进行讨价还价，重新填写订单信息，再进行合同签订。

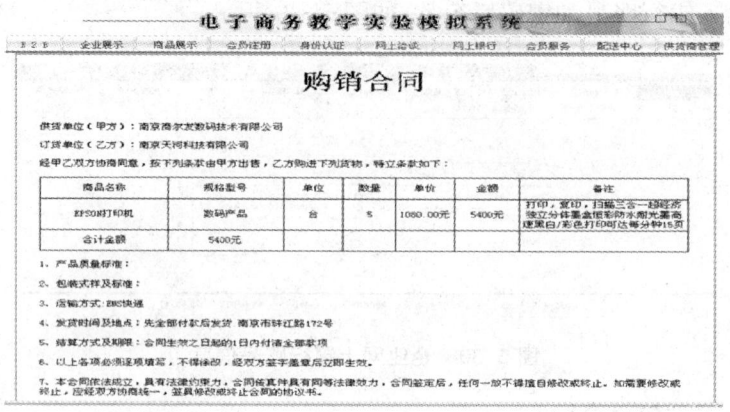

图2-33 生成购销合同

② 签订合同

步骤一：合同签订，由乙方（购买方）先签订，然后交由甲方（供应商），双方签订后合同即可生效。在签订"购销合同"的时候，必须先进行合同当事人与公司两方面的签字盖章，才能完成一方的合同签订。如图2-34所示。

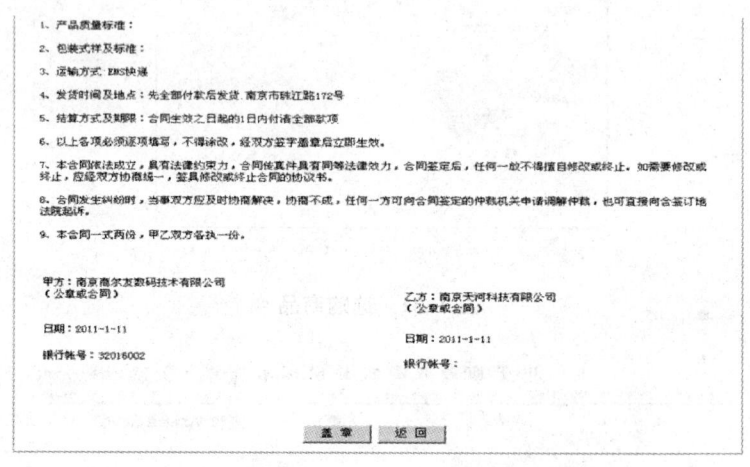

图2-34 合同签章

按下"盖章"按钮，跳出如图2-35所示的窗口，要求先进行合同当事人的个人印章加盖。"盖章"完成后，在合同乙方处有个人签名印章显示，然后用相同的方法压印乙方公司合同章，"盖章"完成，在合同乙方处有公司合同章显示，如图2-36所示。

步骤二：乙方（购买方）完成盖章后，即可进行"签订合同"。签订后即由合同另一方（甲方）来进行签订。

步骤三：进入"供应商管理"，选择"订单管理"盖章，盖章的步骤与购买方盖章步骤一致，返回确认供应商已签订合同，双方签订后合同生效，如图2-37所示。

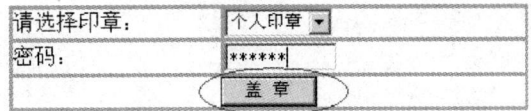

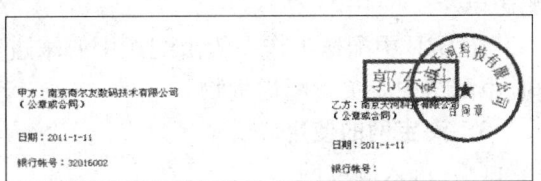

图 2-35　电子签章工具　　　　　　　图 2-36　乙方电子签章

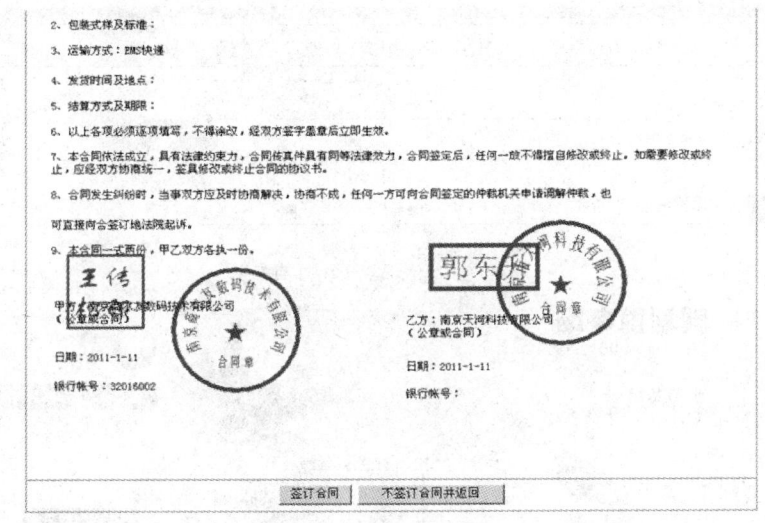

图 2-37　甲方电子签章

（5）付款

步骤一：首先由购买方付款，点击"会员服务"→订单管理→去网上银行→进行合同结算，也可进行余额查询、明细账查询等，如图2-38所示（操作这一部分时，是供求双方不断互动操作，学生一定要冷静分析每一步的含义，弄清身份）。

图 2-38　网上银行合同结账

步骤二：供货方进行操作，合同结算后，进入"供应商管理"→订单管理→修改订单为已付款→确定。建议此时输入供货方的银行账号和密码去查询款项是否到账。

步骤三：身份转为购货方操作，进入"会员服务"→订单管理→领取配送单，购货方确认配送单。

在 B2B 中配送工作一般由配送中心来进行，此时需要供应商给配送中心发一个送货通知，由配送中心负责配送货物。

3. 淘宝网的使用

（1）进入淘宝网

登录淘宝网的主页（http://www.taobao.com），点击"登录"，如图 2-39 所示。

图 2-39 淘宝网首页

图 2-40 淘宝网登录界面

(2) 选择购买商品

成功登录淘宝网账号后,可以进入淘宝网,搜索需要购买的商品,我们以江苏联通 20 元充值商品为例,如图 2-41 所示。

图 2-41　淘宝网搜索商品界面

点击选中商品即可进入商品主页查看商品信息,如图 2-42 所示。

图 2-42　淘宝网商品信息界面

（3）购买商品，填写信息

确认购买数量和充值号码填写无误后，点击"去支付宝付款"，如图2-43所示。

图 2-43　填写购买信息

（4）选择支付方式

淘宝网支持50多家银行、支付宝、银联、银行直充等多种方式，确认充值号码和金额无误后，选择支付方式中的中国银行网银支付，点击"付款"，如图2-44所示。

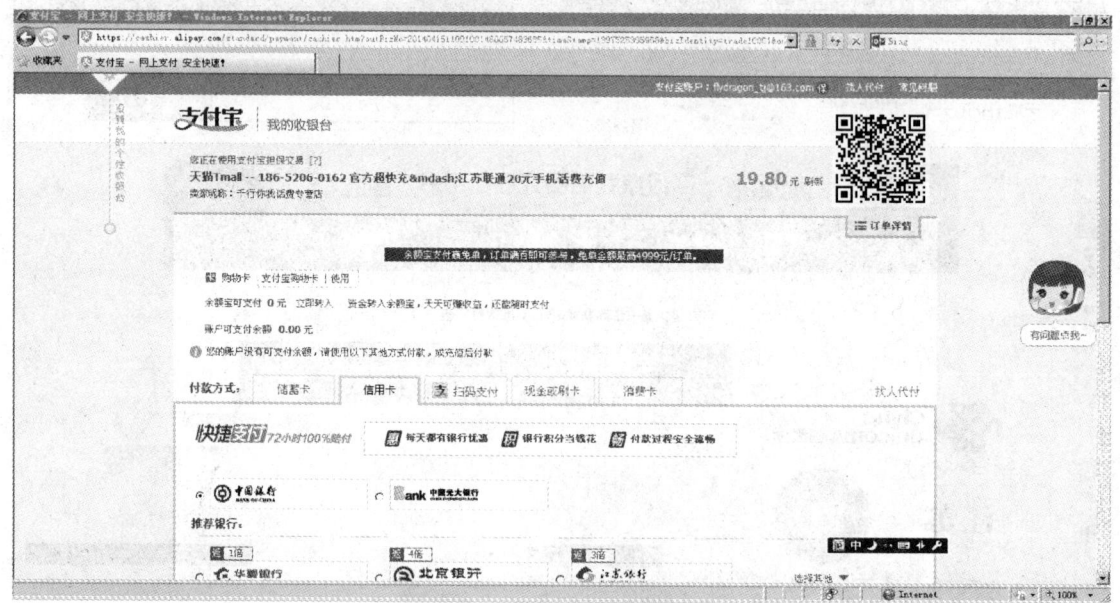

图 2-44　选择支付方式

(5) 个人网银支付

① 进入中国银行个人网银支付,查看我的订单情况无误后,输入支付账号、身份信息等,如图 2-45 所示。

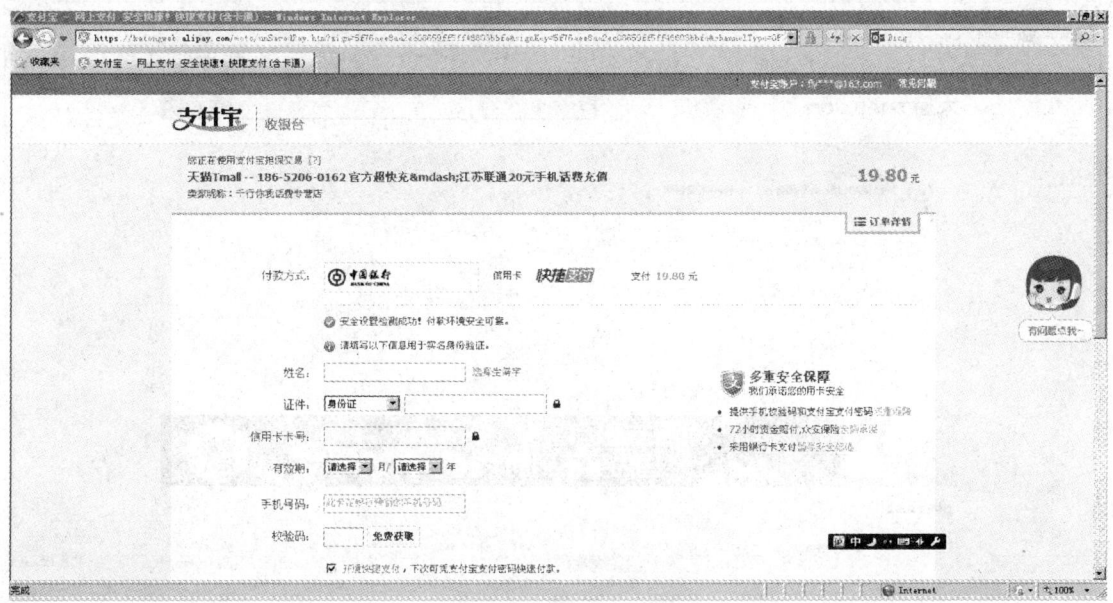

图 2-45　填写付款信息

② 输入账户柜台预留的手机号码后,点击"免费获取",短信验证码成功发送到手机,查看手机验证码信息。

图 2-46　账号支付

③ 输入手机验证码信息，点击"同意协议并支付"，确认支付金额和订单号，点击"确定"，账户支付银行扣款成功，如图2-47所示。

图2-47　支付成功

（6）评价产品

购买产品成功收到后，用户可对商品质量、商家的服务及快递的服务进行评价，如图2-48所示。

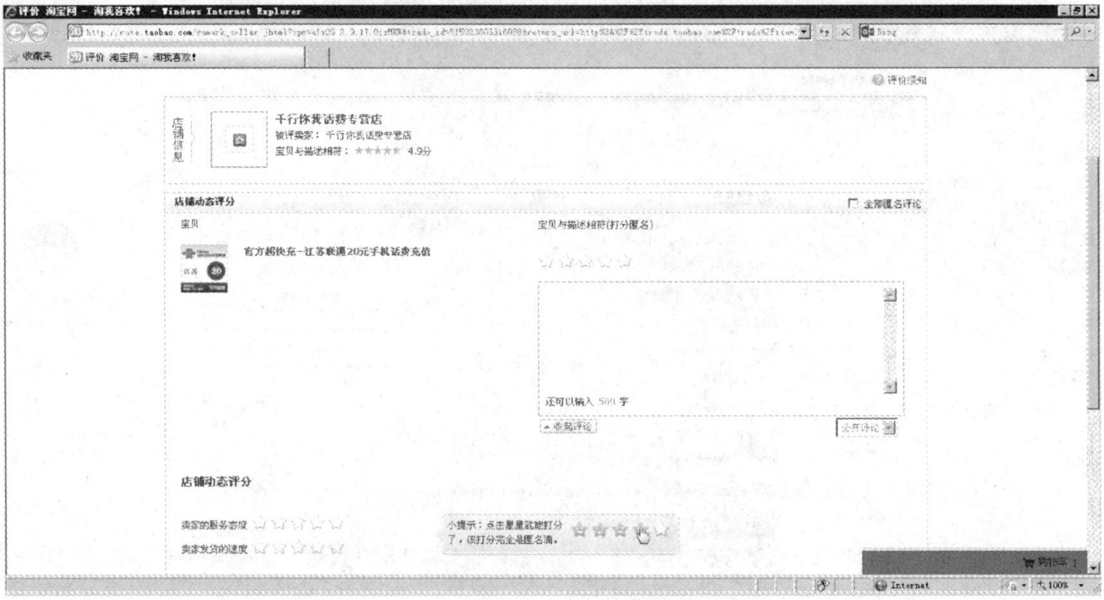

图2-48　用户评价

评价完成后点击"评价"会显示评价成功。自此本笔交易完成,如图 2-49 所示。

图 2-49 评价成功

扩展知识

知识 2.5 电 子 政 务

1. 电子政务的定义

电子政务是指政府机构运用现代计算机、网络通信技术,将其内部与外部的管理和服务职能,通过整合、重组、优化后到网络上完成,打破时间、空间及部门分隔的制约,为社会民众及自身提供一体化的高效、优质、规范、透明、廉洁的管理和服务。

电子政务主要包括 3 个部分:一是政府部门内部的电子化和网络化办公;二是政府部门之间通过计算机网络而进行的信息共享和实时通信;三是政府部门通过网络与民众之间进行的双向的信息交流。电子政府不是现实政府在网络上的映射,电子政府实质是对现有的、工业时代的政府形态的一种改造,即利用现代信息技术和其他相关技术来构造更适合以互联网为主要特征的信息时代的政府结构和运行方式。

2. 电子政务的特点

电子政务在改进和优化政府组织、强化政府公共服务职能、提高政府管理效率方面的优势逐渐显现出来。电子政务与传统的政府政务相比,具有以下几个特点:

(1) 电子政务使得政务工作更有效、更精简。

(2) 电子政务使得政府工作更公开、更透明。

(3) 电子政务为企业和居民提供更好的服务。

(4) 电子政务重新构造政府、企业和民众之间的关系,比以前更加协调,使企业和民众能够更好地参与政府的管理。

3. 电子政务的功能

从根本上改善政府的公共服务是电子政务的核心价值,为了实现这一价值,电子政务系统应当具备以下功能。

(1) 实现政府信息服务

电子政务系统可以使政府打破时空和地域限制,在网上发布政策信息,并收集反馈信息,从而极大地提高政府的信息服务能力。同时,电子政务可以促进各级政府部门信息中心的建设,不但能为政府决策提供综合性的信息服务,而且还可以向企事业单位和公众提供信息服务,支持企业和公众的建议。图 2-50 所示为中华人民共和国人力资源和社会保障部网站。

图 2-50　中华人民共和国人力资源和社会保障部

(2) 实现政府办公自动化

政府部门的办公自动化系统一般以公文处理和机关事务管理为核心,同时提供信息通道与服务等重要功能。办公自动化能够帮助政府开展公文管理、督查管理、政府信息采集与发布、内部请示报告管理、档案管理、会议管理、领导活动管理、政策法规库等业务工作,使政府实现"无纸化"办公,提高政府的办公效率,降低行政成本。

(3) 实现政府内外信息资源共享

政府信息资源的共享能够避免相关信息的不完整性和重复采集,提供政府部门的办事效率。使得政府的内部资源得到充分利用,并实现政府与社会、公众的广泛沟通,改善公共服务,促使政务信息公开,让政府更好地接受公众的监督,提高政府行政活动的透明度,保证各个政府机构有效地履行各自的职责。

(4) 增强政府监管,维护市场秩序

电子政务能够用信息化的手段来加强政府的有效管理,使政府的各项监管工作更加严密、有效,这对于监督和整顿市场秩序、加强财政管理、规范财税秩序、保障经济的正常运行、促进国民经济健康有序发展等具有重要的作用。

4. 电子政务的模式

电子政务所包含的内容极为广泛,几乎可以包括传统政务活动的各个方面。根据近年来国际电子政务的发展和我国电子政务的实践,目前电子政务的主要业务模式有政府对政府(G2G)模式、政府对企业(G2B)模式、政府对公众[G2C(Citizen)]模式、政府对公务员[G2E(Employee)]模式。

（1）G2G 模式

G2G 电子政务是政府内部、政府上下级之间、不同地区和不同职能部门之间实现的电子政务活动。主要包括政府内部网络办公系统、电子法规政策系统、电子公文系统、电子司法档案系统、电子财政管理系统、垂直网络化管理系统、横向网络协调管理系统、城市网络管理系统等。

（2）G2B 模式

G2B 电子政务是政府通过电子网络系统精简管理业务流程,快捷迅速地为企业提供各种信息服务,促进企业发展,提高企业的市场适应能力和国际竞争力。主要包括政府电子化采购与招标、电子税务系统、电子工商行政管理系统、电子外经贸管理、中小型企业电子化服务、综合信息服务系统等。

（3）G2C 模式

G2C 电子政务是指政府与公民之间的电子政务,是政府通过电子网络系统为公民提供各种服务。主要包括电子身份认证、电子社会保障服务、电子民主管理、电子医疗服务、社会保险网络服务、电子就业服务、交通管理服务、电子教育培训服务等。如图 2-51 所示,江苏人才网为个人和单位提供招聘就业服务。

图 2-51　江苏人才网

(4) G2E 模式

G2E 电子政务是指政府机构通过网络技术实现政府内部电子化管理,建立有效的行政办公和员工管理体系,提高政府工作效率和公务员管理水平。主要包括公务员日常管理、电子人事管理、电子培训系统、网络业绩评价系统等。

知识 2.6　政　府　采　购

1. 政府采购的定义

政府采购是指国家各级政府为从事日常的政务活动或为了满足公共服务的目的,利用国家财政性资金和政府借款购买货物、工程和服务的行为。政府采购不仅是指具体的采购过程,而且是采购政策、采购程序、采购过程及采购管理的总称,是一种公共采购管理的制度。政府采购的本质是政府在购买商品和劳务的过程中,引入竞争性的招投标机制。

完善、合理的政府采购对社会资源的有效利用和财政资金的利用效果起到很大的作用,是财政支出管理的一个重要的环节。

2. 政府采购的特点

政府采购的主体是政府,是一个国家内最大的单一消费者,购买力非常大。政府采购对社会经济有着非常大的影响,采购规模的扩大或缩小,采购结构的变化对社会经济发展状况、产业结构及公民生活环境都有着十分明显的影响。政府采购相对于私人采购而言,政府采购具有资金来源的公共性、非营利性,采购对象的广泛性和复杂性、规范性、政策性、公开性、极大的影响力等特点。例如江苏政府采购网,如图 2-52 所示。

图 2-52　江苏政府采购

对我国政府来说,推行法制化、现代化的政府采购制度是一个崭新的国家财政管理概念。《中华人民共和国政府采购法》于 2002 年 6 月 29 日由全国人大常委会审议通过,自 2003 年 1 月 1 日正式生效。

3. 政府采购的组织形式

国外政府采购一般有 3 种模式:集中采购模式,即由一个专门的政府采购机构负责本级政府的全部采购任务;分散采购模式,即由各支出采购单位自行采购;半集中半分散采购模式,即由专门的政府采购机构负责部分项目的采购,而其他的则由各单位自行采购。我国的政府采购采用半集中半分散的模式。对政府采购中的集中采购部分,通过设立一个专门机构来组织进行,如政府采购中心,从而有利于形成采购规模,节约财政资金,有利于加快政府采购市场的形成。对政府采购中的分散采购部分,由各支出单位遵循有关的政府采购法规政策进行自行采购。

(1) 公开招标

公开招标是政府采购主要采购方式,公开招标与其他采购方式不是并行的关系。公开招标的具体数额标准,属于中央预算的政府采购项目,由国务院规定;属于地方预算的政府采购项目,由省、自治区、直辖市人民政府规定;因特殊情况需要采用公开招标以外的采购方式的,应当在采购活动开始前获得设区的市、自治州以上人民政府采购监督管理部门的批准。采购人不得将应当以公开招标方式采购的货物或者服务化整为零或者以其他任何方式规避公开招标采购。

(2) 邀请招标

邀请招标也称选择性招标,由采购人根据供应商或承包商的资信和业绩,选择一定数目的法人或其他组织(不能少于 3 家),向其发出招标邀请书,邀请他们参加投标竞争,从中选定中标的供应商。适合邀请招标必须满足两个条件:具有特殊性,只能从有限范围的供应商处采购的;采用公开招标方式的费用占政府采购项目总价值的比例过大的。

(3) 竞争性谈判

竞争性谈判是指采购人或代理机构通过与多家供应商(不少于 3 家)进行谈判,最后从中确定中标供应商。

采用竞争性谈判方式的条件有:招标后没有供应商投标或者没有合格标的或者重新招标未能成立的;技术复杂或者性质特殊,不能确定详细规格或者具体要求的;采用招标所需时间不能满足用户紧急需要的;不能事先计算出价格总额的。

(4) 单一来源采购

单一来源采购也称直接采购,是指达到了限额标准和公开招标数额标准,但所购商品的来源渠道单一,或属专利、首次制造、合同追加、原有采购项目的后续扩充和发生了不可预见紧急情况不能从其他供应商处采购等情况。该采购方式的最主要特点是没有竞争性。

采用单一来源采购方式的条件有:只能从唯一供应商处采购的;发生了不可预见的紧急情况不能从其他供应商处采购的;必须保证原有采购项目一致性或者服务配套的要求,需要继续从原供应商处添购,且添购资金总额不超过原合同采购金额的 10%。

(5) 询价

询价是指采购人向有关供应商发出询价单让其报价,在报价基础上进行比较并确定最优供应商的一种采购方式。采购的货物规格和标准统一、现货货源充足且价格变化幅度小的政府采购项目,可以采用询价方式采购。

知识2.7 电子报税

1. 电子报税的定义及原理

电子报税是指通过利用现代的电子计算机与网络通讯技术,使纳税人足不出户就可以履行纳税义务全过程的一种报税方法。具体地说,电子报税就是纳税人使用电子报税工具(如计算机),将申报的原始资料通过通讯网络(如电话网)以电子数据的形式发送到税务局的计算机主机系统上,税务局主机对这些申报的原始数据通过进行身份识别、逻辑计算审核之后,在税务局主机内生成相应的电子申报数据,并将纳税人的申报款信息发送到相应的银行进行税款保留。同时,税务局主机将申报的结果立即返回给纳税人。

电子报税采用了现代电子计算机与网络通讯技术,使报税方式更加现代化、科学化。从纳税人角度来看,通过实行电子报税,纳税人不必再定期携带公章、申报表、现金、转账支票或存折等物件亲临税务局花整天甚至几天时间来履行纳税义务,而只需坐在自己的办公室花几分钟时间就可完成纳税义务全过程。既可减少纳税人自行上门申报条件下往返于税务机关的路途时间和费用,又可消除排队等候的麻烦;既可减少纳税人的纳税成本,提高纳税人的工作效率,又可确保纳税人申报资料的及时性与准确性。图2-53为江苏省网上办税服务厅。

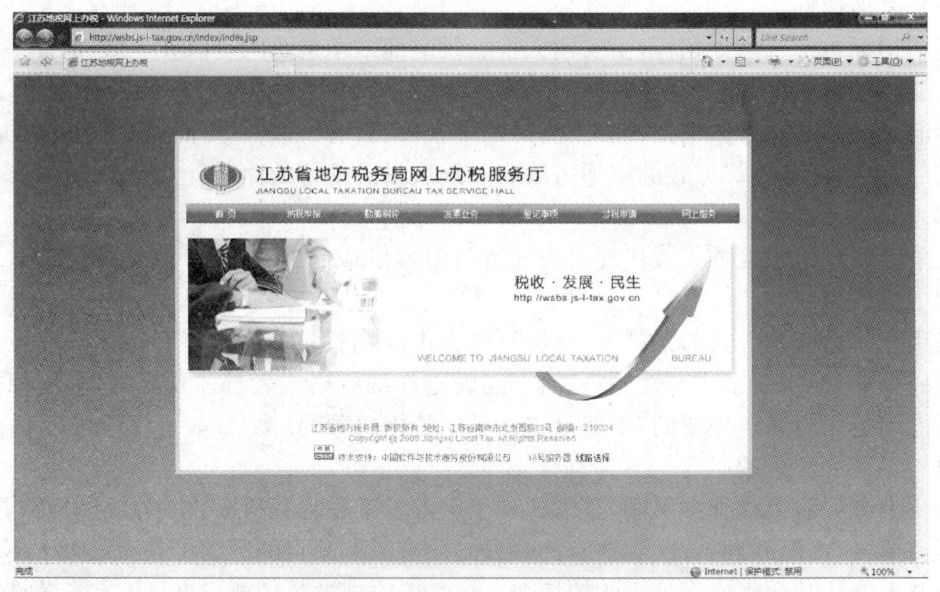

图2-53 江苏省网上办税服务厅

2. 电子报税的方式

电子报税分电话报税、互联网远程报税和银行网络报税3种报税方式。

(1)电话报税 电话报税是指纳税人利用电话,通过电信、银行和税务系统的网络进行纳税申报和缴纳税款的方式。电话报税是适用于定期、定额的"双定"纳税户比较简单的一种报税方式。纳税人报税时先拨通报税电话,然后根据电话中的语音提示进行操作即可。

(2)互联网远程报税 互联网远程报税是指纳税人使用计算机通过互联网登陆税务机

关的网站,依托远程电子申报系统平台进行纳税申报,并实现税款自动划账,完成电子申报和电子纳税的整个过程。

（3）银行网络报税　银行网络报税是指税务机关与指定的代收税银行进行联网,纳税人与指定银行签订委托扣款协议,并在该银行开设账号存款,充分利用银行计算机网络提供的通存通兑功能,由银行在规定的时间内按税务机关核定的应纳税额直接划账入库,完成纳税申报和缴纳税款事项。

案例分析

海尔公司 B2C 电子商务模式的应用

海尔向电子商务领域进军,是以虚实结合的策略为指导。在推进电子网络的同时,不断夯实商务基础。海尔从两方面为进入电子商务领域做好准备。一是准备好电子商务在外界需要的必备条件:配送网络和支付网络。目前海尔已建立起庞大的销售网络,并和中国建设银行合作建设了支付网络。海尔的第二个准备是调整企业内部的组织机构,使其能够适应外部电子商务的需求。2002 年,海尔集团正式开通了网上商城,满足个性化的需求是海尔商场的特点,用户可以在网上利用灵活多样的查询手段,了解产品的详细情况,迅速地确定自己所需要的各种商品。海尔集团于 2003 年 3 月 10 日投资成立海尔商务有限公司,这是中国国内第一个成立电子商务公司的家电企业。

面对个人消费者,海尔可以实现全国范围内网上销售业务。消费者可以在海尔的网站上浏览、选购、支付,然后可以在家里静候海尔的快捷配送及安装服务。对海尔来说网上的交易额不是最重要的,最重要的是注册的大量用户信息,用户对海尔的信任和忠诚度是海尔最大的财富。用户在海尔网站上进行采购和个性化定制的数量与日俱增。

海尔 B2C 网站采用了 CA 智能化集成的电子商务平台 Jasmine Ⅱ(Jasmine Intelligent Information Infrastructure),使用多媒体技术、对象数据库技术和 Web 技术相结合,构成一个含有大量文字、图像、录像信息并可与三维虚拟场景交互的多媒体数据库应用系统,实现基于 Web 的产品定制与导购功能。

1. 在线直销

海尔网上商城(www.ehaier.com)是完全由海尔集团公司负责建设、维护与经营的。它利用海尔现有的销售、配送与服务体系,为广大用户提供优质的产品销售服务。海尔集团直接对用户订单负责。全国每个地区包括农村的消费者都可以从海尔网上商城购物,海尔利用与顾客最近的海尔经销商和售后机构给用户提供服务。

顾客可以通过海尔网上商城系统,直接订购看中的商品,再通过海尔现有的销售、配送与服务体系,通过送货上门或邮寄两种方式得到货物。

目前海尔网上商城提供招商银行(全国范围)、工商银行(全国范围)的网上支付业务,用户在线支付成功后海尔能够通过系统立即查看到支付信息,然后安排配送(除了在线支付,海尔同样采用货到付款、银行电汇和邮政汇款的方式)。

2. 网上定制服务

海尔极富个性化的创造理念,使客户可以在任何地方通过互联网享受海尔的网上定制服务，随意地组合自己需要的组件。

(1) 产品定制

海尔最先开始的是冰箱的定制服务。海尔针对用户的需要，预告设计了多个套餐，客户也可以选配自己喜欢的产品组件，系统会进行自动报价，直到客户满意为止。定制完成，输入个人和收货信息，就可等待产品的直接送到。

(2) 服务定制

同产品定制类似，客户也可以详细选择需要的服务项目。以空调服务定制为例，客户可以从空调移机、加装饰板、清洗保养等十几个服务项中选出自己需要的服务，系统会整体报价。

3. 网上服务中心

海尔的用户数据库及直接对顾客公开的网上服务中心可以有如下应用。

(1) 顾客登记　客户填写登记表的内容存放到顾客服务数据库中，客户服务人员将会跟踪客户的产品使用情况，为客户提供解决方案，帮助客户了解产品的具体情况。

(2) 产品知识　客户可以查询到海尔各类产品的购买、使用、维护方面的小知识。

(3) 产品咨询　客户对海尔的产品及其他方面有任何疑问，可以在线填写表单，海尔会通过邮件或电话解答。

(4) 电子刊物　客户可以订阅海尔新闻、市场活动、产品知识等免费电子刊物。

(5) 在线保修　客户购买的海尔产品有任何问题，可以在线填写报修表单，海尔会主动和客户联系。

案例思考：

1. 海尔公司的电子商务成功的应用对你有什么启示？
2. B2C 的模式有什么样的特点？
3. 列举出海尔商城的盈利模式有哪些？

课后习题

1. 选择题

(1) 某公司帮助个人将产品出售给其他人，并对每一笔交易收取一小笔佣金。这属于（　　）电子商务。

　　A. B2C　　　　　B. B2B　　　　　C. C2C　　　　　D. B2G

(2) 以下（　　）不属于消费者在网上商店进行购物的操作。

　　A. 浏览产品　　　B. 选购产品　　　C. 订购产品　　　D. 信息发布

(3) 以下说法正确的是（　　）。

　　A. 品牌等于商标

　　B. 品牌是通过传播介绍给消费者的产品

　　C. 品牌是消费者对产品的体验和感受

　　D. 品牌是产品和消费者之间的长期互动

(4) 在线零售成功的关键是（　　）。

　　A. 树立品牌　　　B. 减少库存　　　C. 正确定价　　　D. 提高速度

(5) B2B 电子商务交易的特点有( )。
　　A. 传输的信息可能涉及个人机密
　　B. 用户群固定,操作人的真实身份明确,客户信息真实可靠,详细准确
　　C. 传输的信息涉及商业机密或企业机密
　　D. 商务活动中需要协商和签订具有法律效应的合同、协议等
(6) 网络商城中的商品分类可以根据( )规则来进行。
　　A. 按照价格分　　　　　　　　　　B. 按照尺码分
　　C. 按照更新时间分　　　　　　　　D. 按照品牌分
(7) 类似于现实商务世界中的跳蚤市场的电子商务模式是( )。
　　A. B2C　　　　B. B2B　　　　C. C2C　　　　D. B2G
(8) 中国网上零售未来发展的趋势是( )。
　　A. 进一步细分网购市场
　　B. B2C 与 C2C 的界限越来越模糊
　　C. 支付和物流依然是瓶颈
　　D. 用户逐步走向理性消费
(9) 关于店铺公告,以下说法正确的是( )。
　　A. 店铺公告可以是自己制作的图片格式
　　B. 店铺公告是自动滚动的
　　C. 店铺公告只能是纯文字
　　D. 店铺公告的图片支持本地上传
(10) 以下的推广行为( )是淘宝网允许的。
　　A. 利用论坛签名档宣传店铺
　　B. 与其他卖家交换店铺链接
　　C. 在论坛中以购物指南形式发帖以达到间接宣传的目的
　　D. 通过旺旺发广告信息

2. 简答题

(1) B2C 电子商务的模式有哪些？各有什么特点。
(2) 简述 B2C 电子商务交易的过程。
(3) 简述 B2B、B2C 和 C2C 3 种电子商务交易的区别。
(4) 简述 B2B 电子商务交易的特点和模式有哪些。
(5) 谈谈目前各种电子商务交易中都存在哪些问题。

项目三

电子商务网店建设

本项目通过"电子商务网店建设"阐述网店建设的前期准备工作、淘宝为代表的网店建设流程、网店的基本设置要求、网店的商品管理、网店的装修及网店的物流管理。

项目要求

【项目内容】

熟悉电子商务网店的建设流程和网店的基本设置,熟悉电子商务网店的功能模块和网店开设的一般流程。通过对电子商务网店的建设,掌握电子商务网店建设的常见技巧和方法。

【知识要求】

电子商务网店的建设过程中,需要掌握电子商务网店建设的一般流程;理解网店建设中的商品管理和物流管理;掌握网店的实名认证流程;理解一般网店的装修要求;了解目前电子商务交易规则及对网店建设的挑战。

相关知识

知识3.1 网店前期准备

1. 货源的选择

货源对一家网店而言是非常重要的,拥有好的货源意味着拥有价格优势。那么网店有哪些热销商品?网店选择什么样的商品销售才能盈利?这些问题都是店家们开店前必须考虑的。针对于此,下面提供一些选择方案。

(1) 个人创意货源

创意货源包括:创意家居用品、懒人用品、创意装饰、创意3C商品等(如图3-1所示为创意礼品)。

(2) 厂家货源

目前网上热销的商品主要有：服装、饰品、箱包、3C商品等。如图3-2所示，如果店家能直接获得厂家货源，将能够取得价格竞争优势，进而获得网络销量。但这种货源缺点就是：订货量大，容易压货，且换货麻烦。

(3) 阿里等网站货源

这类货源途径便捷、商品丰富，但订货时通常有量的要求，商品质量不易把握。如淘宝卖家中心后台的"货源中心"就为卖家提供了品牌货源、批发进货、分销管理、淘工厂及阿里进货管理5个进货渠道，基本可以满足中小网店主对货源的需求。如图3-3，网店主可以从货源中心的阿里进货管理进入阿里巴巴的中文站，进而选择自己需要的货源，在此网站下货源根据订货批量的不同设置了不同售价，网店主可以凭借对市场和个人经济实力的判断选择相应的商品发布到自己的店铺中。

2. 网上开店一般流程

个人店主可选择的开店平台有淘宝、易趣等，这里以淘宝为例说明个人网店的开设过程。

(1) 登录 www.taobao.com，进行淘宝账号申请，如图3-4所示。

(2) 点击"卖家中心"——"免费开店"，上传证件图片，填写银行卡信息，输入银行卡打卡金额。

(3) 打开 www.alipay.com，登录支付宝账户，点击【账户设置】——【基本信息】——【实名认证】——【立即认证(大陆)】，完成支付宝个人实名认证流程。

(4) 进入"我是卖家"——免费开店——在线考试完成"填写店铺信息"；同意"诚信经营承诺"书，就完成了店铺的初步设置。

图3-1 创意礼品

图3-2 厂家货源

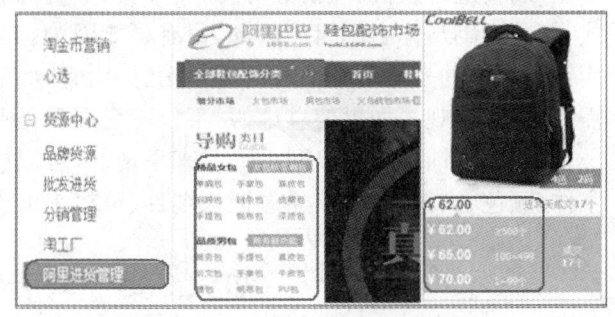

图3-3 淘宝卖家中心后台"货源中心"

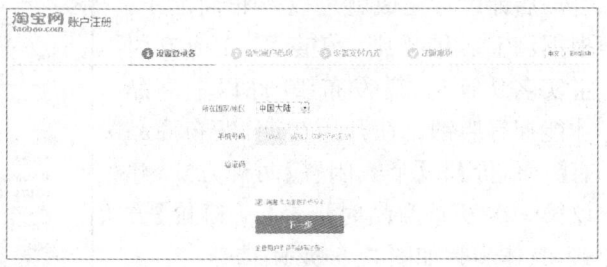

图3-4 淘宝网账号申请

知识 3.2　网店基本设置

网店不仅是一种交易工具，也是卖家或企业的外在形象，因此对店铺名称及其中信息的展示必须严格规范，如图 3-5 是淘宝店铺的基本设置，包括店标、店铺名称、店铺简介等。

首先，店铺名称的确定必须符合淘宝的交易规则，而店标的图片要求文件格式 GIF、JPG、JPEG、PNG，文件大小 80 K 以内，建议尺寸 80PX×80PX，最好选择能代表店铺风格的图片或创意性图片。

其次，店铺的简介包括掌柜签名、店铺动态和主营宝贝。掌柜签名指的

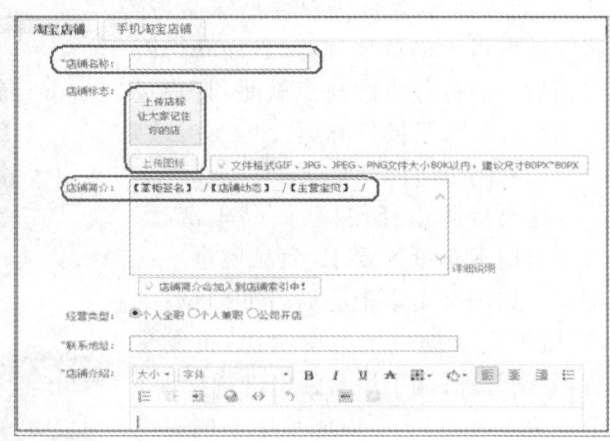

图 3-5　淘宝店铺基本设置

是你店铺的签名或者店铺梦想展示，可以很好的表达你自己的个性，但不要过于夸大，以免起反作用；主营宝贝指的是你店铺卖的主要宝贝的类型、风格等，尽量填写你店铺所售宝贝类型，以及适合人群、风格等等，需要真实、客观，同时也是很好区分你与其他店铺的一种方式，切勿堆砌与你店铺无关的词，很有可能因为相关性差，无法展示，而妨碍店铺买家体验；店铺动态指的是你店铺最近的促销信息，店铺动态需要最及时的促销/上新动态，并且信息需要真实、客观。如果信息虚假，不仅不会展示，还会失去买家的信任。

最后，店铺介绍是以网页形式来呈现的，可以将店铺主要情况编辑成文字，再重新更改字体、颜色、大小，也可以通过插入图片、链接来突出重点信息，使得网店介绍更加美观。

知识 3.3　网店商品管理

1. 商品发布

店铺设置完成就可以发布商品了，根据淘宝店铺规则，淘宝 ID 完成支付宝实名认证后，需发布 10 件以上商品才能拥有店铺。在开店初期，发布商品有【一口价】和【个人闲置】两种方式，建议第一次发布商品时选择【一口价】方式，具体步骤如图 3-6 所示。

首先确认宝贝的出售方式和宝贝的类目是否正确，然后添加宝贝标题、宝贝图片、宝贝描述三部分内容。宝贝的照片限制在 120 kB 以内，建议为

图 3-6　淘宝网商品发布

500×500像素(pixel)，主题会更突出。在买家没有出价时，如果要修改发布的宝贝信息，可以到"卖家中心—宝贝管理—出售中的宝贝"中进行编辑、修改，如图3-7所示。

图 3-7　在售商品信息的修改

2. 商品分类

当一家店铺有几十上百甚至上千件商品时，在店内设置商品分类来引导买家购物就是商家必做的工作。如图3-8是淘宝宝贝的分类管理。设置好的类目可以自由地进行删除，添加子分类等。具体分类可以采用按商品种类（如女装、男装）、按商品规格、按商品更新时间、按商品品牌等方式进行。根据店铺需要可以用其中的一种或多种分类。一般而言，新品和特价品均有放在分类靠前位置，特价商品要分别放进商品分类和特价商品类目，此外，商品分类的名称要简单易懂，方便顾客识别。

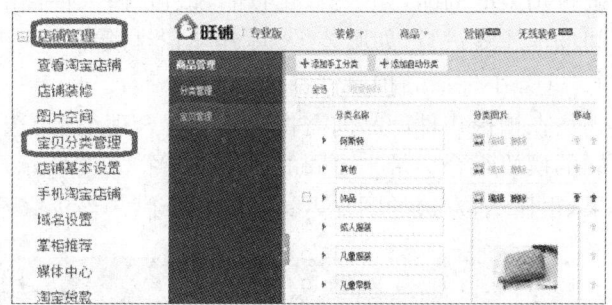

图 3-8　淘宝宝贝分类管理

3. 橱窗推荐

在商品发布后，可以根据店铺的情况进行商品推荐，如图3-9是淘宝的推荐商品数量规则。如果店铺商品种类较丰富，可以每一种类选取一件新款、折扣最低或最特别的商品来推荐；如果品种单一则可以把特价、新款或数量最多，需要促销的商品拿出来做推荐。此外，橱窗商品最好经常更新，一般2天更新一次，这样会给人店铺一直有新品在上的感觉。

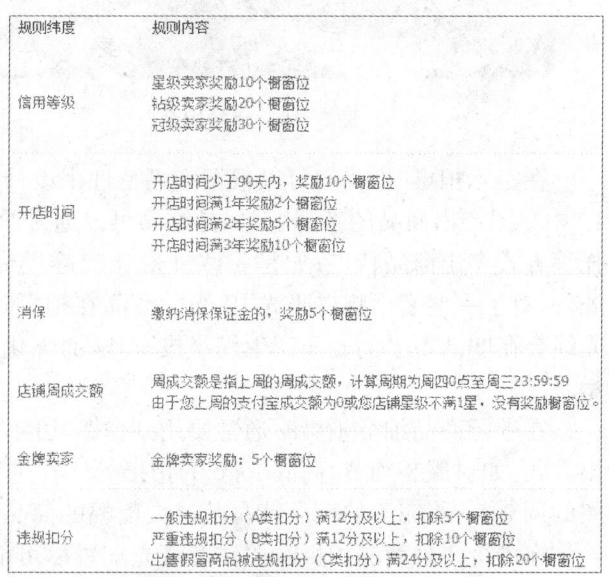

图 3-9　淘宝商品推荐数量

知识 3.4　网 店 装 修

装修设计是网店吸引顾客的常见手段之一，网店的所有装修都要围绕店铺主营商品的主题进行，主要包括商品拍摄和网店美化两方面。

1. 商品拍摄

（1）拍摄准备

开店离不开商品展示，在网店展示商品只能通过拍摄来实现，拥有一台符合商业摄影要求的数码相机是开店必备条件之一。对于相机的选择并不是越贵越好，关键是实用。如果是普通的商品拍摄,相机只需满足:200万以上像素、具备全手动功能、微距能力在 5 cm 以下且有自定义白平衡功能就可以了。

(2) 通用拍摄技术

根据商品外形尺寸可以把商品分为小件商品和大件商品。小件商品是指能放进摄影棚进行拍摄的商品,如手机、化妆品、钱包等;大件商品是指该类商品的拍摄通常需要一定的空间场地才能进行,如服装、家具、运动器材等。

① 小件商品拍摄

在拍摄小件商品前需将商品进行合理组合,选择最好的拍摄视角。同样的商品使用不同的摆放组合会带来不同的效果,如图 3-10 所示,不同的摆放和拍摄视角产生了不同的效果,很显然,左边的图片更具有商业价值。当买家看到这两张图会因视觉而决定是否购买。

图 3-10 商品组合

图 3-11 反光体的拍摄

在实际拍摄时,我们可以根据商品特性来设计摆放组合。如是水果类可以采用如图 3-10 中左图突出商品的新鲜度;如是饰品可以通过改变饰品间的疏密关系、色彩组合、背景衬托等方式突出商品特点;如是一些外形比较冷硬如鞋、皮带等,可以将多件商品组合造型。此外,对于一些表面粗糙吸光、反光的商品在拍摄时可以使用稍硬的光线,如闪光灯等,这种光线会在凹凸不平的表面产生细小投影,从而强化商品质感,突出商品立体感,如图 3-11 所示。

在进行商品细节拍摄时通常要用到微距功能,是指拍摄出来的图片尺寸大于实物的拍摄方式,如对服装细节、商品 logo 的拍摄等。在进行微距拍摄时需注意对拍摄光线、相机光圈的调节,一张完美的商品特写胜过大篇幅的商品介绍文字,成交可能性也会更高。

在进行小件商品拍摄时要注意灯光配置尽可能为两个以上,这样可以保证产品左右受光均匀;同时,背景纸的放置方式要恰当,最好成弧形放置,这样拍摄出的产品照片的背景会比较好,而且会出现我们需要的渐变效果;此外由于在网络上买家看到的永远是产品的正面,因此光线照射的角度和技巧非常重要,产品拍摄时产品的正面一定要受光均匀。

② 大件商品拍摄

网络零售和传统零售最大区别是买家只能通过卖家发布的商品图片来了解商品特性,服装尤其如此,图片所展示的款式、面料、风格直接影响商品的成交价。

服装类的大件拍摄环境通常有棚内拍摄、室内布景和室外街景3种,其中室内布景比在摄影棚的背景纸更具有立体感、现场感,并且在室内布景时我们可以充分利用室内家具、现有材料、玻璃、PVC塑料板制作简易摄影场景,也可以借用几何体、书籍等为小道具,但是这类布景必须注意协调性,要保证拍摄场景中的光线强度,增加底部光源,使拍摄环境的光线更加均匀,防止喧宾夺主;摄影棚拍摄最大优点是根据不同服装颜色选择不同背景纸,从而可以突出拍摄商品风格，具有专业效果；室外拍摄可以在公园、景点等地，但要注意色彩搭配合理，根据产品特征、放置方式的不同，光线的照射角度要作相应改变，力求光线均衡照射，避免产品正面出现暗角，拍摄产品的时候注意构图方式，牢记构图中的黄金分割点和线。

2. 网店美化

在对店铺美化前我们必须明确店铺装修的主要目的，可以从店主个人喜好、店铺主营项目角度考虑，如图3-12所示，左图为一家女童饰品网店，整个页面以红色为主，色彩布局非常符合女童的喜好；右图为一家DIY甜点网店，色彩布局非常柔和，并且将DIY步骤通过第一步、第二步等明确列出，给人简洁易操作感。网店美化需符合店铺平台规则，以淘宝为例，分为普通店铺装修和旺铺装修。

图3-12　淘宝店铺美化

（1）普通店铺美化

普通店铺需要美化的地方主要有4处，即店标、公告栏、店铺分类和商品描述。

① 店标

普通店铺的店标放在店铺首页的左上角，这个位置非常醒目，买家一入店就可以看到。一个好的店标对网店非常重要，代表了网店的形象和风格。店标的大小在80 K以内，尺寸为100×100像素的GIF或JPG、JPEG、PNG图片。

② 店铺公告

普通店铺的店铺公告位于店铺首页右上方，与店标水平。在公告中加入一些个性化信息将有助于买家更多了解该店铺。公告里内容可以是文字或图片，设置成功后是以自下往上的方式滚动显示在首页上的。

③ 店铺分类

店铺类目一般位于店铺首页左侧，店标下方。买家浏览店铺时可以通过点击具体类目找到相应商品。网店买家能否快速准确找到商品直接影响网店成交量，因此网店的分类非常重要。普通店铺美化时，店铺分类可以使用文字或图片，也可以用不同大小的图片来区分一级类目和二级类目，从而使店铺更生动。此外，也可以将店铺的营业时间和一些祝福欢迎话语放到分类里，起到公示作用。

④ 商品描述

商品描述位于商品详情页面中部，在淘宝普通店铺中该版块是采用html编辑器来编辑的，在里面可以方便地改变文字大小、字体、色彩，可以插入图片和网址链接，还可以通过购买淘宝的展示服务插入Flash，从而使店铺商品的展示更加生动形象。

(2) 旺铺美化

淘宝旺铺可以美化的地方很多,主要包括店招、商品分类导航促销、商品推荐、商品描述等。

① 店标

淘宝旺铺的通栏店标比普通店铺的"100×100"像素的店标要大气美观很多,如图3-13所示。

图3-13 旺铺店标

② 商品分类导航

淘宝旺铺除了不变的"首页"和"信用评价"外还有6个自定义页面,可以设置更多关于店铺商品、品牌、服务及团队介绍。淘宝旺铺的分类导航是每个店铺都有的,宽度固定,高度理论上无限高,如图3-14所示为旺铺专业版的分类导航。

③ 促销区

商品促销区可以常年推出各种吸引顾客的活动,同时可以自定义添加右侧和左侧模块,从而获得更多商品展示空间和购物体验。由于促销区的重要商业价值,通常是越大越好,但高度不能太高,否则会给人望不到边的感觉,如图3-15所示为旺铺促销区。

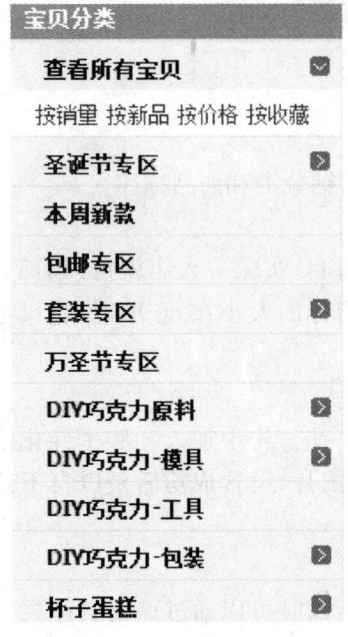

图3-15 旺铺促销区

图3-14 旺铺分类导航

图3-16 旺铺商品推荐

④ 商品推荐

推荐商品可以放在促销区,也可以放在店铺首页单独建立的推荐模块中,如图3-16所示。

⑤ 商品描述

商品描述这部分内容是顾客对商品产生兴趣之后会点击进入的页面,这个页面对卖家而言是需要加倍重视的,商品描述不仅要条理清晰、有层次,还要将各个可独立部分尽量独立开来,如图3-17所示是一家DIY甜点店铺的商品描述,包括了商品制作视频、套装、工具、新手问题等多方面的具体描述。

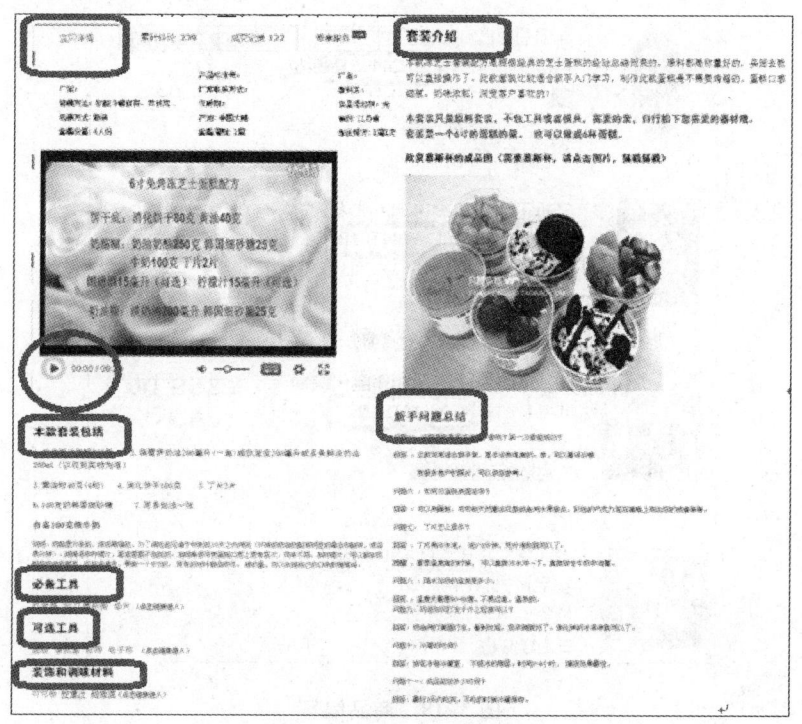

图 3-17　旺铺商品描述

知识 3.5　网店物流管理

1. 库存商品管理

网店发展到一定规模都会设立专门的物流部门对库存商品进行系统化管理,其主要包括商品检验、货号编写、入库三方面。

（1）商品检验

网店仓库工作人员收到商品后必须进行严格检查,如商品包装是否完好、商品是否在有效期内,然后需对照订货单、送货单确认商品名称、规格、数量、单价等具体信息,核对无误后方可入库。

（2）货号编写

随着网店的不断完善,店铺中的每一款商品都应对应唯一编号,目的是便于进行店铺商品管理。最简单的编号方法是商品属性＋序列号,可以采用如下做法：

① 将商品分类,如衬衫、毛衣、外套、裤子等；

② 将每一类别名称的缩写作为商品属性,如衬衫缩写为"CS"；

③ 每类商品序列号根据店铺商品数量可以是 2 位、3 位或更多,并且要适当留有余地；如果销售的是品牌商品,如图 3-18 所示,厂家一般都有标准货号,只需照厂家货号登记就可以了。对于服装类商品,由于品牌款式型号繁多,编写货号往往比较复杂,这时在原有的属

性+序列号基础上可以再增加如材质、年份、色彩等,以方便识别和盘货。

图 3-18　商品编号

（3）入库

商品编号登记入库后要详细记载商品名称、数量、入库时间、发票号码和验收情况等,并且要根据商品不同的属性、材质、功能、型号、颜色分类摆放,储存时要注意商品特性,如一些易潮湿商品要做好防潮处理以保证货物安全。此外,做出入库登记时需严格核对商品品名、数量,凭单发货收货。

2. 货物包装

网店进行发货时通常需要对货物进行合理包装,这不仅能够显示店铺的优良服务,也可以在一定程度上增加物流的安全性。但要注意,不同的包装材料因为材质重量的不同会影响物流成本,继而影响店铺整体的运营成本。

有些商品可以直接用快递公司的一次性塑料快递袋来包装,如不怕挤压的毛绒玩具、靠枕等；一些对防震要求比较高的商品,如水晶吊灯、电视机等,最好用木箱包装；一般性的商品可以用相应大小的纸箱包装；对于一些易碎品如玻璃罐头等可以采用纸箱加泡沫盒包装。

在进行货物打包时要注意包装和商品的间隙,留一定缓冲空间,用填充物固定好,包装外边缝最好用胶带或钉子密封,防止商品在运输或搬运过程中泄漏遗失,此外也可以加上店铺定制的防盗封条。

不管哪一种包装方式,都需要不断听取顾客反馈建议,不断改进包装,从而做到既能保障商品安全又可以节约包装成本。

3. 网店物流后台管理

物流管理对于网店而言是连接生产、供应、销售的重要环节,因此,物流管理是间接关系着网店的经济命脉。在进行网店物流管理时我们可以借助后台的物流管理工具，如淘宝店后台的物流管理模块，如图3-19所示。

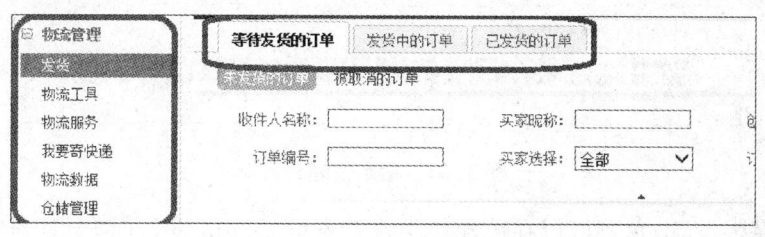

图3-19　淘宝物流管理

在淘宝店卖家后台的物流管理模块中提供了发货、物流工具、物流服务、我要寄快递、物流数据、仓储管理六大功能。

（1）发货，发货页面提供了等待发货订单、发货中订单及已发货订单的查询编辑，卖家可以在此模块进行相关设置。

（2）物流工具，如图3-20所示，淘宝卖家后台提供了服务商设置、运费模版设置、运费时效查看、物流跟踪信息、地址库、运单模版设置6项功能。

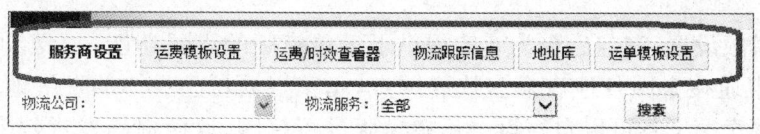

图3-20　淘宝卖家物流工具

① 服务商设置，图3-21是服务商设置页面，卖家可以指定不超过5家的快递公司，并就商品配送快递向消费者作出承诺，然后按照买家选定的快递公司发货的一种增值物流服务。如卖家未按订单指定的快递公司发货，则需向买家支付一定的违约金。

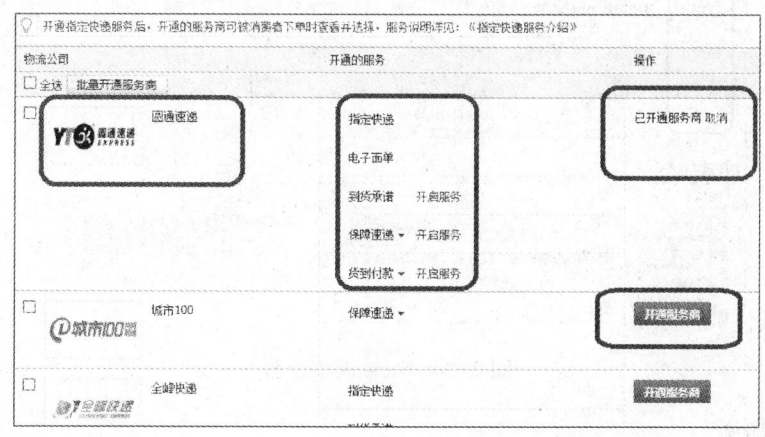

图3-21　服务商设置

在完成对服务商的设置后即会显示订购成功页面,如图3-22所示。

图 3-22　指定快递订购

② 运费模版设置,卖家可以在此模块中设置不同快递的发货时间、计价方式及运送方式,图3-23是网店运费模版设置前后的对比情况。

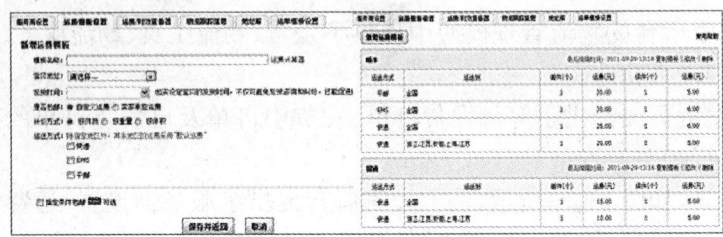

图 3-23　运费模版设置

③ 运单模版设置,淘宝后台为卖家提供了运单模版的设置功能,主要包括具体快递公司的选择,如申通在全国各地有众多快递网点,卖家根据自己具体的发货地址选择相应网点,此外为方便卖家发货可以自行设置运单模版进行打印,从而提高发货效率,在具体设置时可以根据店铺情况填写其中相关信息,如图3-24所示。

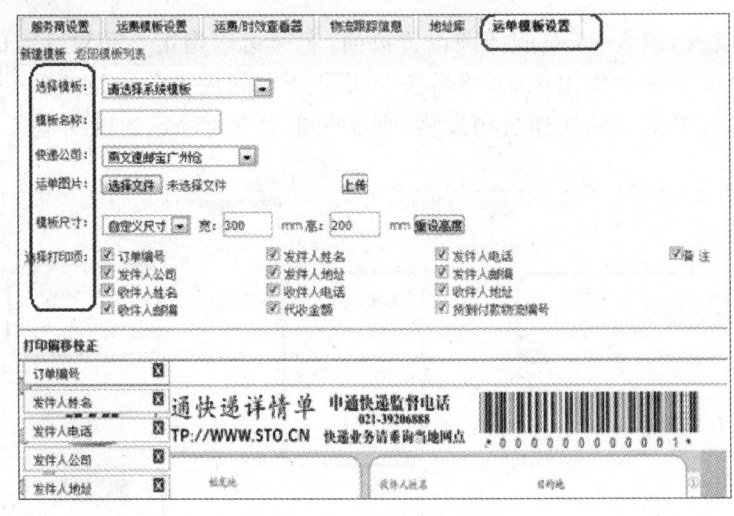

图 3-24　运单模版设置

(3) 物流服务

物流管理中的物流服务主要是针对一些特殊商品设置,需要卖家自行订购,主要有:

① 保障速递,覆盖50万条物流配送线路,订购该服务的商品不仅在搜索排名中优先,

而且展示的"123时效"服务标识更能促进买家下单,提升店铺转化率;

② 货到付款,该方式能使新买家转化率高达30%以上,轻松提高店铺客单价,且回款速度较担保交易缩短50%以上;

③ 生鲜配送,该方式是网店新手为生鲜蔬果等对运输温度以及配送质量有一定要求的商品提供的物流服务。它通过两段式配送服务实现全程控温,可以在降低商品损耗率以及用户投诉率的同时降低配送成本;

④ 指定快递,该服务订购免费,卖家需承诺按订单约定的快递公司发货。经过相关调研,将选快递的权利交给买家,可以提升买家的购物体验,减少店铺差评,增加买家的二次购买率。但是订购"指定快递"服务是必须先缴纳基础消费者保障保证金的;

⑤ 到货承诺,该方式是淘宝第一个明确订单送达时间且违约可赔付的承诺时效服务。该服务订购免费,卖家需承诺快递准时送达。到货承诺服务不仅可以应用在流量导购页面,还可以在商品详情页面直接展示订单送达时间,从而提升买家浏览商品的转化率和下单转化率。同指定快递一样,该服务也必须先缴纳基础消费者保障保证金,图3-25所示为订购成功该服务后的页面。

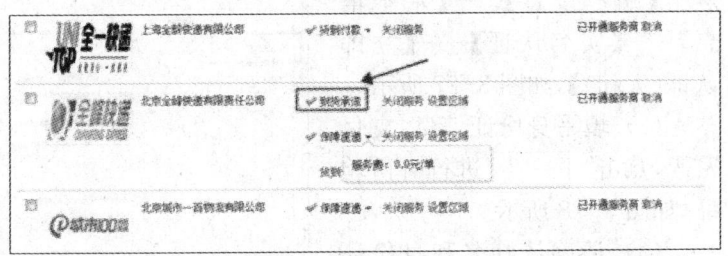

图 3-25 到货承诺

(4) 物流数据

物流数据模块提供了关于网店订单量、派送DSR、派送速递、物流投诉率、物流退货率等店铺数据及同行对比数据,如图 3-26 所示,卖家可以根据这些实时反馈的数据调整网店的物流管理设置,不断完善物流服务。

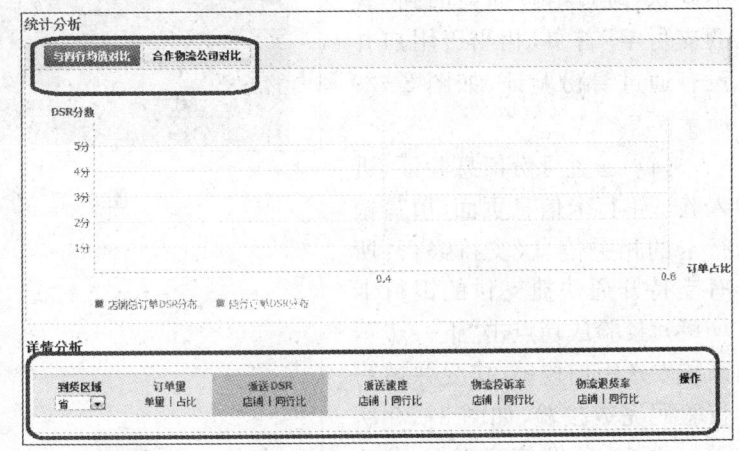

图 3-26 物流数据

项目实施

【项目任务】

根据项目内容,本项目为理解网店的建设要素,掌握淘宝C店的开店流程,其主要任务如下:

① 登录淘宝网站卖家中心,完成支付宝实名认证流程。

② 完成淘宝C店的基本设置。
③ 分析淘宝旺铺和自己C店页面的布局差异。

【项目要求】
① 浏览淘宝网站,了解淘宝店铺的基本设置及布局。
② 掌握淘宝网开店流程,能够独立完成C店的开设。

【实施步骤】

1. 登录淘宝网卖家中心,完成支付宝实名认证流程

(1) 打开 http://www.alipay.com,登录支付宝账户,点击【账户设置】——【基本信息】——【实名认证】——【立即认证(大陆)】,如图3-27所示。

(2) 填写身份证信息、支付密码,点击"下一步"进行身份验证,如图3-28所示。

(3) 请确认姓名和身份证号码无误,点击"确定",确认后身份信息不能修改;若点击"暂不确认,跳过",页面会回到"我的支付宝"首页,相当于用户并没有通过身份验证,如图3-29所示。

(4) 通过身份信息验证,进入验证银行卡信息页面,填写银行卡的相关信息(支持银行:所有支持开通快捷支付的银行卡均可),校验成功点击"下一步",系统发送短信校验,接受并填写校验码完成校验,如图3-30所示。此外,身份信息验证成功后,若账户已绑定快捷银行卡,请"确认"快捷卡信息即可认证成功,无需进行如下步骤的操作。

(5) 银行卡验证成功,即可通过支付宝实名认证(v1)。若还需要大额收付款,可点击"立即升级认证"进行实名认证(v2)操作,如图3-31所示。

图3-27 个人支付宝申请

图3-28 身份验证

图 3-29　身份确认

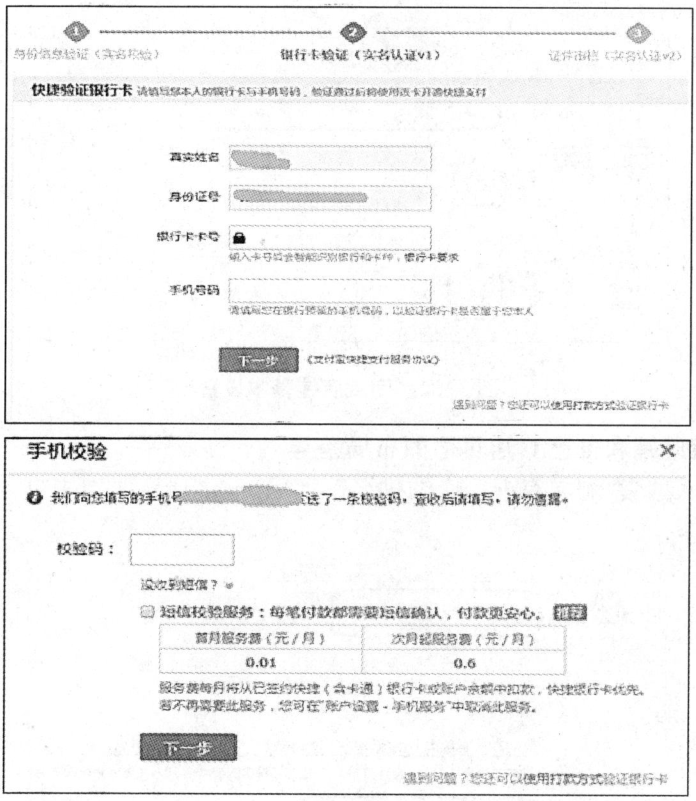

图 3-30　身份验证

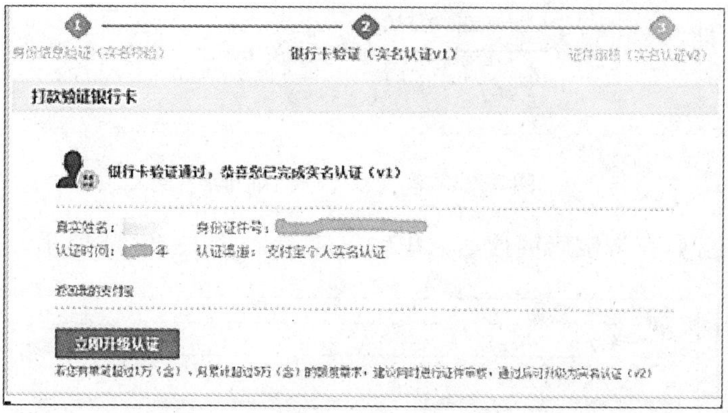

图 3-31　银行卡验证

2. 完成淘宝 C 店的基本设置

登录淘宝卖家中心,点击"店铺管理"—"店铺基本设置",如图 3-32 所示,完善店铺名称、店标、店铺简介、联系地址及店铺介绍内容。

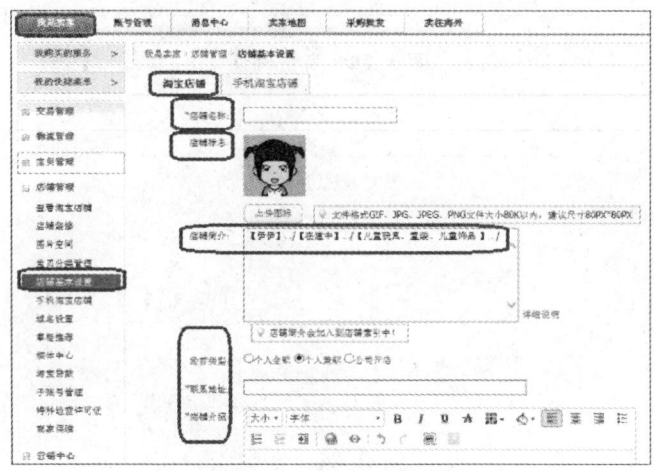

图 3-32　淘宝店铺基本设置

3. 分析淘宝旺铺和自己 C 店页面的布局差异

(1) 在百度网搜索"淘宝双十一店铺排名",如图 3-33 所示。点击进入后查看这些排名靠前的店铺名称。

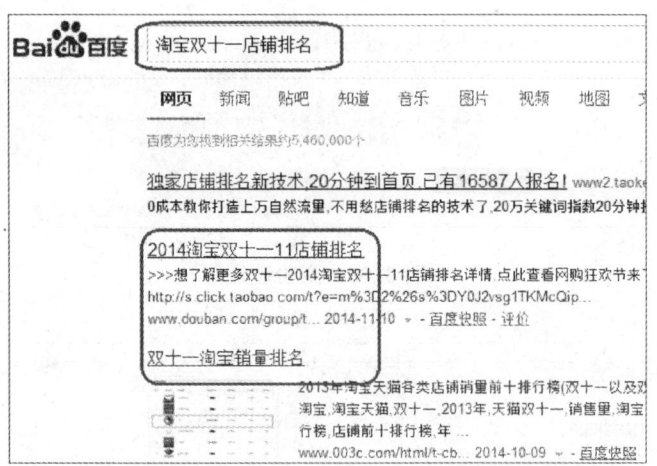

图 3-33　淘宝双十一店铺排名

(2) 登录淘宝网,在淘宝店铺搜索栏里输入店铺名,如图 3-34 所示,进入该店铺。

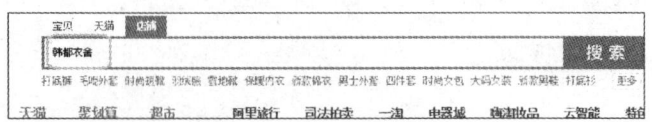

图 3-34　淘宝店铺搜索

(3) 搜索 3 个以上排名靠前的店铺,比较其店铺布局与自己新建网店布局的不同,说明淘宝普通店铺与旺铺的区别。

表 3-1　淘宝普通店与旺铺的比较

	普通店铺	旺铺 1	旺铺 2	旺铺 3
店铺名称				
店招				
店铺简介				
店铺分类				
店铺结构				
其他				

扩展知识

知识 3.6　2014 年天猫双十一活动交易规则

1. 商品价格

(1) 活动期间,所有活动商品的促销价格小于等于自 2014 年 9 月 15 日 00:00:00 至 2014 年 11 月 10 日 23:59:59 期间的天猫成交最低价,部分类目(充值、通信、手机、合约机、黄金、铂金、图书类目、装修设计/施工/监理)及天猫预售商品除外。

(2) 以上商品价格规定适用于天猫国际的商品。

2. 优惠券使用

(1) 消费者在购买天猫预售商品支付定金时,选择使用优惠券(该优惠券处于有效期内),则在支付尾款时抵扣。若在支付定金时未选用优惠券,则在尾款支付时不能抵扣。

(2) 三阶预售商品不支持优惠券。

(3) 以上优惠券规定适用于天猫国际商品。

3. 商品让利幅度

(1) "11.11 购物狂欢节"主会场不止 50%OFF

"11.11 购物狂欢节"主会场,是指"11.11 购物狂欢节"页面上显示的品牌店铺专区前 16 个店铺和 1～8 个楼层(1F 潮流女装、2F 潮流男装、3F 母婴/食品、4F 男女鞋/箱包、5F 内衣美妆、6F 运动户外、7F 家纺居家、8F 家装)。除上述页面的指定位置外,其他"11.11 购物狂欢节"的活动页面或活动位置均为分会场。

除部分美妆品牌和服饰部分品牌店铺外,主会场全场全店商品在专柜价基础上至少让利 50%。

(2) 以下分会场全店在专柜价基础上至少让利 50%

居家百货会场("单店最高满 299 减 50":特指使用店铺优惠券可以进一步实现的优惠幅度;即在店铺原促销价格的基础上,还可通过使用店铺优惠券进行满减,单店最大优惠幅度可达满 299 减 50）。

（3）以下分会场全场在专柜价基础上至少让利 50%

家纺会场、布艺会场、家具会场、家具风格秀会场、建材会场、家装会场。

（4）以下分会场全场在专柜价基础上让利最多达 50%

车品配件会场、汽车会场、家装 O2O 会场、美妆会场、美妆奢美会场、美妆职男会场、美妆萌妹子会场、天猫国际会场、电器城会场、大家电会场、小家电会场、手机会场、数码影音会场、电脑办公会场、生活百货会场、母婴会场、食品会场、洗护清洁会场、眼镜配饰会场、运动用品会场、冬靴会场、国际服饰会场、女装会场、男装会场、男鞋会场、女鞋会场、内衣会场、箱包会场、户外会场、运动用品会场、商场同款会场、天猫独家首发会场、羽绒皮衣皮草会场、保暖会场、潮牌会场、珠宝手表会场[全店在专柜价基础上至少让利 50%（黄、铂金商品除外），黄、铂金商品让利幅度不低于满 500 减 60]。

4. 活动商品发货

（1）活动期间付款的活动商品，以及订单付款时间在 2014 年 11 月 11 日—11 月 17 日期间的其他商品，商家将在 2014 年 11 月 20 日 23:59:59 前发货；

（2）家具建材大件类商品，订单付款时间在 2014 年 11 月 11 日—11 月 17 日期间，自消费者付款之日起 20 日内完成发货；

（3）手机类目的合约机商品，订单付款时间在 2014 年 11 月 11 日—11 月 17 日期间，自消费者付款之日起 10 日内完成发货；

（4）定制、预售、家具建材商品设置预约发货时间以商品详情页面的描述为准，其他特殊情况按消费者与商家双方自行协商而定。

5. 退货运费险

活动期间，商家免费赠送所有活动商品的退货运费险，天猫国际商家的商品及以下类目商品除外：虚拟类目、机票、酒店、医药、生鲜、酒水、大家电、厨房电器、家装新车/二手车、轮胎、轮毂、住宅家具、商业/办公家具、家装主材、基础建材、电子/电工（指蓄电池/变压器/电线）、装修设计/施工/监理、珠宝/钻石/翡翠/黄金。

6. 退款申请时限

由于活动期间流量巨大，订单产生数量过大，因此，在 2014 年 11 月 11 日 00:00:00—11 月 11 日 23:59:59 期间，消费者"已买到的宝贝"页面中未发货订单的申请退款功能暂时关闭，该功能将于 2014 年 11 月 12 日 00:00:00 开放。

7. 退款的相关超时规定

（1）对于在 11 月 11 日 00:00:00 到 11 月 25 日 23:59:59 期间发起或修改的天猫退款/退货申请，商家应在消费者发起或修改退款申请之日起的 10 日内进行处理，逾期未处理将自动达成退款协议。其中家装分阶段订单除外。

（2）对于商家在 11 月 11 日 00:00:00 到 11 月 25 日 23:59:59 期间同意的退货申请，消费者应在商家同意其退货申请之日起的 10 日内填写退货运单号，逾期未填写的，退货申请将自动关闭。

（3）如果消费者在 11 月 11 日 00:00:00 到 11 月 25 日 23:59:59 期间填写退货物流信息，并且消费者使用快递方式退货的，商家应在消费者填写退货运单号之日起的 15 日内确认收货，逾期未确认的且未拒绝的，将自动退款给消费者。

（4）对于在11月11日00:00:00到11月25日23:59:59期间发起的天猫退款及退货申请,消费者在发起退款申请之日起的5日后可"申请天猫客服介入"。

（5）在11月11日00:00:00—11月17日23:59:59期间付款的天猫订单,在11月11日00:00:00至11月20日23:59:59期间,消费者无法选择【缺货】或【未按约定时间发货】作为申请退款的理由;11月21日00:00:00后上述理由可以选择。设置预约发货时间商品的订单除外。

（6）在2014年11月11日—11月17日期间付款成功的天猫订单,商家使用快递、EMS方式发货的,消费者应在商家填写发货单号之日起的15日内确认收货,逾期未确认的且未申请退款的,将自动打款给商家。如果当前订单买家确认收货超时时间大于等于15天,仍适用原超时规定。

（7）2014年11月10日9:00:00至11月12日16:00:00期间,天猫所有商品,不支持货到付款服务。

（8）消费者在享受附送赠品的优惠时,若订单主商品发生退款退货行为,赠品须一并退回,除非商家同意赠品不退回。

（资料来源:www.taobao.com）

案例分析

开淘宝店生意很差的两个案例

1. 网店销量不如地摊

创业者:小丽 **主营:女装、情侣休闲装**

在淘宝网开店的门槛很低,不但不需要任何花费,淘宝还会给新店赠送30 M的免费空间,供新店主上传商品照片。小丽的淘宝服装店铺就是在这样的便利下,于今年3月顺利开张了。

正当小丽摩拳擦掌要干一番事业时,困难接踵而至,首先是货源问题。她本想去实体店批发,但考虑到不认识人,砍不下价钱。于是,她就从阿里巴巴网上批发,阿里巴巴网是国内最大的网上采购批发市场,通过网络功能对比价格也容易。本以为可以批发到最便宜的货源,可她事后才发现,一样的货,在淘宝网上的卖价竟然可以比她的进货价还要便宜。这在以价格竞争为主的淘宝上,就没有竞争力了。

在网上,怎样让你的商品更容易被消费者搜索到,这是很重要的方面。小丽发现,如果按照"女装""情侣装"等大类来搜索,搜索出的结果成千上万,当中根本找不到自己商品的影子。小丽说,淘宝网设置了"直通车""旺铺"等收费项目,店主每年交几百至上万不等的金额以后,淘宝网会自动把缴费商家在搜索结果中的位置往前面排。尽管有此等便利,但是小丽是小本生意,不敢轻举妄动,更重要的是,"有时花点小钱还不一定卖得动,因为总有卖家比你舍得砸更多的钱"。

尽管如此,小丽也有不花钱的推广办法,她的大部分单子都是这样得来的:"淘宝网上有论坛,开设了各种讨论区,比如说'淘江湖''帮我挑',我经常到上面发帖、回帖,一方面帮助网友,一方面在帖子里附带商品信息。"

小丽的网店投入2 000多元,开业半年,真正用心投入大概是2个月,总共成交17单生意,相当惨淡。后来为了回本,她趁着黄金周,将存货拿到市中心摆地摊。"短短两天时间,摆了6个小时,我就卖了一千多元,净赚四百多元,有些衣服售价比网店还贵都能卖得出去。"相比之下,网上开店的这段经历真是令小丽哭笑不得,耐人寻味。

2. 兼职不易干脆关门
创业者:小易　　主营:动漫模型

小易在大学里的专业是法律,是一位动漫迷,经常参加各种动漫活动,也喜欢收藏动漫模型。刚毕业那会,他没有固定工作,在一家律师事务所里做律师助理,说白了就是跑腿的工作,赚得不多,时间不少。"那时,我就琢磨着自己既然喜欢动漫、了解动漫,何不在网上开一家动漫模型商店?"

小易开店都是一个人忙前忙后,所有工作自己全包。网店工作时间很长,从早上9时到晚上12时,必须随时准备回答访客的提问。网络推广更有做不完的活,光是他在各个论坛上使用的ID就不下几十个,每天都得想怎么发广告帖而不被删掉。再加上进货发货,一个月下来,小易头晕脑胀,本职工作没顾上,网店的发展也很缓慢。

后来,与同行交流后才知道,一个人撑起一家网店的时代早已远去,现在,有竞争力的网店都是依靠团队作战的。"据我所知,一般都有两三个人吧,除了采购、发货、客服需要专人负责之外,网店的装修、推广都需要有专业能力的成员负责才行。开网店,开得好的会好上加好,开得差的会越来越差,就连与快递公司的合作也体现了规模效应。"小易发现,有些网店连快递费也赚,这就要看向快递公司砍价的能力以及自己的订单量了。"比如,我跟快递公司谈下的价钱是广西区内一千克以内是6元钱运费,但是有些大的卖家可以砍低至广西区内千克以内3元,省外首重也不超过10元。一般网店的快递费都是12元钱首重,其实常常没那么高的。"

动漫模型是小众娱乐,销量本来就不高,2个月里,小易没做成几单生意,宣告放弃。现在,他连网店的地址都忘得一干二净,老老实实将心放在本职工作上。

(资料来源:http://www.nz86.com)

案例思考:
1. 这两家网店的货源选择是否合理?如何完善?
2. 在网上开店前除了相机外还需要做好哪些准备?

课后习题

1. 选择题
(1) 在淘宝网开店,必须至少发布(　　)件商品。
　　A. 5件　　　　B. 10件　　　　C. 9件　　　　D. 6件
(2) 布局管理是在(　　)页面中设置的。
　　A. 图片空间　　B. 宝贝分类管理　C. 店铺基本设置　D. 店铺装修
(3) 淘宝店铺的基本设置,包括(　　)
　　A. 店标　　　　B. 店铺名称　　C. 店铺简介　　D. 店铺美化
(4) 店招的图片大小需控制在(　　)以内

  A. 80 K   B. 100 K   C. 120 K   D. 150 K

(5) 在淘宝平台,发布商品有(　　)方式

  A. 一口价   B. 拍卖   C. 个人闲置   D. 二手买卖

(6) 淘宝卖家后台提供的物流服务有(　　)

  A. 保障速递   B. 货到付款   C. 生鲜配送   D. 指定快递

(7) 商品图片拍摄中对相机像素的要求是:(　　)

  A. 100 万   B. 200 万   C. 500 万   D. 越高越好

(8) 橱窗商品的更新一般(　　)天一次

  A. 2   B. 5   C. 7   D. 10

(9) 对于防震要求比较高的商品可以采用(　　)包装

  A. 快递公司提供的塑料袋   B. 相应大小的木箱

  C. 相应大小的纸箱   D. 纸箱加泡沫填充

(10) 货到付款的物流服务方式有(　　)特点

  A. 展示的"123 时效"服务标识更能促进买家下单

  B. 能使新买家转化率高达 30% 以上

  C. 提升店铺转化率

  D. 提高店铺客单价

2. 简答题

(1) 简述网上开店的一般流程。

(2) 简述淘宝平台商品发布的流程。

(3) 简述个人网店的货源选择方式。

(4) 简述淘宝橱窗推荐的数量规则。

(5) 简述指定快递的服务内容及订购要求。

项目四

电子商务网店运营

本项目通过"电子商务网店运营"概括介绍网店运营的必备知识,包括网店运营流程、网店客户关系管理、网店客户数据收集、网店客户等级设置与客户分类、客户关怀与营销、网店店内推广(店内促销)、网店站内推广、网店站外推广、网店数据分析、网店流量数据、网店服务指标、网店单品数据指标。

项目要求

【项目内容】

通过对网店运营流程的梳理和分析,了解网店运营的整个操作流程和关键节点。从网店运营流程中寻找出关键节点:客户关系管理、网店推广及数据分析,并对其进行详细分解。

【知识要求】

熟悉网店运营的整个流程及其关键节点;了解网店客户关系管理的必要性;掌握网店客户关系管理的步骤;掌握网店客户数据收集的方法;熟悉网店客户等级设置与客户分类的方法及客户关怀、客户营销的方法;了解网店推广的方向和分类;掌握网店店内、站内、站外推广的方法;了解网店数据分析的必要性和网店运营的关键指标;学会解读网店流量数据、服务、单品的关键指标,掌握应对关键指标变动的方法,进而在网店运营策略的制定中熟练运用网店数据。

相关知识

知识4.1 网店运营流程

根据网络交易的一般流程,一家电商网店运营的流程如图4-1所示。根据网店经营领域、网店的规模、网店所售商品的不同,网店运营的流程稍有区别。

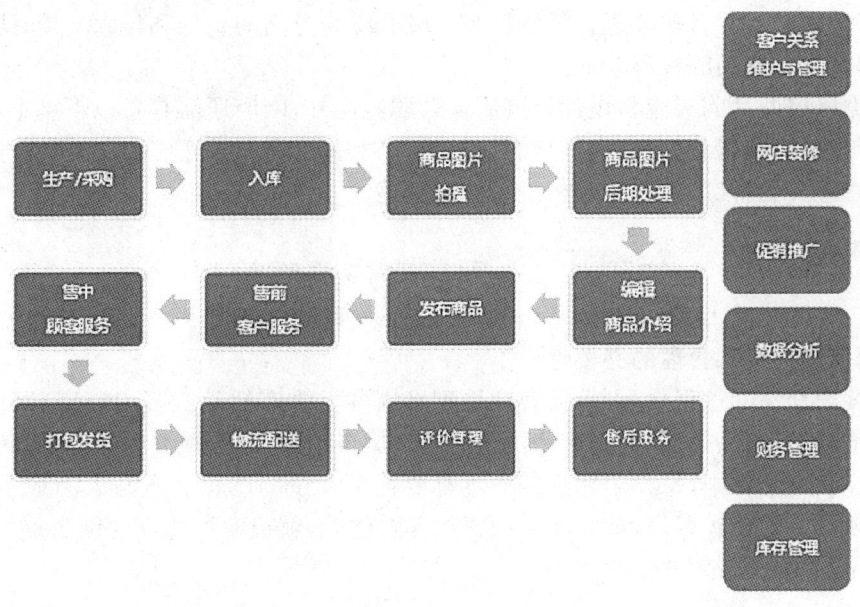

图 4-1　网店运营的流程与职能

（1）生产、采购。如果是具备制造部门的网店,需要设计、生产适合消费者需求的商品,如果网店不具备制造部门,需要摸清消费者需求、寻找并采购合适的货源。

（2）入库。采购到货以后,仓管要对照商品清单进行审核确认工作,并验货入库。商品入库之后,仓管要对商品进行入库、报损登记,对每一类新商品进行编码和信息录入。之后,仓管要根据仓库存放标准将商品逐一摆放。

（3）商品图片拍摄。入库、存货等工作完成以后,由拍摄人员对所有商品进行焦点图、细节图等的拍摄工作,做到每个商品的实物、外观、功能细节、包装都能在照片里反映。

（4）商品图片处理。拍好所有图片以后,美工要对商品图片进行批量处理,调整图片尺寸、美观度、清晰度。

（5）编辑商品描述。文案写作人员需要根据商品清单在相关网站搜索图片和商品属性资料,编辑商品描述。商品描述包括功能、外观、材质、尺寸、颜色等等,根据不同商品的性质,商品描述有所区别。

（6）商品发布。按照网店所属平台的要求,网店根据商品信息进行相关商品的发布。

（7）售前客户服务。售前客户服务是指在产品交易之前销售者向购买者提供的服务,主要包括客服接受客户的售前咨询,在咨询中获取各种信息,推荐一些关联商品,并促成订单的完成的活动。

（8）售中客户服务。售中客户服务是在产品交易过程中销售者向购买者提供的服务,主要包括对客户下单行为进行跟进并在必要时进行指导；下单后向客户核对收货地址、商品规格、数量、邮编、物流、联系方式等信息；推送知识并引导付款。

（9）打包发货。根据顾客的订单进行配货、包装、打印物流单据。

（10）物流配送。网店委托第三方物流进行货物配送或自行配送。

（11）评价管理。顾客收到货后,引导顾客对所购商品进行评价,咨询顾客对商品的意见并进行反馈。

（12）售后服务。对顾客进行货物安装、使用、维修方面的指导和技术支持，协助顾客退换货，处理顾客对商品的投诉。

除根据网络商品购买流程设计的网店运营职能之外，网店还需具备以下基本职能：客户关系管理与维护、网店装修、网店推广、数据分析、财务管理、库存管理。本项目将对网店的客户关系管理、网店推广和数据分析进行详细阐述。

知识 4.2　网店客户关系管理

1. 网店客户关系管理的必要性

网店客户交易的过程如下：潜在客户受到网店各类推广活动的吸引，访问网店，再通过网店的店铺介绍、商品描述、网店客服提供的咨询服务了解商品，最终购买商品，转化成正式购买客户。在此过程中，每一个客户的产生都要耗费大量的广告成本与人力成本。一旦该客户成为该网店的购买客户，如果产生顺畅的购物体验，就极有可能在此网店重复购买。图4-2是网店客户成长路径图。

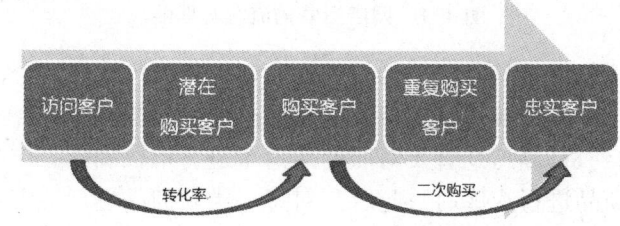

图 4-2　网店客户成长路径图

很多网店非常注重开发新客户，在广告投放、活动策划等环节投入巨大，但往往忽略了对老客户的维护与挖掘，这使得网店资源大量消耗而不能产生持续效果。如何让客户带来持续的价值，是网店客户关系管理要重点学习和讨论的内容。

新客户一般是通过搜索或者广告进入网店，因为第一次购买顾虑比较多，所以进店之后要查看信誉级别、浏览产品样式、比较产品价格、翻阅销售记录及客户评价，然后还要咨询、砍价，最后才成交。如果因为网店在某一个环节服务不到位或与客户沟通不畅，还容易与新客户产生纠纷。老客户一般通过收藏或者网址直接进入网店，因为之前有过网店内购买经历，所以会比较看重样式与店内活动，简单咨询或者不咨询就直接拍下付款，收货之后产生的纠纷也会比较少，客户满意度较高。

比较新客户和老客户的购买流程，如图4-3与图4-4所示。显而易见，老客户比新客户购物过程更加简化，服务成本更低。据测算，维护一个老客户再次购买的成本是开

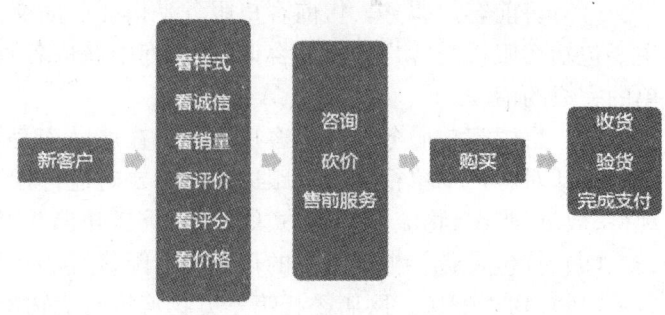

图 4-3　网店新客户购买流程

图 4-4 网店老客户购买流程

发一个新客户成本的 1/7。

与新客户相比,网店促成老客户重复购买的开发成本更低,而且老客户对网店品牌与产品认同度高;很多老客户一次会购买更多的产品,即客单价高;且由于对网店的认同,所以老客户与客服沟通会更加顺畅;老客户一般给网店评分也较高;还有很多老客户愿意写详细的分享或者晒单,给网店带来很好的口碑传播效果。

那么,老客户重复购买与哪些因素有关呢?经过总结,客户回头率与以下八大因素有关,如图 4-5 所示。

品牌:网店品牌或产品品牌在客户心中的地位在很大程度上影响客户回头率。

产品:产品的品质和性价比,是客户回头的重要因素。

创新:不断推出的新品、新款和创新的服务也吸引着客户回头。

VIP:给客户 VIP 身份并给予特殊的优惠政策是客户回头的保障体系。

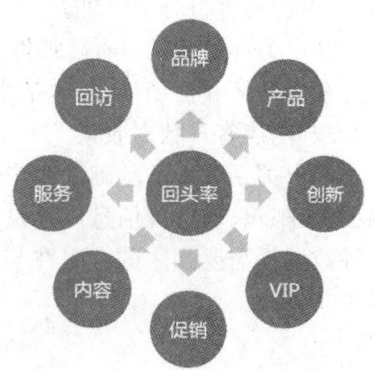

图 4-5 影响客户回头率的相关因素

促销:不断变化的促销方案及对老客户的回馈,会刺激客户回头。

内容:提供丰富有效的产品资讯、专业知识等内容能提升客户黏度。

服务:每一个环节优异的服务品质及使客户舒心的购物体验会让客户流连忘返。

回访:不定期的电话、短信、邮件回访会让客户加深印象,多次重复购买。

在影响顾客回头率的八大因素中,品牌、产品与创新是属于网店的硬实力范畴,而 VIP、促销、内容、服务、回访等则属于网店的软实力范畴,也正是客户关系管理的范畴。

2. 网店客户关系管理的相关概念

客户关系管理(Customer Relationship Management,CRM)就是通过对客户详细资料的深入分析,来提高客户满意度,从而提高网店竞争力的一种手段。

客户关系管理的核心是客户价值管理,通过"一对一"营销原则,满足不同价值客户的个性化需求,提高客户忠诚度,实现客户价值持续贡献,从而全面提升网店盈利能力。

网店需要了解客户的性别、年龄、收入状况、性格、爱好、家庭状况、购物时间、购买记录等,并进行统一的数据库管理,然后对他们进行有针对性的关怀和营销。目前绝大部分网店还没有自己的客户关系管理系统(CRM),甚至有的网店只有厚厚的发货单、记账单,客户信息杂乱,完全无法维护。但是有一些大型的网上商城和 B2C 网店,已经建立起完善的客户关系管理系统(CRM),极大地提升了客户回头率,利润成倍增长。

网店做好客户关系管理必须有以下几个步骤:积累资料、划分等级、客户分类、客户关怀,如图 4-6 所示。

图 4-6　网店客户关系管理的流程

积累资料：一个客户在网店完成交易后，除了给网店留下了交易资金，还有手机号码、地址、邮箱和生日等信息。除此之外，客服在与客户沟通的过程中，还要注意收集客户的联系方式、个人档案、兴趣爱好等。网店对客户的资料掌握越准确，后期的管理越有成效。

划分等级：根据网店的情况，设置相应的会员等级制度，并设置针对不同会员等级的优惠政策。

客户分类：要了解现在的客户是不是休眠客户，进一步根据他们的购买金额、频次、周期、客单价等进行分类管理。

客户关怀与营销：通过邮件、IM（Instant Messaging）工具、短信、电话回访或其他方式进行客户关怀和营销推广，包括生日与节假日关怀、售后关怀、购买提醒、促销活动提示等。

3. 网店客户数据收集

客户关系管理的基础是客户数据。通过网店后台，网店可以查看到最基本的客户资料，如手机、邮箱、地址等信息。但是更多的客户资料，如生日、兴趣、爱好、肤色、身高、体重、三围等数据是需要网店的客服在与客户沟通过程中不断地收集和整理的。客户数据的来源如图 4-7 所示。

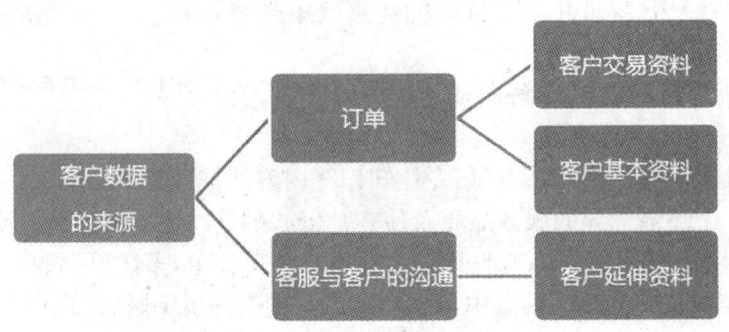

图 4-7　网店客户数据的来源

知识 4.3　网店客户等级设置与客户分类

淘宝网店后台的会员管理工具，提供了会员等级设置功能。登录淘宝网店后台，从左侧栏点击进入会员关系管理，选择"会员管理"选项卡，如图 4-8 所示。

淘宝网店后台的会员管理工具将会员分为普通会员、高级会员、VIP 会员、至尊 VIP 会员 4 个等级，网店可以根据消费金额与消费次数进行会员等级设置。

普通会员：只要拍下网店商品并完成付款，马上会成为网店普通会员。

高级会员：在拍下网店商品确认收货的基础上，同时符合网店设定的高级会员条件。

VIP 会员：在拍下网店商品确认收货的基础上，同时符合网店设定的 VIP 会员条件。

至尊 VIP 会员：在拍下网店商品确认收货的基础上，同时符合网店设定的至尊 VIP 会

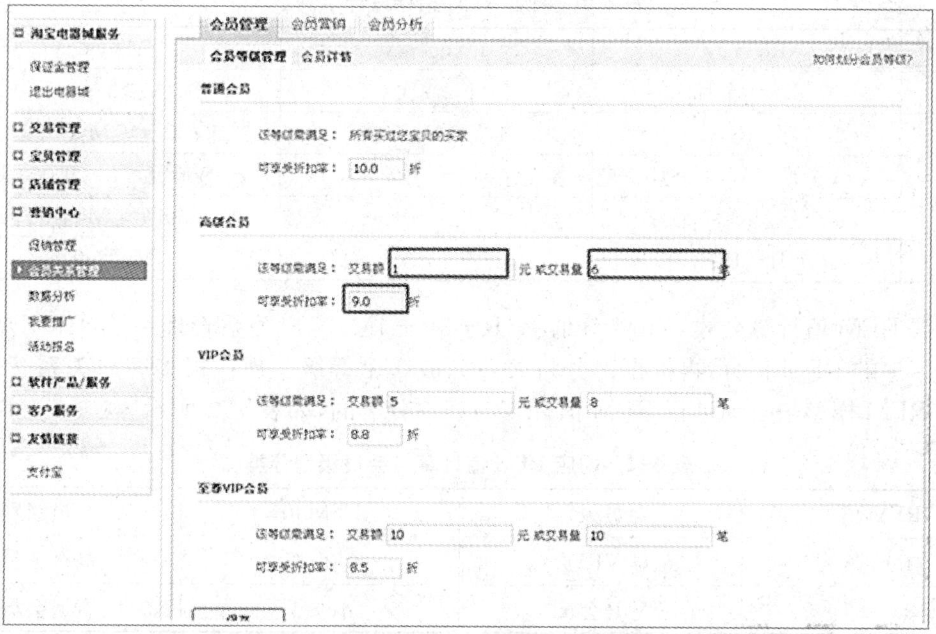

图 4-8 淘宝网店会员管理示例

员条件。

这种客户分类是按照客户的贡献度来进行等级分类的,但是这样的会员等级设置是否科学呢?会员等级设置遵循什么样的规则呢?客户的价值由哪些因素确定?

下面介绍客户关系管理的 RFM 模型:

在众多的客户关系管理(CRM)的分析模式中,RFM(Recency,Frequency,Monetary)模型是应用最广泛的一个。RFM 模型是衡量客户价值和客户创利能力的重要工具和手段。该模型通过某客户的 R(Recency)近期购买行为、F(Frequency)购买的总体频率以及 M(Monetary)消费总额三项指标来描述该客户的价值状况。

在 RFM 模型中,R(Recency)表示客户最近一次购买的时间有多远,最近一次消费意指上一次购买的时间。理论上,上一次消费时间越近的顾客应该是优质顾客,对网店近期提供的商品或是服务也最有可能产生良性反应。最近购买网店商品、服务或是近期光顾网店的消费者,是最有可能再向网店购买商品的顾客。再者,要吸引一个几个月前刚上门的顾客购买,比吸引一个一年多以前来过的顾客要容易得多。

消费频率(Frequency)是顾客在限定期间内购买的次数。最常在网店购买的顾客,也往往是对网店满意度最高的顾客。

消费金额(Monetary)是所有数据库报告的支柱。对网店消费金额的统计,往往能够验证"二八法则"——公司 80% 的收入来自 20% 的顾客。通常一个网店排名前 10% 的顾客的消费金额比下一个等级的顾客多出至少 2 倍,占公司所有营业额的 40% 以上。

网店把 RFM 3 个指标分别分为 5 个等级,总共可以把顾客分成 $5\times5\times5=125$ 类。网店可以对这些类别进行数据分析,以此制定网店的顾客管理策略。以一年作为会员分类的考核期,网店可将 3 个指标的打分标准做如下规定,如表 4-1 所示。

表 4-1 网店 RFM 指标设计示例

分数	Recency	Frequency	Monetary
5	R≤1 个月	F≥6 次	M≥2 000 元
4	1 个月＜R≤3 个月	4 次≤F≤5 次	1 000 元≤M≤1 999 元
3	3 个月＜R≤4 个月	F=3 次	500 元≤M≤1 000 元
2	4 个月＜R≤7 个月	F=2 次	300 元≤M≤499 元
1	7 个月＜R≤1 年	F=1 次	M≤299 元

根据 RFM 值计算公式：RFM 分值＝1R＋3F＋4M，客户关系管理系统（CRM）可以计算每个客户的 RFM 得分，再根据得分将客户分成 4 个等级。现在很多客户关系管理软件都是以 RFM 模型来自动进行 RFM 值计算与客户分类的，如表 4-2 所示。

表 4-2 网店 RFM 值计算与会员级别分类

RFM 值	会员级别	RFM 值	会员级别
43～36	至尊 VIP 会员	25～17	高级会员
35～26	VIP 会员	16～1	普通会员

如果网店使用第三方客户关系管理软件，对 RFM 模型应该进行深入了解。

知识 4.4 客户关怀与营销

在掌握和了解所有的客户信息之后，网店就可以利用这些信息来与客户进行互动和交流。只有和客户建立起情感上的信任关系与交流机制，客户才会成为网店的忠实客户。

1. VIP 会员维护

VIP 会员是网店最大的财富，他们虽然人数较少，但是购买力强大。将这些客户群体维护好，使其成为网店的忠实客户是网店客户关系管理中的头等大事。

为了和 VIP 会员之间建立起直接联系，网店可以建立一个 VIP 会员的 QQ/旺旺/微信群，通过这个群来交流感情、传达促销信息，维护 VIP 会员群体。或者通过建立店铺微博，把客户变为店铺的粉丝，通过微博的交流拉近与客户的距离。网店也可以通过建微信公众号/服务号或开设微信号，与店铺顾客多对一或一对一的沟通和交流。

2. 生日与节假日关怀

客户关系管理的核心是关怀，对客户进行生日关怀、节假日关怀是拉近客户关系、提升网店黏度与品牌影响力的重要手段。

在客户生日的时候发送生日祝福的短信或者邮件；在节假日来临之际，给客户发送节假日祝福短信；在客户购买 7 天后发短信提醒客户使用产品；在购买 28 天后询问客户的产品使用效果；在会员卡到期前发送短信提醒……这些都是非常有效的客户关怀方式。

如果网店使用的客户关系管理系统功能足够强大，在之前准确收集客户信息的基础上，可以开展更加深入的客户关怀。如某母婴网店通过了解客户孩子的大小和购买奶粉的数量，能准确地计算出下次需要购买的时间，并且在奶粉即将吃完的时候，自动给客户发送提醒再次购买的短信，这样的关怀与营销效果会特别好。

3. 客户关怀与营销的手段

网店与客户进行沟通主要有以下几种方式：电话、短信、EDM、邮件、IM、MIM、SNS，如图 4-9 所示。不同方式，适合不同的对象，也有不同的效果。

电话回访：电话回访是顾客接受度最好的营销方式之一，准确率和转化率也非常高，平均成本也最高，因此这种方式使用率比较低。此方式适合网店与 VIP 客户之间进行沟通，这会让客户感觉受到重视。但如果电话不是回访，而是推销性质，次数过多就会引起客户反感。

短信：此方式成本较低，且准确度较高。一般短信的到达率及顾客查看的比率在众多营销方法中是较高的。但这种方法整体的转化率偏低，具体是否转化需看网店活动力度。短信营销要注意控制字数，另外发送频率不要过高，否则也会被视为骚扰短信。

图 4-9　网店客户关怀的主要工具

EDM 营销（E-mail Direct Marketing，电子邮件营销）：此方式成本较低，而且可以直接点击页面，活动转化率比较高，顾客查看的概率也较高。EDM 营销需要提前准备广告跳转网页设计。

IM 工具（Instant Messaging，即时通讯工具）是目前互联网上最为流行的通讯方式，应用于网店客户沟通的主要是 QQ 和阿里旺旺，有及时性强和用户黏性高的优点。

MIM 工具（Mobile Instant Messaging，移动即时通讯工具），市面上流行的主要是微信、易信等安装于智能手机的即时通讯工具。

SNS 工具（Social Network Service，社交网络服务），SNS 是一种新兴的营销方式，投入成本最低、维护客户最多、互动性最高，是现在很多网店用来传播网店文化，进行推广营销的重要工具。互联网上 SNS 应用非常多，从最初的匿名网络社区、BBS（以天涯社区、西祠胡同为代表），发展到实名制社交网络平台（人人网），再发展到微博（腾讯、新浪、网易微博）。目前最有影响的当数新浪微博。现在越来越多的网店也开始建立官方微博，与客户和网民互动，一方面传播网店文化，另一方面进行客户关系管理与营销。

知识 4.5　网店店内推广

即使网店的设计、建设、管理、客服再专业，如果缺乏推广，不能引来客流量，也就缺乏销量的来源。因此，网店需要以各种方式来进行推广，并将其作为一项日常运营活动。

本书以淘宝网店运营为例，将网店推广分为店内推广、站内推广和站外推广 3 类，并分别加以详细阐述。网店推广的方向如图 4-10 所示。

在网店的线上购物模式中，有很多商家通过各种灵活的方式开展促销活动，如各种折扣活动、秒杀活动，以及一些抽奖活动等，诱导消费者购买，使网店销售额在一天之内上升

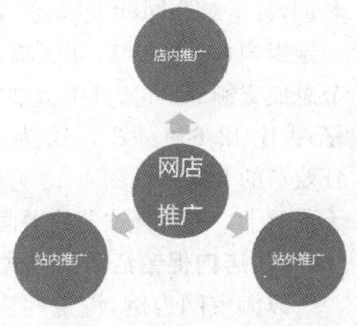

图 4-10　网店推广的方向

数倍甚至数十倍。网店促销活动是网店销量的一个重要来源,也是网店推广的一个重要入口。

1. 店内促销的活动类型

店内促销的活动类型如图 4-11 所示。

① 节日促销活动

消费者素来爱好在节日期间进行购物,而线下商场商家也惯于在节日期间进行促销活动,吸引消费者。五一假期、国庆黄金周等节假日,都是线下商场做大型促销活动的经典时间。利用节日气氛,以及消费者期待促销活动的心理,网店在节假日做促销活动必然能带来很好的效果。

② 话题促销

在没有节日等促销由头的时候,网店也可以制造一些话题来进行促销。如店庆、生日、冲钻、一些网络热点事件,都可以作为促销活动的话题来源。

③ 季节促销

季节促销是网店或者销售商家根据产品季节性的强弱,采取旺季促销或者淡季促销的促销方法。

④ 配合网站平台促销

为了营造购物气氛,提高成交量,电商网站往往会组织举办一些大型的促销活动。如网站店庆、某一品类的产品促销,电商网站最大型的促销活动要数"双十一"。

11 月 11 日,因其象形意义,被人们戏称为"光棍节"。2009 年,天猫(当时称淘宝商城)开始在 11 月 11 日"光棍节"举办促销活动,最早的出发点只是想做一个属于淘宝商城的节日,让大家能够记住淘宝商城。结果一发不可收拾,现在"双十一"成为电商消费节的代名词,甚至对非网购人群、线下商城也产生了一定影响力。如 2014 年天猫双十一购物狂欢节总成交额 571 亿,其中无线客户端成交 243 亿,占比 42.6%。图 4-12 为天猫双十一购物狂欢节的 LOGO。图 4-13 为施华蔻品牌参加天猫双十一购物狂欢节的平面广告。

2. 店内促销活动的方式

以淘宝网为例,淘宝网店的店内促销活动主要有以下几种:

图 4-11 店内促销的类型

图 4-12 天猫双十一狂欢购物节活动 LOGO

图 4-13 施华蔻参加天猫双十一购物狂欢节活动平面广告

① 直接折扣。包括秒杀、团购等类型的促销活动,是对商品价格的直接打折。

② 满就减。设定条件为满若干件或满若干元,则享受打折或订单金额直减的优惠。

③ 满就送。设定条件为满若干件或满若干元,则享受赠送商品的优惠。

④ 包邮活动。设定条件为满若干件或满若干元,则享受免邮费的优惠。

⑤ 搭配套餐。

⑥ 抽奖活动。

3. 店内促销的注意事项

在促销活动中,网店多半会采用折扣等让利方式,这虽然能够提升顾客的购买欲望,但其本身也是对网店价格体系和品牌的一次折损。

网店在开展促销活动时,要尽可能地提升流量,从而形成最大化的销售。在活动期间,商家也应极力维护好客户的购物体验。尤其在流量涌入时,网店大部分流量均是新客户,对网店的认知度和忠诚度都是零,所以网店从客服接待、页面展示、商品质量、售后服务等各方面,都要以客户体验为第一要素。要通过促销活动的体验,使顾客对网店产生好感,成为忠诚顾客即网店粉丝。这样,网店才能够获得持续增长,这才是促销活动的最终目的。

在电商平台的网站内部,会设置一些平台商家可用的推广方式。一般网站平台有3种主要的推广方式:硬广告、平台内搜索优化和站内精准营销。

硬广告是指根据展示的时间来进行计费(Cost per Time,CPT)的一种广告模式,其推广效果好,但收费昂贵。

平台内搜索优化是一种免费的提高平台内推广效果的优化方法,主要是根据平台规则完善商品描述、商品标题等参数,以获得更好的搜索排名和站内引流效果。

站内精准营销是各个电子商务平台目前都在推广的一种面向站内乃至全网的定向竞价广告模式。主要采用的模式有 RTB(Real Time Bidding),是一种利用第三方技术在数以百万计的网站上针对每一个用户展示行为进行评估以及出价的竞价模式。RTB 是一种技术为王的精准营销手段——当一个用户在全网浏览过某种商品,或点击过特殊类目的广告后,其浏览痕迹都会通过 cookies 记录在案,通过广告交易平台,在他下一次浏览网页的时候,将被推送符合其偏好的广告。RTB 相关技术的不断发展使得商家投放的广告更精准更有价值。

知识 4.6　网店站外推广

除了在网店所在的平台进行站内推广之外,网店还可以进行站外(全网推广),主要有以下几种全网推广的方式:

1. 搜索引擎营销 SEM

搜索引擎营销(Search Engine Marketing,SEM)的基本思想是让用户发现信息,并通过搜索引擎搜索点击进入网站/网页进一步了解他所需要的信息。一般认为,搜索引擎优化设计主要目标有两个层次:被搜索引擎收录、在搜索结果中排名靠前。

SEM 的主要方法有搜索引擎优化(SEO)和竞价

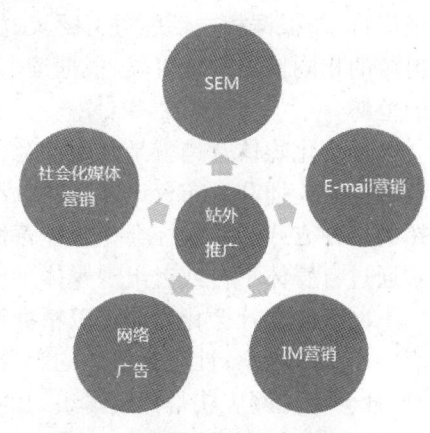

图 4-14　网店站外推广的方式

排名两种：

（1）搜索引擎优化

搜索引擎优化（Search Engine Optimization，SEO）是一种利用搜索引擎的搜索规则来提高目的网站在有关搜索引擎内的排名的方式。研究发现，搜索引擎的用户往往只会留意搜索结果最前面的几个条目，所以不少网站都希望通过各种形式来影响搜索引擎的排序。

（2）竞价排名

搜索竞价是由全球最大的互联网服务商雅虎在全球首创的网络推广方式。可以让网店的产品和服务出现在搜索引擎的搜索结果中；让正在互联网上寻找网店的产品和服务的潜在客户主动找到网店；向客户免费展示网店的产品和服务；搜索竞价仅按实际的"潜在客户访问"数量支付推广费用。

2. 网络广告营销

网络广告，顾名思义就是在网络上做的广告。网络广告网店利用网站上的广告横幅、文本链接、多媒体，在互联网发布广告，通过网络传递到互联网用户的一种高科技广告运作方式。

3. E-mail 营销

E-mail 营销（电子邮件营销）是在用户事先许可的前提下，通过电子邮件的方式向目标用户传递有价值信息的一种网络营销手段。E-mail 营销有3个基本因素：基于用户许可、通过电子邮件传递信息、信息对用户是有价值的。

网店可以针对目标客户（订阅客户）进行广告邮件群发，可使营销目标明确，效果直接。E-mail 营销操作简单、效率高，同时成本低廉，营销的范围也相当广泛。

4. IM 营销

IM 营销又叫即时通讯（Instant Massager）营销，是网店通过即时工具 IM 推广产品和品牌，以实现目标客户挖掘和转化的网络营销方式。网店可以注册 IM 账号（QQ、旺旺），通过 IM 工具来进行客服、推广和病毒营销。IM 营销具有互动性强、营销效率高、传播范围广的优势。

5. 社会化媒体营销

社会化网络服务（Social Networking Service，SNS），专指在帮助人们建立社会性网络的互联网应用服务。网店可以使用 SNS 来进行互联网推广。社会化网络服务包含的范围很广：比如根据相同话题进行凝聚（如贴吧）、根据学习经历进行凝聚（如人人网）、根据周末出游的相同地点进行凝聚、根据读书、电影的喜好进行凝聚（如豆瓣网）等，都被纳入"SNS"的范畴。

社会化媒体营销就是利用社会化网络、在线社区、博客、百科或者其他互联网协作平台和媒体来传播和发布资讯，从而形成的营销、销售、公共关系处理和客户关系服务维护及开拓的一种方式。一般社会化媒体营销工具包括论坛、微博、微信、博客、SNS 社区、图片和视频通过自媒体平台或者组织媒体平台进行发布和传播。

网店使用社会化媒体可以精准定向目标客户；利用社会化媒体的互动特性可以拉近网店跟用户的距离；社会化媒体的大数据特性可以帮助网店低成本地进行舆论监控和市场调研；社会化让网店获得低成本组织的力量；社会化媒体使用在网店推广方面可以提升搜索排名、带来高质量的销售机会、减少整体营销预算投入、促进具体业务成交。

目前网店常用的社会化媒体有以微信为代表的 MIM 工具,以新浪微博为代表的微博客,以天涯社区、西祠胡同、百度贴吧为代表的网络论坛,以人人网、豆瓣网为代表的社交网站等。网店可以按照社会化媒体的热门程度,网店顾客的喜好来选择合适的社会化媒体进行站外推广和引流。

知识 4.7　网店数据分析

与线下商店相比,网店拥有无可比拟的先天优势——一切行为都可以数据化。如何利用这每时每刻都会产生的数据,对其进行分析和解读,并用于网店的日常运营、广告投放、绩效考核中,是一家网店成功运营的核心能力。

目前市面上有许多网店数据分析产品,淘宝官方出品的有量子恒道统计和数据魔方(标准版,专业版)。相对而言,量子统计更多的是关注网店内部的数据,如流量数据、销量数据等,而数据魔方则提供了更多行业类数据。

网店在实际运营过程中会产生大量数据——流量数据、销量数据、客户来源地、客服回复、成交转化率等等。上述每一种数据对网店运营都有参考价值。由于网店数据每天都在源源不断地产生,而对每一种数据的监控和解析会耗费大量的人力、时间。因此,定义一些网店的核心数据,即网店的关键绩效指标((Key Performance Indicators,KPI),对其进行监控和解析,可以使得网店运营者在使用较短时间的情况下迅速获取对网店运营有重要影响的数据,以便网店运营者进行下一步的决策。

假设为了提高用户体验,网店近期进行了一个大的改版,从网店首页到商品详情页都发生了很大的变化。那么如何得知这次改版是否成功呢?数据分析将为改版报告提供重要的支撑。网店可以对比改版前后的首页停留时间、点击率是否增加,对比商品详情页的停留时间、跳失率、平均访问深度、转化率是否有所改善,还可以对比改版前后的浏览回头率。只有这样系统性的数据分析才是有意义的数据分析,才能正确指导网店的实际运营。假如仅仅对比改版前后的销售额数据,恐怕就是一种错误的、片面的数据分析,因为销售额的影响因素有很多,不能仅仅根据网站设计来进行判断。

知识 4.8　网店流量数据

流量是网店的生死线,是网店其他任何活动的基础。如果一个网店缺乏流量,即使产品非常优秀、设计极其美观、价格极具竞争力,都无法导致实际销售。

以下是一些常见网站数据指标:

UV(独立访客):即 Unique Visitor,是指不同的、通过互联网访问、浏览这个网页的自然人。在同一天的 00:00～24:00 内,独立 IP 只记录第一次进入网站的具有独立 IP 的访问者。

PV(访问量):即 Page View,是指页面浏览量或点击量,用户每 1 次对网站中的每个网页访问均被记录 1 次。用户对同一页面的多次访问,访问量累计。

以下将重点介绍有关流量的 4 个数据——流量比例、平均访问深度、停留时间、浏览回头率。

1. 流量比例

以淘宝网店为例,目前一家淘宝网店的流量来源大致可以分为两种:一种是来自商品标题的 SEO 优化、用户收藏夹、老客户回访等途径的免费流量;另一种是来自淘宝直通车、钻石展位、硬广告等的付费流量。

流量比例,就是指一个网店付费流量占总流量的比例。对一个网店而言,维持免费、付费流量比例的均衡,有利于自身的健康发展。

图 4-15 流量的 4 个关键指标

新起步的网店,前期往往免费流量很少,甚至没有,如果想让网店快速起步,就需要引入很大比例的付费流量,70%甚至更高都是可以接受的。随着网店的进一步发展,网店开始有了自己的定位,也发展了许多忠实粉丝,即使不花钱做任何广告,也可以保持相当高的访问量。网店发展中期,付费流量比例可以下降到 50% 左右;而到了成熟期,拥有 30% 的付费流量比例,相对而言比较健康。图 4-16 是网店不同发展阶段的流量比例示意图。

2. 平均访问深度

平均访问深度即用户平均每次连续浏览的网店页面数。

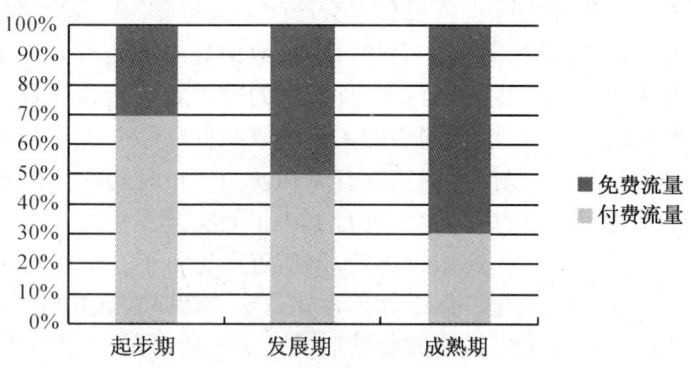

图 4-16 网店不同发展阶段的流量比例

$$平均访问深度 = 网页浏览量(PV)/独立访客数(UV)$$

网店不仅要单纯追求 PV 和 UV 的绝对值,平衡二者的比例关系也非常重要。访问深度对于一家网店而言,是一个比较重要的数据指标,尤其是女装类、母婴类网店,如果访问深度低,很难有比较高的网店转化率。网店里访问深度也很大程度上影响着用户购买的可能性,用户看过的商品数越多,购买概率越大。

如表 4-3 所示就是某家网店量子恒道里给出的访问深度数据。

表 4-3 某网店平均访问深度

	浏览量(PV)	访客数(UV)	平均访问深度
今日	44 319	16 841	2.49
昨日	29 030	10 752	2.41
上周同期	95 628	36 337	2.45
前 7 天日均	60 572	22 465	2.48

对于平均访问深度,网店还可以引申出一个全新的概念,叫做平均引流成本。

$$平均引流成本＝平均点击价格/平均访问深度$$

假设一家网店通过付费引流,关键词的平均点击价格为1元。如果这家网店的平均访问深度只有1,也就意味着,花1元钱引入的流量平均只能看到一个商品,那么他的平均引流成本就是1元钱;而如果访问深度为4,也就意味着每引入一个用户(流量),基本都会看4个页面,假定这4个页面都是商品页,也就是说花1元钱为4个商品创造了被浏览的机会,那么这家网店的平均引流成本就降到了0.25元。

一家网店只有设计更加合理的商品结构、更加有效的关联推荐、更加吸引人的商品布局才能优化平均访问深度。

3. 停留时间

$$人均店内停留时间＝访客总访问时间/访客数$$

用户在一家网店逗留的时间越久,购买产品的可能性越大。一家网店的商品越吸引人,活动越诱人,用户的停留时间越久,也越容易最终下单购买。

表4-4 某网店人均店内停留时间

	浏览量(PV)	访客数(UV)	平均访问深度	人均店内停留时间/s
今日	44 319	16 841	2.49	409.00
昨日	29 030	10 752	2.41	597.00
上周同期	95 628	36 337	2.45	438.00
前7天日均	60 572	22 465	2.48	500.75

如表4-4所示就是某家网店人均店内停留时间的数据表。可以看到,这家网店的人均停留时间基本在500 s左右,也就是每个用户平均会在这家网店浏览8 min左右。

停留时间的长短,主要受到以下3点的影响:商品的丰富程度、商品导购是否明确、店内促销活动力度。

4. 浏览回头率

浏览回头率即浏览回头客占网店总访客数的百分比。

目前量子恒道后台统计的浏览回头率是过去6天的数据,也就是6天之内在本店浏览过的用户,今天又重新回到网店浏览的比例。

表4-5 某网店浏览回头率

	浏览量(PV)	访客数(UV)	平均访问深度	浏览回头率/%
今日	44 319	16 841	2.49	6.49
昨日	29 030	10 752	2.41	19.84
上周同期	95 628	36 337	2.45	10.97
前7天日均	60 572	22 465	2.48	13.68

浏览回头率,从这个数据可以判断一个网店的类型,是属于筛子型的网店还是磁石型的

网店。筛子型网店的典型特征是浏览回头率偏低,对用户缺少吸引力。因为筛子型网店难以留住老客户,就需要不断地开拓新客户,网店的运营压力会非常大。与此相反的是磁石型的网店,这类网店浏览回头率很高。凡是进来的用户都被网店、商品、风格等元素所吸引,愿意一而再,再而三地回来继续浏览和购买。

浏览回头率的高低,主要受到以下3点的影响:网店自身的吸引力、合理的上新频率、店内促销活动。

知识 4.9　网店服务指标

详细卖家评分(Detailed Seller Ratings,DSR)系统是独立于淘宝卖家信用等级之外的另一个网店运营参考指标。买家在交易完成后,除了可以对卖家作好评、中评和差评的信用评价之外,还可以通过匿名的方式为卖家留下更加详细的卖家服务评级,即 DSR 评分。无论作为卖家还是买家,他们都只能看到卖家评级分数的平均值,因此卖家无法分辨是由哪位特定买家留下的评级。

DSR 是一个长期的用户信用评级系统,纯粹由用户来做单方面的考核和打分。而且随着销量的增长,以及评价数量的增加,网店很难在短时间内改变评分。

DSR 评价系统是对一个网店运营实力的综合考核指标。网店运营越久,DSR 改变起来难度也越大。现在不但淘宝站内各项活动报名都将 DSR 评分纳入硬性门槛,而且淘宝的排名算法也对 DSR、好评率、退款率、退款纠纷率进行了综合加权。

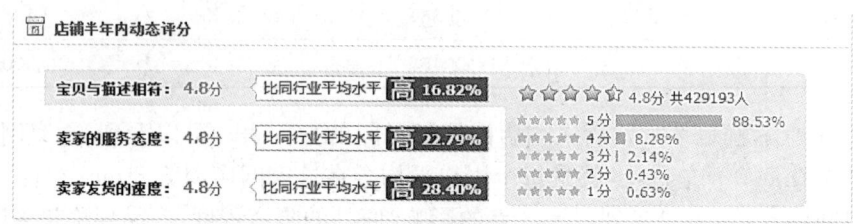

图 4-17　某网店动态评分

如图 4-17 所示,DSR 三项评分分别为商品与描述相符、卖家的服务态度和卖家发货的速度。如果网店希望 DSR 评分提升,其中一项工作便是针对这 3 条内容,做好相应的基础工作。

知识 4.10　网店单品数据指标

单品,也就是单独的某一件商品。在淘宝,大部分流量都是从单品进入网店的。许多人对网店的第一印象,往往也来自于单独的某个商品。而且很多网店的销售额,完全由某个或某几个单品所支撑。

下面从 3 个不同的维度对单品的数据做解读和分析,网店单品数据关键指标为跳失率、收藏率和转化率,如图 4-18 所示。

首先来了解一下用户访问商品的路线图,如图 4-19 所示。这张图还原了一个用户访问网店的行为路线,图中很清晰地标注了引发用户跳失、转化率和访问深度的几个结点。

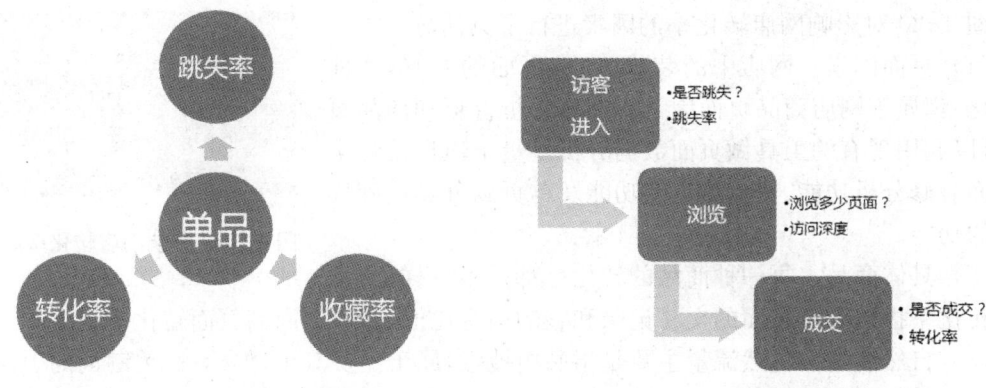

图 4-18 网店单品数据指标　　　　图 4-19 用户访问网店行为流程图

1. 跳失率

跳失率即顾客通过相应入口进入,只访问了一个页面就离开的访问次数占该入口总访问次数的比例。

跳失率＝顾客通过相应入口进入只访问一个页面就离开的次数/该入口总访问次数

针对单品的跳失率而言,就是顾客从相应入口进入,只访问了当前商品页面就离开的人数占总访问人数的比例。

单品跳失率＝顾客只访问了单品页面就离开的人数/总访问人数

对于重点推广的产品,网店应对其单品跳失率进行长期跟踪。因为单品跳失率在很大程度上反映了当前产品的受欢迎程度。影响单品跳失率的因素主要有以下 3 点:一是产品本身的吸引力,包括产品的款式、价格、外观、评价内容、描述等;二是单品流量的质量,如果引流不够精准,用户群体与商品的契合度低,也容易引起跳失率提高;三是商品页面的加载速度,当用户的带宽比较小,打开图片较多的商品页面时,易出现由于加载时间过长让用户失去继续等待的耐心而关闭当前页面的状况。

2. 收藏率

收藏率即收藏当前访问商品的用户占全部访问当前商品用户的比例。

商品收藏率＝商品收藏量/商品访客数

根据一些网店的实际测算,从收藏夹点击进来的用户,实际成交购买的比例相对会比较高。所以,单品的收藏率也成了网店运营的关键指标。

可以通过以下方法提升收藏率:有意识引导用户收藏当前商品;可以在商品页面的头部或者底部添加收藏链接,方便用户直接单击收藏当前商品;在店内举办一些收藏有奖的活动,提升单品的收藏率。

3. 转化率

转化率即所有到达当前商品页面并产生购买行为的人数占所有到达当前商品页面人数的比例。

商品转化率＝到达当前商品页面并产生购买行为的人数/到达当前商品页面人数

毫无疑问,转化率已经取代流量大小成为电商们最为关心的数据指标。

图 4-20 对影响网店转化率的因素进行了具体分析：

（1）页面因素。网店中的装修、商品页面的装修（页面的优化）都属于网店商品页面因素。网店分析首页和商品页面，可以利用现有的工具做页面数据分析。量子恒道统计中有页面装修分析功能、首页热点图功能及首页到分类页到详细页的功能。

影响转化率的因素				
店铺页面因素	具体商品因素	自然流量因素	付费流量因素	分类页设计因素

图 4-20 影响网店转化率的因素

（2）具体商品。每一种商品的转化率都是不一样的，这里的转化率指该商品页面的交易记录和它的访客比值，即单个商品页面转化率。

（3）自然流量。自然流量主要是指站内搜索，属于免费流量，如标题、关键词的引流。

（4）付费流量。

（5）分类页设计因素。此因素许多普通网店没有意识到，即网店整体商品的布局、定位、价格体系等设计因素。

项目实施

【项目任务】

根据项目内容，本项目为学会网店促销活动的策划，掌握店内促销的方法。

【项目要求】

（1）确定网店促销活动目标人群、确定网店促销时间、确定网店促销类型、如何为该次活动进行推广和预热。

（2）提出店内促销的策划方案。

【实施步骤】

1. 确定活动目标人群

首先，网店通过确定活动的目标人群，可以了解目标人群的人群特性；接着，通过分析他们的特性，可以了解目标人群的利益追求，他们是追求性价比，还是追求款式，或者有别的利益诉求；通过定位人群特性及利益诉求点，我们能够做到熟知网店的目标市场，做到知己知彼。这样在制定活动内容时，投其所好，就能够激活目标人群的购买欲望，同时满足客户的情感需求，不仅能够提升销售额，也能够提升客户回头率。

图 4-21 某宠物网店的促销截图

2. 确定活动时间

确定了活动目标人群后,接下来就要确定活动时间,什么时间开始,到什么时间结束。这主要通过以下几点来确定。

(1) 活动类型

如果是节日促销,那么就需要提前进行,因为不少顾客购物是为了在节前送礼,所以会提前购买。节日促销活动提前时间最好为5天左右。

(2) 广告排期

网店申请的广告排期要与活动时间相配合。

(3) 工作日/休息日

目前普遍情况是工作日转化率、销售额都比休息日高,故应该把活动时间安排在工作日。

(4) 店铺承受能力

根据店铺的客服、库存、物流的工作能力确定活动时间,以免活动时间过长超出店铺承受能力造成工作效率低下。

图 4-22 某童装网店的促销时间安排

3. 确定活动内容

以淘宝网为例,淘宝网店的店内促销活动主要有以下几种:

图 4-23 某网店店内打折活动

(1) 直接折扣。包括秒杀、团购等类型的促销活动,是对商品价格的直接打折。

(2) 满就减。设定条件为满若干件或满若干元,则享受打折或订单金额直减的优惠。

(3) 满就送。设定条件为满若干件或满若干元,则享受赠送商品的优惠。

(4) 包邮活动。设定条件为满若干件或满若干元,则享受免邮费的优惠。

(5) 搭配套餐。设定一些商品组合(可以是冷门商品与热门商品搭配)捆绑销售,给予单独销售所没有的优惠。

(6) 抽奖活动。

4. 推广和预热方案的制定

对上面 3 个方面确定了之后,接下来就要制定推广和预热方案,让更多顾客能够参与到活动中来。

图 4-24 某网店店内促销的首页推广

5. 撰写店内促销的策划方案

把以上的方案形成文字,撰写一份 XX 网店的店内促销策划方案。字数 1 500 字以上。

扩展知识

知识 4.11 淘宝网店的站内推广方式

1. 淘宝直通车

淘宝直通车是淘宝网为卖家量身订制的一款推广工具,主要通过设置与推广商品相关的关键词获得流量,按照获得流量的个数付费,进行商品的精准推广。

如果想推广一件商品,就需要给该商品设置相应的关键词、类目出价及商品推广标题。当买家在淘宝网通过输入关键词搜索或者按照商品分类进行搜索时,推广中的商品就会出现在直通车的展示位,买家点击一次网店才付费,不点击不付费。因此,直通车是淘宝站内推广效果最好的付费推广工具,因为只有想购买这个商品的顾客才会搜索其相关的关键词,直通车对顾客定位非常精准。

图 4-25 所示是商品搜索页面右侧直通车展位。

图 4-25　淘宝直通车示例

2. 钻石展位

钻石展位是淘宝网图片类广告位竞价投放平台,是淘宝网为卖家提供的一种营销工具。它依靠图片创意吸引买家点击,获取巨大流量。钻石展位按照流量竞价售卖,计费单位为 CPM(每千次浏览单价),按照出价从高到低进行展现。卖家可以根据群体(地域和人群)、访客、兴趣点 3 个维度设置定向展现。

3. 常规硬广

常规硬广分布在淘宝网首页、商城首页及各大频道页面,每天高达 1 亿多次曝光,可以强势吸引用户眼球,具有超高流量和点击率,是整体营销与主题活动推广的基础性资源。硬广主要包括淘宝网上的页面焦点图、Banner、通栏、画中画等。常规硬广属于淘宝网大客户营销资源的一部分,它和富媒体、频道冠名、品牌活动、宝贝传奇、时装周、一级大型定制统称为 CPT(Cost Per Time,按时间计费)资源,它们是快速成长型网店和成熟大品牌营销推广的黄金资源。

图 4-26　网店常规硬广示例

4. 淘金币

淘金币是覆盖淘宝网的虚拟货币,能在淘宝网中提供的淘金币兑换中心兑换丰富的品牌折扣商品。顾客既可以通过金额兑换或抽奖方式免费获得礼品,也可以通过竞拍方式以中拍价购买,还可以使用淘金币＋现金的方式以折扣价直接购买展示品。淘宝网店可以使用淘金币的平台精准推广店铺、提高品牌曝光度。

淘金币平台首页页面,如图4-27所示。

图4-27 淘金币首页

5. 聚划算

"聚划算"是淘宝网的团购平台。通过参加聚划算的活动,网店可以打造爆款、带来销量;增加曝光度;活动结束后有团购成功的卖家分享心得和评价,可以起到产品调研的效果。

图4-28 聚划算首页

6. 淘宝客

淘宝客的推广是一种按成交计费的推广模式。淘宝客从淘宝客推广专区获取商品代码,经过推广(链接、个人网站,博客或者社区发帖),任何买家进入淘宝网店完成购买后,发布推广的淘宝客就可得到由淘宝网店支付的佣金。

案例分析

秘密盒子的会员营销

秘密盒子是一家主营商品质女装的集市店铺,开店后用了6年的时间一步步、踏踏实实地做到了五皇冠。秘密盒子通过设立独特的VIP会员制度,并实施会员化管理,在两年半的时间里,共积累了活跃会员2万余名,成交回头率维持在60%左右,购买3次以上的忠诚买家比率为14%。

最令人感到钦佩的是,因为对衣服品质执著的坚持和对客户感情的有效维系,秘密盒子在2011年全年销售业绩为1 000万元左右,但却几乎无任何广告费用投入,创造了网店成功运用会员管理和情感式营销的奇迹。

1. 留住浏览客户与招徕新客户

店铺采用了收藏店铺送购物券和淘金币,分享店铺给好友形成首次购买,双方都可获得10元购物券。网店收藏率的提高有利于用户的重复浏览和重复购买,鼓励会员分享店铺有利于店铺的口碑传播和病毒营销。

图4-29 淘宝店铺秘密盒子的收藏和分享有礼活动

2. 会员等级与会员制度

秘密盒子设置了4个会员等级,分别为秘密会员、高级会员、VIP会员和SVIP会员,享受不同的等级折扣、包邮制度、会员关怀、服务水平。

图4-30 淘宝店铺秘密盒子的会员制度(1)

SVIP会员

交易满50000元
即可成为SVIP会员

1. SVIP1会员（＞5w）正价商品9.1折，SVIP2会员（＞10w）8.9折，SVIP3会员（＞15w）8.7折终身包邮，正价满200元包邮顺丰。
2. 专属客服全天24小时为您服务。
3. 新品预订权（需满足svip预定款售后规定）。
4. 活动优先秒杀权。
5. 旧款查找权。
6. 3天优惠延长期。
7. 24小时闪电发货。
8. 15天售后服务期，合理退换。
9. 24小时极速退款&换货（我方签收之日算起）。
10. 终身改衣权，针对可修改款式（目前仅开放svip2、svip3会员，需自付邮资）。
11. 生日关怀：生日礼物与100元购物礼券，消费＞10万，额外再获赠可可大礼一份。
12. 短信关怀（店促/上新/秒杀/售后/节日）。

图 4-31　淘宝店铺秘密盒子的会员制度(2)

以店铺最高等级 SVIP 级为例，享受以下服务：

交易满 5 万元即可成为 SVIP 会员，其中满 10 万为 SVIP2 会员，满 15 万为 SVIP3 会员。

会员折扣：SVIP1 会员（＞5 万）正价商品 9.1 折，SVIP2 会员（＞10 万）8.9 折，SVIP3 会员（＞15 万）8.7 折，终身包邮，正价满 200 元顺丰包邮；专属客服全天 24 小时为您服务；新品预定权；活动优先秒杀权；旧款查找权；3 天优惠延长期；24 小时闪电发货；15 天售后服务期，合理退换；24 小时极速退款和换货；针对可修改款式的终身改衣权；生日关怀：生日礼物与 100 元购物礼券；短信关怀（店促/上新/秒杀/售后/节日）；会员等级越高，享有的特权越多，享受的服务等级越高，会员关怀力度越大。

3. 会员关怀

（1）怀旧的手写卡片

店主动员员工每日写卡片，然后交给仓管部随包裹发出。卡片一面印有图案，一面写有员工自由发挥的祝福语。这一举动使得顾客得到了受重视的感觉，赢来一片好评，一度将店铺服务指数拉高 10%。卡片也经常出现在预售款的包裹中，通过卡片上的手写道歉语缓解了买家久等的烦躁心情，大大降低了中差评的可能性，同时也提高了买家对店铺的好感。

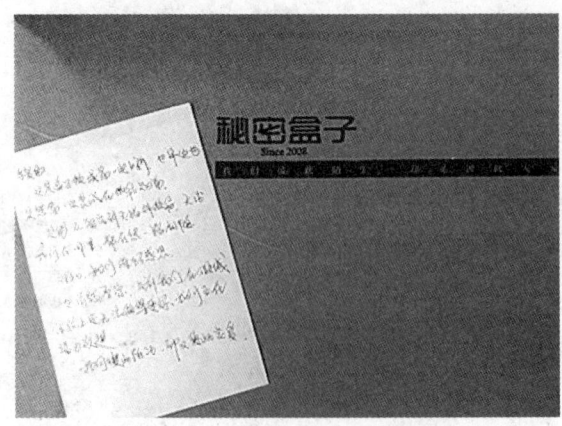

图 4-32　秘密盒子的顾客微博晒的手写卡片

(2) 不定时出现的惊喜

秘密盒子深深抓住了女性客户感性的特点和爱吃小零食的爱好,在邮寄的包裹里会不定时地发放一些小礼品。可可授权客服如果得知顾客家里有小孩、孕妇、结婚等特殊情况,即可根据需要配送小礼品一份。这样的举动也深获人心,客人经常在评价或微博上表达其欣喜之情。

(3) 手机短信提醒

秘密盒子非常重视通过手机短信来进行情感的传递:在包裹发出时会用手机发短信通知客人;如果预售款服装周期过长,会提前发短信告知客人货期并表示歉意;店铺上新或者搞大型促销活动会有针对性地通知老客户,同时尽量避免对新客户的干扰;如果获知 VIP 客户所在城市天气异常或者发生突发事故,会发出短信提醒和慰问。

图 4-33 秘密盒子的顾客在微博上晒的礼物

(4) 笑脸营销

秘密盒子的销售团队有一个不成文的传统——回复客人不得少于 3 个字,大部分以委婉温和的"的呢"结尾,让客人即使隔着屏幕也能感受到服务的笑意。为了让这种笑意更加形象化,秘密盒子将发出的每个包裹都贴上一个笑脸标签。

4. 善用新媒体

当微博和微信在互联网和移动互联网世界越来越流行,秘密盒子也加快了使用新媒体的脚步。图为秘密盒子的社交网络关系图。

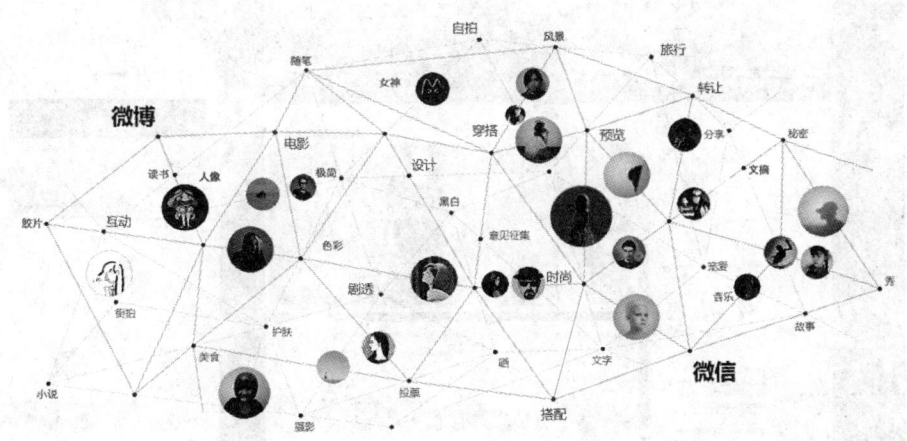

图 4-34 秘密盒子的社交网络(微博、微信)关系图

秘密盒子的微信公众号一周推送两次:周二推送精编文章,周四推送上新预览。与此同时,微信公众号的订阅用户可以享受一些粉丝专属福利:微信特供单品、微城专享优惠。微信公众号的常规菜单有:签到互动攒积分(积分可兑换礼物)活动、蜜粉论坛、买家秀、买家二手交易转让平台。

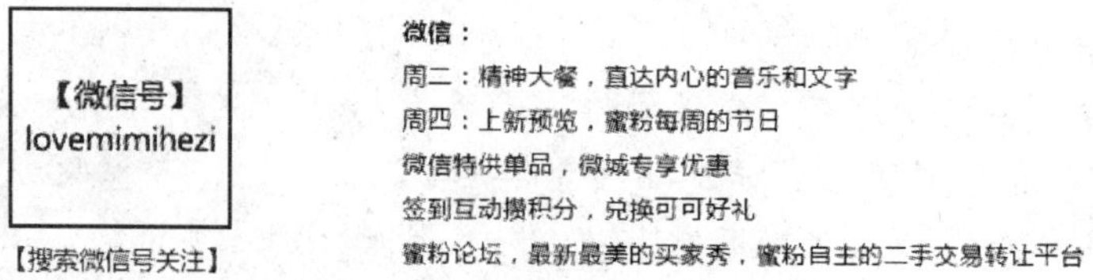

【微信号】
lovemimihezi

【搜索微信号关注】

微信：
周二：精神大餐，直达内心的音乐和文字
周四：上新预览，蜜粉每周的节日
微信特供单品，微城专享优惠
签到互动攒积分，兑换可可好礼
蜜粉论坛，最新最美的买家秀，蜜粉自主的二手交易转让平台

图 4-35　秘密盒子的微信公众号

秘密盒子分别有官方和私人的微博号。其中官方的微博号会发布一些官方消息：如新品拍摄花絮、新品发布剧透、新品预览等，举办一些官方活动，该微博内容有编辑专司维护。店主和店员都开设了私人微博。通过私人微博，不论是店主还是店员都可以通过每一条微博的发布与回复，找到与顾客的共鸣，拉近与顾客的距离，与官方号起到互补的作用，也可以相互推广。

【扫描二维码关注】

微博：
@秘密盒子陈可可
典型狮子座女人，卖萌发呆，搞笑搞怪。和衣服有关，也和衣服无关。
@秘密盒子
周一开拍日，开拍消息火速传达
周三剧透日，下周新品抢先一饱眼福
周五预览日，小编和你聊新品，专业，实用，有趣

图 4-36　秘密盒子的微博号

图 4-37　秘密盒子的微博和微信截图

网店通过积极维护会员关系、提升服务质量，店铺的动态评分（DSR）得到了非常高的分值，描述准确、服务态度和发货速度评分分别比同行业的平均水平高 58.92%、54.39%、54.56%。

图 4-38　秘密盒子的动态评分

案例思考：

（1）网店招徕新顾客、新会员可以使用哪些方法？

（2）网店可以为会员提供哪些方面的服务？考虑成本与收益，哪些服务是普适于全体会员的？哪些服务是应当针对少数高贡献会员的？

（3）网店如何利用新媒体平台为自己进行宣传和进行客户关系管理？

课后习题

1. 选择题

（1）以下哪一项不属于网店运营的流程？　　　　　　　　　　　　　　　　（　　）
　　A. 商品图片拍摄　　　　　　　　B. 售后服务
　　C. 发布商品　　　　　　　　　　D. 卖场货品陈列

（2）网店客户回头率与以下哪些因素有关？（多项选择）　　　　　　　　　（　　）
　　A. 网店品牌　　B. 网店产品　　C. 网店装修　　D. 网店促销

（3）网店需要客服在与客户沟通的过程中得到哪方面顾客信息？　　　　　（　　）
　　A. 客户基本资料　B. 客户交易资料　C. 客户延伸资料　D. 客户财务资料

（4）RFM 模型是衡量客户价值和客户创利能力的重要工具和手段。在 RFM 模型中，RFM 所代表的客户行为，下列哪一种说法是正确的？　　　　　　　　（　　）

　A. R(Recency)表示客户最近一次购买的时间有多远，F(Frequency)表示客户在最近一段时间内购买的次数，M(Monetary)表示客户在最近一段时间内购买的金额。

　B. R(Recency)表示客户在最近一段时间内购买的次数，F(Frequency)表示客户在最近一次购买的时间有多远，M(Monetary)表示客户在最近一段时间内购买的金额。

　C. R(Recency)表示客户在最近一段时间内购买的次数，F(Frequency)表示客户在最近一段时间内购买的金额，M(Monetary)表示客户在最近一次购买的时间有多远。

　D. R(Recency)表示客户在最近一次购买的时间有多远，F(Frequency)表示客户在最近一段时间内购买的金额，M(Monetary)表示客户最近一段时间内购买的次数。

（5）以下哪一个不是网店客户关怀的常规手段？　　　　　　　　　　　　（　　）

A. 微信　　　　　B. QQ　　　　　C. 上门拜访　　　D. 短信
(6) 那么利用节日气氛,以及消费者期待促销活动的心理,网店在节假日做促销活动是以下哪一种网店促销的手段？　　　　　　　　　　　　　　　　　　　　(　　)
A. 季节促销　　　　　　　　　　B. 节日促销
C. 话题促销　　　　　　　　　　D. 配合平台活动促销
(7) 利用微信为网店进行引流和推广,属于　　　　　　　　　　　　　　　(　　)
A. 店内促销　　　B. 站内促销　　C. 站外促销　　　D. 线下促销
(8) 下列网店流量比例(付费流量占网店总流量比例),哪一个适合成熟期网店？
(　　)
A. 10%　　　　　B. 30%　　　　C. 50%　　　　　D. 70%
(9) 以下哪一个不是一家网店的关键绩效指标？　　　　　　　　　　　　　(　　)
A. 顾客来源地　　B. 网店流量　　C. 网店服务评分　D. 顾客访问深度
(10) 顾客通过相应入口进入,只访问了一个页面就离开的访问次数占该入口总访问次数的比例是　　　　　　　　　　　　　　　　　　　　　　　　　　　(　　)
A. 转化率　　　　B. 收藏率　　　C. 跳失率　　　　D. 浏览回头率

2. 简答题

(1) 网店进行客户关系管理有哪些主要活动？
(2) 网店可以进行哪些方式的店内促销活动？
(3) 在网店推广时,可以利用哪些社会化媒体工具？如何使用？
(4) 网店运营过程中,要时刻监控哪些店铺指标？
(5) 影响网店转化率有哪些因素？

项目五

电子商务支付

本项目通过"电子商务支付"阐述电子商务交易中电子支付的相关技术,电子支付工具的种类和支付过程,网上银行业务、特点和应用,第三方支付平台的特点、产品类型以及支付过程,移动支付的特点、发展、支付过程及应用。

项目要求

【项目内容】

对电子支付的各种技术深入了解,掌握电子商务中各种支付技术的功能和应用。熟悉网上银行的注册及基本业务操作,学会使用第三方支付平台。培养学生能够熟练运用银行卡、支付宝进行网上支付,能够熟练运用个人网上银行进行转账等业务的操作。

【知识要求】

电子商务交易过程中,必须理解电子商务支付系统的基本构成、功能和特点;掌握主要的网上支付的方式;熟悉网上银行的概念、类型和特点;能够使用网上银行的主要功能;能够使用第三方支付平台完成支付活动。

相关知识

知识 5.1 传统支付方式

支付方式按使用的技术不同,可以大体上分为传统支付方式和电子支付方式两种。传统支付指的是通过现金流转、票据转让以及银行转账等物理实体的流转来实现款项支付的方式。电子支付是通过先进的通信技术和可靠的安全技术实现的款项支付结转方式。传统的支付方式主要有3种:现金、票据和信用卡。

1. 现金

现金支付是每个生活在现代社会的人都非常熟悉的支付方式。现金有两种形式,即纸币和硬币,是由政府授权的银行发行,在我们国家是由中央人民银行行使货币发行权。纸币本身并没有价值,它只是一种由国家发行并强制使用的货币符号,但却可以代替货币加以流通,其价值是由国家信用来保证的;硬币是由金属铸造的,本身含有金属成分,具有一定的价值,但也不等于它本身的面值。此外,还有一些非官方的辅币,如意大利在20世纪60—70年代期间曾用糖块代替小额零钱使用。由于纸币本身没有价值,它的流通可能会带来一些经济问题,如假币和通货膨胀等。

在现金交易中,买卖双方处于同一位置,而且交易是匿名进行的,卖方不用了解买方的身份,现金就是最好的身份证明,因为现金本身是有效的,其价值是由发行机构加以保证的,用不着由买方来认同。加之现金所具有的使用方便和灵活的特点,因此在日常生活中多数交易是通过现金来完成的。在这种现金交易中,交易方式在程序上非常简单,通俗地说就是"一手交钱,一手交货"。交易双方在交易结束后马上就可以实现其交易目的:卖方用货物换取现金,买方用现金买到货物,如图5-1所示。

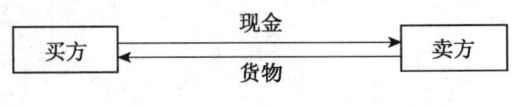

图5-1 现金支付流程图

现金交易方式也有不足,主要表现在:第一,受时间和空间的限制,对于不在同一时间、同一地点进行的交易,就无法采用现金支付的方式来完成交易;第二,现金表面金额的固定性意味着在大宗交易时,必须要携带大量的现金,这种携带的不方便,以及由携带大量现金产生的不安全因素,影响了现金交易方式的采用。基于上述不足,人们要求有更能适应现代生活节奏与方式的交易方法的产生。

2. 票据

票据交易方式就是在现金交易方式不能满足支付需要后产生的。票据可以分为广义票据和狭义票据。广义的票据包括各种记载一定文字、代表一定权利的文书凭证,如股票、债券、货单、汇票、车船票等等,人们笼统地将它们泛称为票据;狭义的票据是一个专用名词,专指《中华人民共和国票据法》所规定的票据,主要是指汇票、本票和支票3种。汇票是出票人委托付款人在见票时或在指定日期无条件支付一定金额给受款人的票据;本票是出票人自己于到期日无条件支付一定金额给受款人的票据;支票则是出票人委托银行或其他法定金融机构于见票时无条件支付一定金额给受款人的票据。因此,票据就是出票人依据《票据法》发行的、无条件支付一定金额或委托他人无条件支付一定金额给受款人或持票人的一种文书凭证。

在商业交易中,尤其是在对外贸易活动中,交易双方往往分处两地或者分处不同的国家,一旦成交就要向外地或外国输送现金。在这种情况下,如果直接用现金交易,就会给交易双方带来许多不便。如果采取在甲地将现金转化为票据,再在乙地将票据转化为现金的办法,以票据的转移代替现金的转移,就完全可以避免上述现金的转移带来的麻烦和不便。在国际贸易中,支票的这种作用就更加突出了,如图5-2所示。

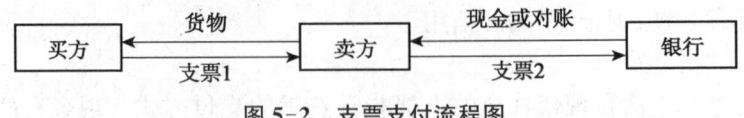

图5-2 支票支付流程图

在3种票据中支票、汇票的交易流程大体相同,本票则有所不同。汇票与支票是由卖方通过银行处理的,而本票则是由买方通过银行处理的。可见,票据决定了交易可以异时、异地进行,突破了现金交易同时同地的局限性,大大增加了交易实现的机会。同时,票据所有的汇兑功能也使得大宗交易成为可能。当然,票据本身也存在着一定的不足。如票据的真伪、遗失等也会给票据使用带来一系列问题。

3. 信用卡

信用卡是指具有一定规模的银行或金融公司发行的,可凭此向特定商家购买货物或享受服务,或向特定银行支取一定款项的信用凭证。信用卡的大小与名片相似,卡面印有信用卡和持卡人的姓名、卡号、发行日期、有效日期等信息,背面有持卡人的预留签名、磁条和发卡人简要声明等信息。

信用卡最早诞生于美国。1915年,美国的一些百货商店和饮食业主为招揽生意。在一定范围内给顾客发放信用筹码,顾客可以在这些发行筹码的商店及其分店赊购商品,约定时间付款。这种方便顾客的新方法对笼络顾客、扩大销售起到了明显地作用。1946年,美国狄纳斯俱乐部和运通公司等开始发行旅游、娱乐信用卡。1952年,美国加利福尼亚富兰克林国民银行首先发行信用卡,到了1959年,美国已经有60多家银行发行信用卡。而电脑的发明与普及推广,又极大地推动了信用卡业务迅速发展,跨越了国家界限,使世界各国掀起了信用卡业务的高潮。20世纪80年代,在美国、加拿大、日本、西欧等国家,信用卡已成为一种普遍的支付工具,逐步取代现金和支票,大到买房置地、旅游购物,小到公用电话、公共汽车都采用信用卡结算。到了80年代后期,美国每年信用销售交易额已达7 000亿美元,占家庭可支配收入的份额已经超过20%。美国人均拥有信用卡数量已超过8张。

图5-3 信用卡

我国从1978年中国银行广东省分行代理香港东亚银行信用卡业务开始,伴随着我国改革开放的不断深化,信用卡在我国也得到了快速发展。1985年3月1日,中国银行珠海分行发行了我国第一张信用卡——人民币中银卡。1986年6月1日,中国银行北京分行发行了第一张人民币长城卡,同年10月,中国银行总行指定长城卡为中国银行系统的信用卡,并在全国各地发行。1987年10月,中国银行加入万事达(MasterCard)国际组织,并于1988年6月发行第一张外汇长城万事达卡。1987年10月,中国银行加入维萨(VISA)国际组织,并于1989年8月发行了第一张长城维萨卡。国有的其他商业银行如工商银行、建设银行、农业银行也相继发行了自己的信用卡,如牡丹卡、龙卡、金穗卡,由此迎来了我国信用卡业务的一个全新发展时期。

信用卡主要有如下两个特点。第一,多功能。不同的信用卡其功能和用途各不相同。

但主要有 4 种功能,即转账结算功能、消费借贷功能、储蓄功能和汇兑功能;第二,高效便捷。由于银行为持卡人和特约商户提供高效的结算服务,这样消费者就乐于持卡购物和消费,同时也给消费者带来了更多的便利。利用信用卡结算还可以减少现金流通量,简化收款手续,即使持卡人到外地,也可以凭卡存取现金,十分灵活高效,避免了携带现金旅行的不方便。信用卡交易流程如图 5-4 所示。

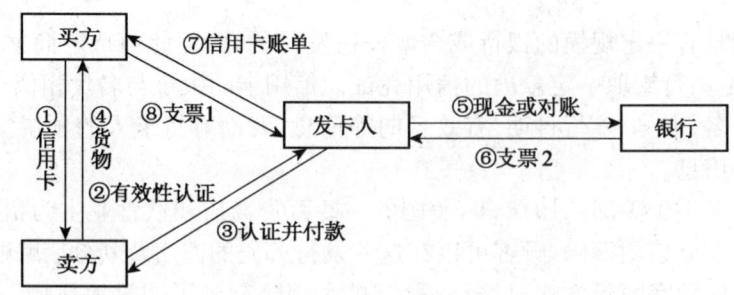

图 5-4　信用卡支付流程图

知识 5.2　电子支付

1. 电子支付概念及特征

随着电子商务的普及推广应用,世界范围内电子商务活动支付问题和通过信息技术网络产生的成千上万笔交易流支付问题的解决势在必行,而解决的根本方法就是利用电子支付。

所谓电子支付,是指电子商务交易的当事人,包括消费者、厂商和金融机构,使用安全电子支付手段通过网络进行的货币支付或资金流转。电子支付系统是电子商务活动的基础,人们只有在建立可行的电子支付系统的基础上,才能真正开展电子商务活动。同时,电子支付系统也是关系到国家金融体制、经济管理以及每一个人经济活动方式的重要问题。

与传统的支付方式相比较,电子支付具有以下几方面的特征:

(1) 电子支付是采用先进的技术通过数字流转来完成信息传输的,其各种支付方式都是采用数字化的方式进行款项支付的;而传统的支付方式则是通过现金的流转、票据的流转及银行的汇兑等物理实体的流转来完成款项支付的。

(2) 电子支付的工作环境是基于一个开放的系统平台(即互联网)之中;而传统支付则是在较为封闭的系统中运行。

(3) 电子支付使用的是最先进的通信手段,如互联网,而传统支付使用的则是传统的通信媒介。电子支付对软、硬件设施的要求很高,一般要求有联网的计算机、相关的软件及其他一些配套设施;而传统支付则没有这么高的要求。

(4) 电子支付具有方便、快捷、高效、经济的优势。用户只要拥有一台上网的计算机,便可以足不出户,在很短的时间内完成整个支付过程。支付费用仅相当于传统支付的几十分之一,甚至几百分之一。

(5) 电子支付目前也还存在一些需要解决的问题,主要是安全问题。如防止黑客入侵、防止内部作案、防止密码泄露等涉及资金安全的问题。

2. 电子支付系统

电子商务系统是指客户、商家、银行或其他金融机构、商务认证管理部门之间使用安全电子手段交换商品或服务，即把支付信息通过网络安全地传送到银行或相应的处理机构，实现电子支付的过程，是融购物流程、支付工具、安全技术、认证体系、信用体系以及现在的金融体系为一体的综合系统。面向互联网网络的电子支付系统的基本结构如图5-5所示。

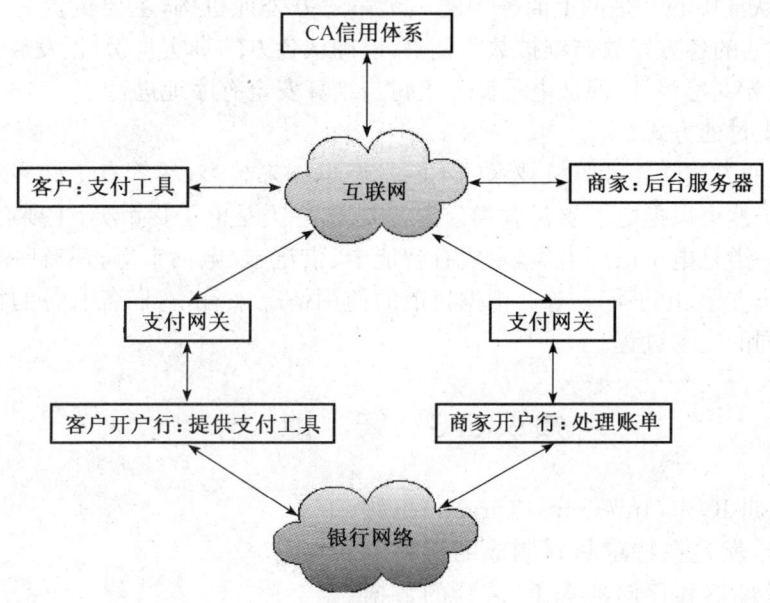

图 5-5　电子支付系统结构图

（1）客户。一般是指互联网上与某企业或商家有商务交易关系且存在未清偿的债权、债务关系的单位和个人。客户用自己拥有的网络支付工具（电子钱包、信用卡、电子支票等）进行支付，是电子商务支付体系动作的原因和起点。

（2）商家。是指拥有债权的商务交易的除客户之外的另一方。商家可以根据客户发出的支付指令向中介金融机构请求结算。商家一般有专用服务器来处理这一过程，包括身份认证及对不同网络支付工具的处理。

（3）客户开户行。是指客户在其中拥有资金账户的银行，客户所拥有的网络支付工具主要是由开户行提供的。客户开户行在提供网络支付工具的时候，同时提供一种银行信用，即保证支付工具是真实的并可以兑付的。在利用银行卡进行网络支付的体系中，客户开户行又被称为发卡行。

（4）商家开户行。是指商家在其中开设资金账户的银行，其账户是整个支付与结算过程中资金流向的目的地。商家将收到客户支付指令提交其开户行后，就由开户行进行支付授权的请示，并且进行商家开户与客户开户行之间的清算工作，商家开户行是依据商家提供的合法账单（客户的支付指令）来工作的，因此又被称收单行或接收行。

（5）支付网关（Payment Gateway）。是互联网和银行专用网之间的接口，支付信息必须通过支付网关才能进入银行支付系统，进而完成支付的授权和获取。支付网关主要作用是完成两者之间的通信、协议转换和进行数据加密、解密以及保护银行专用网的安全。

（6）金融专用网。是银行内部及各个银行之间进行沟通的专用网络，不对外开放，因此有很高的安全性。在我国国家金融专用网上，运行着中国国家现代化支付系统、中国人民银行电子联行系统、中国工商银行电汇兑系统、银行卡授权系统等。我国传统商务中的电子支付与结算应用，如信用卡 POS 支付结算、ATM 资金存取、电话银行系统，均运行在金融专用网上。

（7）CA 认证中心。是网上商务中的一个第三方公证机构，主要负责为互联网参与网上电子商务活动的各方发放与维护数字证书，以确认各方的真实身份，也发放公共密钥和提供数字签名服务支付等，以保证电子商务支付与结算安全有序地进行。

3. 电子支付的方式

电子支付的方式随着计算机技术的不断发展也越来越多，尽管有了许多新的支付方式出现，但我们仍然可以把电子支付方式分为三大类：一类是电子货币类，主要有电子现金、电子钱包等；另一类是电子信用卡类，主要有智能卡、借记卡、电话卡等；还有一类是电子支票类，主要有电子支票、电子汇款等。根据目前的使用情况来看，它们各有各的特点和运作模式，适合于不同的交易过程。

知识 5.3 智 能 卡

智能卡也叫 IC 卡（Integrated Circuit）也就是集成电路卡，就是在特定材料制成的塑料卡片中嵌入微处理器和存储器等 IC 芯片的数据卡。使用时插入相应的阅读器中，通过卡上的端口同阅读器的插座相连接，进行数据通信与交换。

智能卡最早在法国出现。20 世纪 70 年代中期，法国率先开发成功 IC 存储卡。目前法国 IC 卡不仅在数量上领先其他各国（高达 2 800 万张），而且应用的领域也十分广泛，如在金融、电信、医疗、保险、旅游、游戏和交通运输等方面都有 IC 卡的应用。常见的智能卡有电话 IC 卡、身份 IC 卡以及一些交通票证和存储卡，可应用于电子识别、数字存储和电子支付中。

图 5-6 智能卡

美国使用智能卡的人数比较少，人们更多地使用 ATM 卡。智能卡与 ATM 卡的区别在于两者分别是通过嵌入式芯片和磁条来储存信息。但由于智能卡存储信息量较大，存储信息的范围广，安全性也好，因而越来越受到人们的重视。2010 年底，美国的智能卡使用量达到 1 亿张左右。

在我国，从 1993 年起在全国范围内开展了"金卡工程"，用 10 年左右的时间，在 3 亿城市人口中推广和普及金融交易卡，实现支付手段的革命性变化，跨入电子货币时代。"金卡工程"的总体构想是建立全国统一的金卡专用网、金卡服务中心和金卡发卡体系。许多城市都相继推出了智能卡支付系统或智能卡信用卡系统。在行业上，智能卡汽车加油系统、出租车智能卡记费系统、智能卡税收系统、智能卡电话收费系统等不胜枚举。可以说智能卡在我国已经有了一个十分良好的开端,智能卡在我国的应用还在不断地扩展。

智能卡的结构主要包括 3 个部分。第一,建立智能卡的程序编制器。程序编制器在智能卡开发过程中使用,它从智能卡布局的层次描述了卡的初始化和个人化创建所需要的数据;第二,处理智能卡操作系统的代理。包括智能卡操作系统和智能卡应用程序接口的附属部分。该代理具有极高的可移植性,它可以集成到芯片卡阅读设备或个人计算机及客户机/服务器系统上;第三,作为智能卡应用程序接口的代理,该代理是应用程序到智能卡的接口。它帮助对使用不同智能卡代理的管理,并且还向应用程序提供了一个智能卡类型的独立接口。

智能卡系统的工作过程是:第一步,在适当的机器(可以是 PC 机、终端电话、付费电话)上启动用户的互联网浏览器;第二步,通过安装在 PC 机上的读卡机,用用户的智能卡登录到为用户服务的银行 Web 站点上,输入银行用户账号、密码和其他一些加密信息,完成这两步操作后,用户就可以从智能卡上下载现金到厂商的账户上,或从银行账号上下载现金存入智能卡。举例分析如下:假设某用户在商店想购买定价为 300 元的一件大衣,将智能卡插入到商店的计算机,登录到用户的发卡银行,输入密码和商店的账号。很快,商店的银行账号增加了 300 元,用户的银行现金正好减少了 300 元,用户买到了他想买的大衣,一笔交易完成。以上是在现实的交易过程中智能卡的应用过程,在电子商务交易过程中,智能卡的应用类似于实际交易过程。只是用户在网上选好商品后,键入智能卡的号码登录到发卡银行,并输入密码和网上商店的账号,就完成一笔电子商务的交易过程。

知识 5.4　电 子 现 金

电子现金(E-cash)是一种以数据形式流通的货币,也称为数字现金、数字货币。通俗地说,就是以数字化形式存在的货币。电子现金与智能卡不同,智能卡仅仅是一种结算支付手段,最终还是通过结算机构银行来兑现。而电子现金和货币一样,本身就是钱。它通过一个适合于在互联网上进行的实时支付系统,把现金数值转换成一系列的加密序列数,通过这些序列数来表示现实中各种金额的币值。用户在开展电子现金业务的银行开设账户,并在账户内存钱后,就可以在接受电子现金的商店购物了。当用户拨号进入网上银行,使用一个口令和个人识别码来验证身份,直接从其账户中下载成包的小额电子"硬币",此时电子现金开始发生作用。然后,这些电子现金被存放在用户硬盘中,直到用户从网上商店进行购买活动时为止。在电子现金系统中,货币仅仅是一连串的数据位,银行可以发行这样的货币,或者在验证密码后直接从用户的账户上划拨出与货币价值相等的等值数字,可称之为代币。就像纸币代替贵金属货币一样。为了保证交易安全,计算机还为每个硬币建立随时选择的序号,并把这个号码隐藏在一个加密的信封中,以免别人知道谁提取和使用了这些电子现金。这种购买方式实际上可以让买主无迹可查,保证了个人的隐私权。

电子现金的特点主要有以下几个方面:

(1) 银行与商店具有授权关系,事先签有协议,并且用户、商店和电子现金银行都使用电子现金的软件。

(2) 电子现金银行负责用户与商店之间资金的转移。

(3)身份验证工作是由电子现金系统自身来完成的。电子现金银行在发放电子货币时使用了数字签名。商店在每次交易中,将电子货币传送给电子现金银行,由电子现金银行验证用户支付的电子货币是否有效。

(4)具有现金特点,可以存、取、转让,适用于小数额的交易,具有匿名性。

电子现金在电子商务的交易过程中仍然存在很多不足,主要有以下几点:

(1)成本较高。电子现金对软件和硬件的技术要求都较高,如需要一个大型数据库存放用户完成的交易和电子现金序号以防止重复消费。

(2)存在货币之间的兑换问题。各国发行各国自己的货币,在跨国交易中就会出现兑换的问题,需要使用特殊的兑换软件。

(3)风险较大,如果某个用户的硬盘损坏,电子现金丢失,钱就无法恢复,这个风险是许多消费者所不愿意承担的。

(4)有可能出现电子伪钞。

电子现金支付过程可以归纳总结成 4 步来完成:第一步,用户在电子现金银行开设电子现金账号,用现金服务器账号中预先存入的现金来购买电子现金证书,也就是购买电子现金代币。这些电子现金就有了价值,并被分成为若干包"硬币",可以在商业领域流通了;第二步,使用计算机电子现金终端软件从电子现金银行中取出一定数量的电子现金,存放在计算机的硬盘上,一般一次不取太多,以防止丢失;第三步,用户与同意接受电子现金的商店协商,签订订货合同,使用电子现金支付所购商品的费用;第四步,接收电子现金的商店与电子现金发放银行之间进行清算,银行将用户购买商品的钱支付给商店,一笔交易至此完成。如图 5-7 所示。

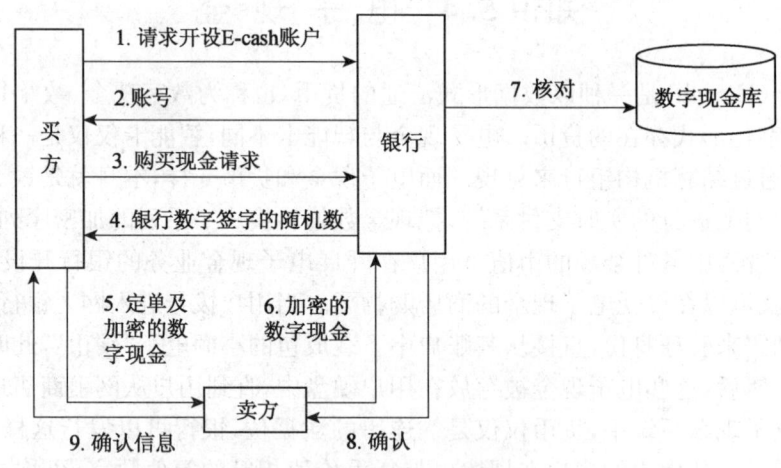

图 5-7 电子现金支付过程

知识 5.5 电 子 钱 包

电子钱包(E-wallet)是顾客在电子商务购物活动中常用的一种支付工具,是在小额购物或购买小商品时常用的新式钱包。以智能卡为电子现金支付系统,它可应用于多种用途,具有信息存储、电子钱包、安全密码等功能,安全可靠。在电子钱包内只能装电子货币,即可以装入电子现金、电子零钱、电子信用卡、在线货币、数字货币等。使用电子钱包购物,通常需要在电子钱包服务系统中进行,使用电子钱包的顾客通常在银行都有自己的账户。在使用电子钱包时,将有关的应用软件安装到电子商务服务器上,利用电子钱包服务系统就可以把自己的各种数字货币或电子金融卡上的数据输入进去。在发生收付款时,如果顾客要用电子信用卡付款,顾客只要单击一下相应项目或相应图标即可以完成。人们也把这种电子支付方式称为点击式支付方式。这种方式彻底改变了传统的面对面的交易和"一手交钱一手交货"的购物方式,是一种很有效而且非常安全可靠的支付方式。

　　1995年7月,英国西敏寺(National-Westminster)银行开发的电子钱包 Mondex(世界上最早的电子钱包系统)在有"英国的硅谷"之称的斯温顿(Swindon)市开始使用。开始时,并没有为大多数人所接受,但很快就在斯温顿打开了局面,被大量地应用在超市、酒吧、珠宝店、宠物商店、餐饮店、食品店、停车场、电话亭和公共交通车辆中。能够得到广泛应用,主要是因为电子钱包应用起来十分简单,只要把 Mondex 卡插入终端,只需要几秒钟时间,收据便从设备中出来了,一笔交易便告结束了,读取器将从卡中所有的钱款中扣除本次交易的花销。电子钱包自出现以来,已经在多个国家和地区使用。

　　电子钱包主要有以下几个功能:

　　(1) 个人资料管理　消费者成功申请钱包后,系统将在电子钱包服务器为其开立一个属于个人的电子钱包档案,消费者可在此档案中增加、修改、删除个人资料。

　　(2) 网上付款　消费者在网上选择商品后,登录到电子钱包,选择入网银行卡,向支付网关发出付款指令来进行支付。

　　(3) 交易记录查询　消费者可对通过电子钱包完成支付的所有历史交易记录进行查询。

　　(4) 银行卡余额查询　消费者可通过电子钱包查询个人银行卡余额。

　　(5) 商户站点链接　电子钱包内设众多商户站点链接,用户可通过链接直接登录商户站点进行购物。

　　Mondex 卡终端支付只是电子钱包的早期应用,从形式上看,它与智能卡十分相似。而今天电子商务中的电子钱包则已经完全摆脱了实物形式,成为真正的虚拟钱包了。网上购物使用电子钱包,需要在电子钱包服务系统中进行。这种电子钱包服务系统通常都是免费的。用户可以直接使用与自己银行账号相连接的电子商务系统服务器上的电子钱包软件,也可以通过各种保密方式利用互联网上的电子钱包软件。同时,还要求顾客在有关的银行开设有资金账户,利用电子钱包的服务系统可以把自己的各种电子货币或电子金融卡上的数据输入进去。在电子商务服务系统中设有电子货币和电子钱包的功能管理模块,叫做电子钱包管理器(Waller Administration),顾客可以通过它来改变保密口令或保密方式,用它来查看自己银行账号上的收付往来的电子货币账目、清单和数据。电子商务服务系统中还有电子交易记录器,顾客通过查询记录器,可以了解自己都买了一些什么物品,购买了多少,也可以把查询结果打印出来。

　　电子钱包的使用步骤如图 5-8 所示,主要有以下几个步骤:

　　第一步,客户使用浏览器在商店的 Web 主页上查看在线商品目录浏览商品,并对需要购买的商品进行选择,包括对所购商品的价格与商店进行协商,并通过电子化方式从商店传来订单,或由客户自己的电子购物软件建立好购物的订单。

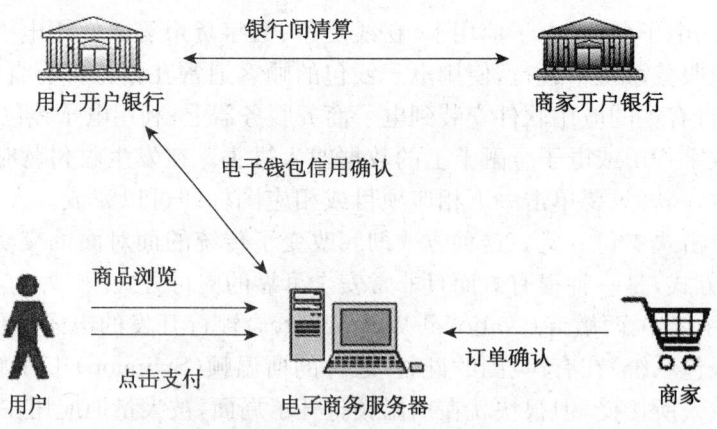

图 5-8 电子钱包使用过程

第二步,顾客确认订单后,选定用电子钱包付款,将电子钱包装入系统,单击电子钱包的相应项目或电子钱包图标,电子钱包立即打开;然后输入自己的保密口令,在确认是自己的电子钱包后,从中取出一张电子信用卡来付款。

第三步,电子商务服务器对此信用卡号码采用某种保密算法算好并加密后,发送到相应的银行去,同时销售商店也收到了经过加密的购货账单,商店将自己的顾客编码加入电子购物账单后,再转送到电子商务服务器上去。在这个过程中,商店对顾客电子信用卡上的号码是看不见的,不可能也不应该知道,也无权处理信用卡中的钱款。因此,只能把信用卡送到电子商务服务器上去处理。经过电子商务服务器确认这是一位合法顾客后,将其同时送到信用卡公司和商业银行。在信用卡公司和商业银行之间要进行应收款项和账务往来的电子数据交换的结算处理。信用卡公司将处理请求再送到商业银行请求确认并授权,商业银行确认并授权后送回信用卡公司;如果经商业银行确认后拒绝并且不予授权,则说明顾客的这张电子信用卡上的钱数不够用了或者根本就没有钱了,或者本身就已经透支。银行拒绝后,顾客可以再次单击电子钱包的相应项打开电子钱包,取出另一张电子信用卡,重复上述操作。

第四步,如果经过银行证明这张信用卡有效并授权后,商店就可以交货了,并将整个交易过程中发生往来的财务数据记录下来,出示一张电子收据发送给顾客。

第五步,上述交易成功后,商店就按照顾客提供的电子订货单将货物通过配送中心或运输公司送到指定地点、指定的人手中,一笔交易就此结束。

在上述利用电子钱包购物的过程中,虽然经过信用卡公司和银行多次身份确认、银行授权、各种财务数据交换和账务往来等许多环节,看来有些复杂。其实这一切都是在极短的时间内完成的。在实际运用过程中,从顾客输入订单后开始到拿到商店开出的电子收据为止的整个过程仅用时 5—20 s,并且省时、省力、省事,安全可靠性也十分高,既可以保证顾客信用卡上的信息不会被别人看到,也可以保证顾客购物的商店是一个真实的商店而不是一个假冒的商店,保证顾客付款后可以称心如意地购回自己满意的物品。

知识 5.6 电 子 支 票

电子支票(Electronic Check)是一种借鉴纸质支票转移支付的优点,利用数字传递将资金从一个账户转移到另一个账户的电子支付形式。它通过排除纸质支票，最大限度地利用了当前银行系统的自动化潜力。例如，通过银行自动柜员机网络系统进行一定范围的普通费用的支付，通过跨省市的电子汇兑和清算，实现全国范围内的资金传输；大额资金在世界银行之间的资金传输。利用电子支票进行支付，消费者可以通过电脑网络将电子支票发向商家的电子信箱，同时把电子付款通知单发送到银行，银行随即把款项转入商家的银行账户。这一支付过程在几秒钟之内就可以完成，处理费用较低，而且银行也能为参与电子商务的商店提供标准化的资金信息，因此电子支票是一种最有效率的支付手段。

电子支票有以下几个优点：

1. 电子支票可为新型的在线服务提供便利。它支持新的结算流；可以自动证实交易各方的数字签名；增强每个交易环节上的安全性；与基于 EDI 的电子订货集成来实现结算业务的自动化。

2. 电子支票的运作方式与传统支票相同，简化了顾客的学习过程。电子支票保留了纸质支票的基本特征和灵活性，又加强了纸质支票的功能，因而易于理解，能得到迅速采用。

3. 电子支票非常适合小额结算；电子支票的加密技术使其比基于非对称的系统更容易处理。收款人和收款人银行、付款人银行能够用公钥证书证明支票的真实性。

4. 电子支票可为企业市场提供服务。企业运用电子支票在网上进行结算，可比现在采用的其他方法降低成本；由于支票内容可附在贸易伙伴的汇款信息上，电子支票还可以方便地与 EDI 应用集成起来。

5. 电子支票要求建立准备金，而准备金是商务活动的一项重要要求。第三方账户服务器可以向买方或卖方收取交易费来赚钱，它也能够起到银行作用，提供存款账户并从中赚钱。

6. 电子支票要求把公共网络同金融结算网络连接起来，这就充分发挥了现有的金融结算基础设施和公共网络作用。

电子支票交易的过程如图 5-9 所示，由以下几个步骤组成：第一步，消费者和商店达成购销协议并选择使用电子支票方式来进行支付；第二步，消费者通过网络向商店发出电子支票，同时向银行发出付款通知书；第三步，商店通过验证中心对消费者提供的电子支票进行验证，验证无误后将电子支票送交银行索付；第四步，银行在商店索付时通过验证中心对消费者提供的电子支票进行验证，验证无误后即向商店兑付或转账。

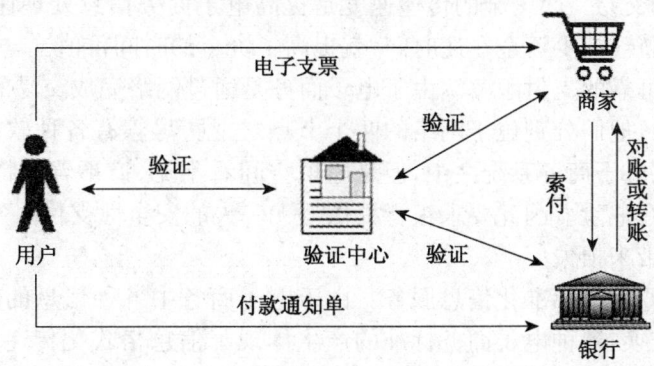

图 5-9 电子支票使用过程

目前,电子支票的支付一般是通过专用网络、设备、软件及一套完整的用户识别、标准报文、数据验证等规范化协议完成数据传输的,确保安全性。电子支票发展的主要方向是逐步过渡到在公共互联网上进行传输。

知识 5.7　网　上　银　行

电子商务的发展要求银行等金融机构同步电子商务化,于是网络银行应运而生。相对于有 400 多年历史的银行业,网上银行诞生至今不过短短几年的时间,但它的扩张速度却以几何级数增长,大有取传统银行业务方式而代之的势头。

1. 网上银行定义

网上银行(Internet Bank)也叫做网络银行、电子银行、虚拟银行,是指设立在互联网上的金融站点,它没有银行大厅,没有营业网点,只需要通过与互联网连接的计算机进入该站点,就能够在任何地方 24 小时全天候进行银行各项业务的一种金融机构,即网上银行是在互联网上的虚拟银行柜台。网上银行经过注册登记,就会成为独立的银行,顾客通过网上银行的网址进入网上银行,直接输入个人相关资料并指定密码,仅仅几分钟就能够完成一切开户手续。网上银行几乎囊括了现有银行的所有金融业务,代表了整个银行金融业未来的发展方向。

2. 网上银行产生的原因

网上银行是由于信息社会不断发展所带来的一种全新的银行模式,是为了适应网络经济的需要而产生的。它依托于迅猛发展的计算机网络技术与通信技术,利用互联网,实现对传统银行模式的新突破。

(1) 网上银行是电子商务发展的需要

银行是电子商务活动的参与者,它被买卖双方通过电子技术手段连接在相应的电子网络之中。买卖双方在电子商务中拥有自己的自主权,银行则是买卖双方完成商务活动的服务机构,买卖双方需要依靠银行来完成货币资金的清算与支付两大功能。离开了银行,一切电子商务活动都无法实现。电子商务对银行的影响与要求主要表现在以下几个方面。

① 提供便捷快速的支付服务。电子商务的交易时间不存在固定工作日的限制,它要求的是全天候的服务。这就要求银行必须建立完善的全天候的服务,避免因为银行的休息时间影响电子商务的交易。而资金的传递速度是提高电子商务信息处理速度的关键,银行加快资金的支付与周转,减少资金在途时间,就提高了资金的时间价值。

② 提供安全可靠的支付服务。由于电子商务是通过网络完成交易的,买卖双方都处在一种虚拟空间之中,他们分别位于网络的两个节点之上。尽管有各种软件和硬件设施可以防止无关组织加入电子商务系统之中,但是虚拟空间看不见、摸不着的特殊性,也带来了资金消失、蒸发的潜在危险。因此要求银行提供万无一失的安全性支付服务,以免造成资金的流失,给交易双方带来损失。

③ 提供符合要求的标准化信息服务。由于电子商务中各种信息的传递必须以特定的格式进行传输与交换,各种电子商务标准的产生体现了信息格式化传递的发展趋势。这就要求银行在提供信息服务时,要逐步采取国际通用的标准化电子商务模式,减少信息服务不规范可能带来的混乱与错误。

(2) 网上银行也是银行业自身发展的需要

目前,原有的各种传统产业无一例外地受到了快速发展的信息产业的冲击,银行业这一古老的产业也不例外。如银行员工工资成本越来越高,支出较大,而银行业之间的竞争在不断加剧,又造成了银行利润的相对减少。而且,传统的手工操作方式也带来了易出现差错、重复劳动、效率低下等弊端。面对现实,银行业只有扩大服务范围。提高服务质量,才能在激烈的竞争中立于不败之地。而迅速发展的电子商务不仅给银行带来了压力,更给银行业带来了机遇。因此,银行业从自身生存与发展来考虑,也必须要尽快地拓展网上银行业务,谁抢占了先机,谁就赢得了主动,也就赢得了未来的客户和利润。人们有理由相信:网上银行代表了人类社会未来银行的最终归属。

3. 网上银行的业务与特点

自1995年世界上第一家网上银行——美国安全第一网络银行诞生以来,网上银行的发展始终保持着强劲的势头。近年来,随着网上银行业务量的增加,网上银行在银行业中的地位与日俱增,对社会发展起到了积极作用。如图5-10所示为中国工商银行网上银行。

图5-10 工商银行网上银行

(1) 网上银行的业务内容

网上银行提供的服务可以分为三大类:第一,是即时资讯。如查询结存的余额,外币的买卖价格、贵金属交易价格、存款的利率资料等;第二,是办理银行一般业务。如客户往来、储蓄、定期账户间的转账、定期存款及更改存款的到期时间、申请支票簿等;第三,是为网上交易的买卖双方办理交割手续。具体的服务项目有以下几种:

① 个人账户管理。网上银行为个人提供的服务包括:在线查询账户余额、交易记录、下载数据、投资理财、信用卡还款、电子转账和网上支付等。

② 企业账户管理,也称为对公业务,包括查询本企业或下属企业的账户余额和历史业

务记录、代发员工工资、划转企业内部各单位之间的资金、为企业提供金融报告和报表、企业资金托管等。

③ 信用卡服务。信用卡业务是目前各大银行争夺的焦点,网上银行的信用卡业务包括通过互联网申办、开启、挂失信用卡,信用卡账户查询、清算等功能。如美国安全第一网络银行发行维萨(Visa)卡,分为普通卡与金卡两种。信用卡不收取年费,但如果每年使用次数少于6次,则收取25美元的费用。

④ 投资理财业务。银行为客户提供全面的金融分析服务,及时向客户提供各种市场信息和新闻。包括股票、基金、外汇、黄金、期货、保险等金融产品的即时信息发布,以便使客户了解外汇汇率的变动情况和股票、期货、黄金市场的行情。

⑤ 网上商城。银行在电子商务迅猛发展的今天,不再局限于担当支付的角色,也开始积极拓展自己的业务领域,最常见的做法是在电子支付下建立网上商城,根据调查显示,顾客对网上银行的网络商城青睐程度仅次于C2C网站。

⑥ 各种支付。支付是银行的基本业务,包括电子支票、信用卡等网上支付方式,还包括代收水费、电费、手机费、上网费等服务。

(2) 网上银行的特点

网上银行与传统银行相比,表现出以下特点:

① 无纸化交易。传统银行使用的票据和各种单据大部分被电子支票、电子汇票和电子收据所代替;原有的纸币被电子货币(电子现金、电子钱包、电子信用卡)所代替;原有的纸质文件的传递变成了通过网络传递数据。

② 服务方便、快捷、安全。网上银行的用户,可以享受到方便、快捷、高效、安全的全方位服务。上网客户可以在家里开设账户,进行收付交易,省去了跑银行、排队等候的时间。网上银行实行全天候的24小时,一年365天不间断营业。客户在任何地方、任何时间都可以使用网上银行的服务,不受时间、地域的限制。银行各项业务的电子化大大缩短了资金在路途上的时间,提高了资金的利用率和整个社会的资金利用效果,提高了整个社会的经济效益。

③ 经营成本降低。网上银行经营成本只相当于经营收入的15%~20%,而传统银行的经营成本占了经营收入的60%,开办一个网络银行所需要的投入只有100万美元左右,还可以利用电子邮件、讨论组等技术,提供一种全新的真正的双方交流方式。而建立一个传统银行分行,投入需要150~200万美元,外加每年的附加经营维持费35~50万美元。在互联网上进行资金结算每笔成本不超过0.13美元,在银行自有的个人电脑软件上处理每笔结算的成本则为0.26美元,电话银行的每笔结算成本为0.54美元,所以网络银行业务的成本显而易见是最低的,它对传统的银行已经构成了威胁。无纸化的实现、效率的提高和固定营业网点的减少,节约了大量的银行运营成本,提高了银行的竞争力,也让客户得到了实惠。如美国安全第一网络银行的基本支票账户不收手续费,没有最低余额限制,并且客户还可以免费使用20次电子付款服务,免费使用自动柜员机和借记卡,它的定期存单的利率也是美国最高的几家银行之一,因为电子业务处理方式的使用,降低了成本,银行将这部分额外利润的一部分返还给客户。

④ 操作简单易学。使用网上银行的服务不需要特别的软件,甚至不需要任何专门的培训。只要有一台多媒体电脑,有进入互联网的账号,入网后,即可根据网络银行网页的显示,按照提示进入自己所需要的业务项目。简明快捷的用户指南,让具有互联网基本知识的网

民很快就能够掌握网上银行的操作方法。网上 E-mail 通讯方式也非常灵活方便,便于客户与银行之间以及银行内部之间的沟通和交流数据。

知识 5.8　第 三 方 支 付

1. 第三方支付的概念

所谓第三方支付,就是一些和产品所在国家以及国外各大银行签约、并具备一定实力和信誉保障的第三方独立机构提供的交易支持平台。简单说来,第三方支付平台是独立于银行、网站以及商家之外来做支付的服务型中介机构,它主要为电子商务企业提供电子商务基础支撑与应用支撑的服务,不直接从事具体的电子商务活动。也就是说,在通过第三方支付平台的交易中,买方选购商品后,使用第三方平台提供账户进行货款支付,由第三方通知卖家货款到达、进行发货;买方检验物品后,就可以通知付款给卖家,第三方再将款项转至卖家。

第三方支付较好地解决了制约电子商务发展的诚信和资金流的问题,具有安全、快捷的优势,目前正逐渐发展成为电子商务中广泛采用的一种支付模式。

2. 第三方支付的特点

第三方支付主要是围绕双方都信任的第三方机构来进行的,客户可以在第三方支付平台开设账号,银行卡信息不会在公共网络上多次传输而导致信用卡被窃,在网络传输的只是第三方支付账号,除了第三方代理机构外,其他人无法看见客户的银行卡信息。第三方支付具有几个特点:

(1) 第三方支付平台提供一系列的应用接口程序,将多种银行卡支付方式整合到一个界面上,负责交易结算中与银行的对接,使网上购物更加快捷、便利。消费者和商家不需要在不同的银行开设不同的账户,可以帮助消费者降低网上购物的成本,帮助商家降低运营成本;同时,还可以帮助银行节省网关开发费用,并为银行带来一定的潜在利润。

(2) 较之 SSL、SET 等支付协议,利用第三方支付平台进行支付操作更加简单而易于接受。SSL 是现在应用比较广泛的安全协议,在 SSL 中只需要验证商家的身份。SET 协议是目前发展的基于信用卡支付系统的比较成熟的技术。但在 SET 中,各方的身份都需要通过 CA 进行认证,程序复杂,手续繁多,速度慢且实现成本高。有了第三方支付平台,商家和客户之间的交涉由第三方来完成,使网上交易变得更加简单。

(3) 第三方支付平台本身依附于大型的门户网站,且以与其合作的银行的信用作为信用依托,因此第三方支付平台能够较好地突破网上交易中的信用问题,有利于推动电子商务的快速发展。

3. 第三方支付平台的产品类型

目前中国国内的第三方支付产品主要有 PayPal(易趣公司产品)、支付宝(阿里巴巴旗下)、财付通(腾讯公司,腾讯拍拍)、易宝支付(Yeepay)、快钱(99bill)、百付宝(百度 C2C)、物流宝(网达网旗下)、网易宝(网易旗下)、网银在线(Chinabank)、环迅支付、汇付天下、汇聚支付(Joinpay)。其中用户数量最大的是 PayPal 和支付宝,前者主要在欧美国家流行,后者是马云阿里巴巴旗下产品,据称,截止 2009 年 7 月,支付宝用户超过 2 亿。另外中国银联旗下银联电子支付也开始发力第三方支付,其实力不容小觑。

(1) 支付宝(http://www.alipay.com)

支付宝网站是国内先进的网上支付平台,由阿里巴巴公司创办,致力于为网络交易用户提供优质的安全支付服务。如图5-11所示,支付宝服务自2003年10月18日在淘宝网推出以来,在短短的几年时间内,迅速成为会员网上交易不可缺少的支付方式,深受淘宝会员的喜爱。经过不断改进,支付宝服务日趋完善。为了更好地运营支付宝,为用户提供更优质的服务,成立了支付宝公司,并于2004年12月30日推出了支付宝账户系统。

图 5-11 支付宝

(2) 贝宝(http://www.paypal.com)

贝宝是由上海网付易信息技术有限公司与世界领先的网络支付公司——Paypal公司通力合作,为中国市场量身定做的网络支付服务。贝宝网站如图5-12所示。贝宝利用PayPal公司在电子商务支付领域先进的技术、风险管理与控制以及客户服务等方面的能

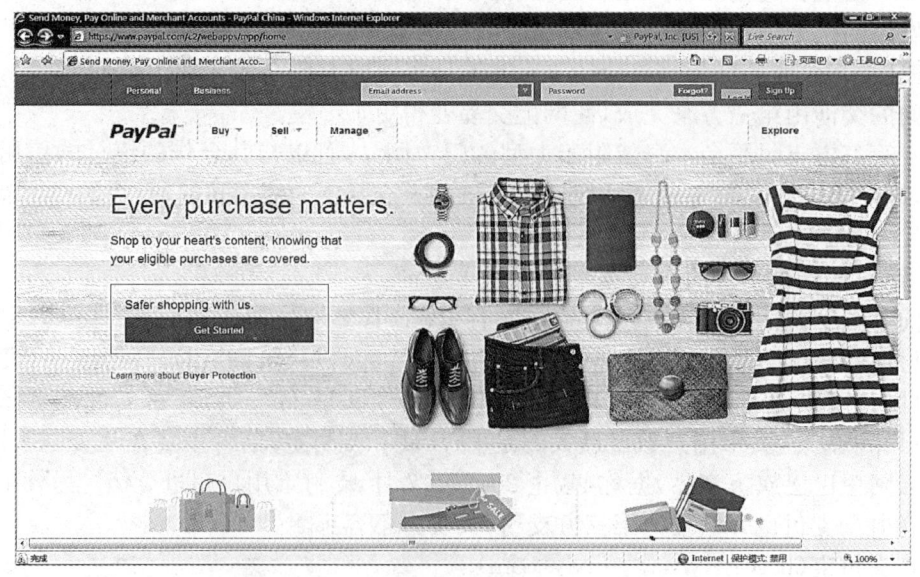

图 5-12 贝宝

力，通过开发适合中国电子商务市场与环境的产品，为电子商务的交易平台和交易者提供安全、便捷和快速的交易支付支持。

（3）快钱（http://www.99bill.com）

快钱是国内领先的独立电子支付及清结算企业，专注于为各类行业和企业提供安全、便捷的综合电子支付服务。推出的基础支付产品包括人民币支付，外卡支付，神州行卡支付，联通充值卡支付，VPOS 支付等众多支付产品，支持互联网、手机、电话和 POS 等多种终端，提供充值、收款、付款、提现、对账、交易明细查询等功能，满足各类企业和个人的不同支付需求。同时，快钱全面的解决方案覆盖航空、教育、保险、物流、数字娱乐、网上购物、零售等多个行业，协助企业提升财务管理效率、拓展营收渠道。快钱产品和服务的高度安全性以及严格的风险控制体系深受业内专家和众多企业的好评。快钱网站如图 5-13 所示。

图 5-13　快钱

（4）云网（http://www.cncard.net）

北京云网无限网络技术有限公司成立于 1999 年 12 月，是国内首家实现在线实时交易的电子商务公司。作为国内 B2C 电子商务网站中最早、最专业、最具规模的公司之一，云网目前拥有国内极其完善的银行卡在线实时支付平台和多年的数字商品电子商务运营经验，占有国内网上数字卡交易市场份额的 80% 以上，且成功交易过 4 万笔，年营业额逾 2 亿元人民币，连续多年在全国各个银行网上支付 B2C 商户中名列前茅。目前云网支付@网是在支持银行卡卡种、覆盖范围和实时交易速度等方面都居国内领先位置的支付平台。如图 5-14 所示。

（5）网汇通

网汇通是中国率先提供互联网现金汇款、支付的服务提供商，由集联天下公司与中国邮政紧密合作，提供"网汇通"业务的数据处理和经营。网汇通网站如图 5-15 所示。自 2005 年成立以来，作为在线支付市场的生力军，集联天下公司致力互联网新经济和传统行业相结合的研究，为电子支付的商业应用，开创性地推出崭新的电子金融服务产品——网汇通。由于中国邮政的网络遍布城乡，"网汇通"产品更加具备服务于普通民众的特性。集联天下公司兼蓄国内外先进资源、建造的大型计算机处理系统,会遵照消费者的指令,将资金安全、可靠、实时地送达。

图 5-14 云网

图 5-15 网汇通

（6）财付通

财付通是腾讯公司 2005 年 9 月创办的在线支付平台,致力于为互联网用户和企业提供安全、便捷、专业的在线支付服务。财付通支持全国各大银行的网银支付,为用户提供提现、收款、付款等配套账户功能,还为广大用户提供了手机充值、游戏充值、信用卡还款、机票专区等特色便民服务。针对企业用户,财付通构建全新的综合支付平台,业务覆盖 B2B、B2C 和 C2C 各领域,提供卓越的网上支付及清算服务,如图 5-16 所示。

图 5-16 财付通

（7）拉卡拉

拉卡拉是联想控股旗下的高科技金融服务企业，依托遍布全国的拉卡拉支付终端，拉卡拉为用户提供安全、简单、方便、灵活的全方位便民金融服务。在拉卡拉，用户可以轻松完成很多原本需要去银行、邮局及社区店完成的业务，包括还款、缴费、充值、账单号付款、订阅期刊、购买票务、积分兑换等等。同时，拉卡拉促进了电子商务的发展，依托拉卡拉的系统，各类产品销售、票务预订、积分兑换等电子商务用拉卡拉一刷即付，极大地拓展了支付渠道，真正实现了无处不能支付的电子商务。拉卡拉网站如图 5-17 所示。

图 5-17 拉卡拉

4. 第三方支付流程

第三方支付平台的工作流程主要分为3步：一是将买方货款转拨到第三方平台所在的账户；二是当转账成功后通知卖方发货；三是接受买方确认货物信息后，货款转拨到卖方账户。一次成功的第三方支付过程包括9个环节，具体流程如图5-18所示。

（1）网上消费者浏览检索商户网页，选择好欲购买的商品，并与卖方商定好价格，双方在网上达成交易意向。

（2）网上消费者在商户网站下订单，商户通知消费者进行第三方支付。

（3）网上消费者选择第三方支付平台，直接链接到其安全支付服务器上，在支付页面上选择自己适用的支付方式，点击后进入银行支付页面进行支付操作。

（4）第三方支付平台将网上消费者的支付信息，按照各银行支付网关的技术要求，传递到各相关银行。

（5）由相关银行（银联）检查网上消费者的支付能力，实行冻结、扣款或划账，并将结果信息传至第三方支付平台和网上消费者本身。

（6）第三方支付平台将支付结果通知商户。

（7）支付成功的，由商户向网上消费者发货或提供服务。

（8）消费者收到商品后向第三方支付平台确认到货信息。如果未收到货或商品有质量问题，则可以向第三方支付平台申请退款。

（9）各个银行通过第三方支付平台向商户实施清算。

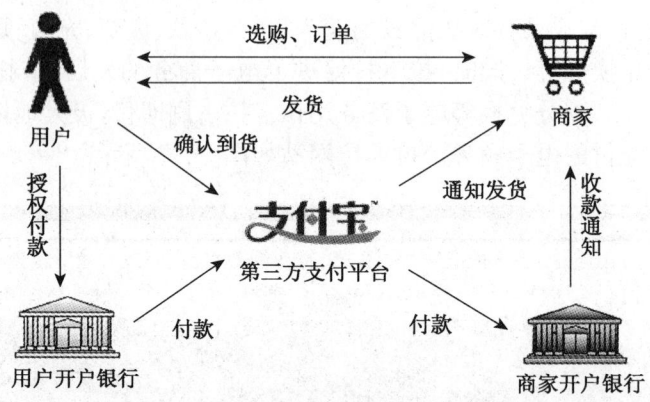

图 5-18 第三方电子支付平台的交易流程

知识 5.9　储值卡和虚拟卡

储值卡（Value Card），又称预付卡、消费卡、智能卡、积分卡等，是发卡银行或其他经中央人民银行认可有权发卡的企业单位将持卡人预先支付的货币资金转至卡内储存，交易时直接从卡内扣款的电子支付卡片。

随着电子商务使用领域越来越广，储值卡的支付在不断发展与创新。按储值卡的发卡主体，可以分为银行发行的储值卡，电信行业发行的储值卡，商场、超市、餐饮、娱乐、美容等商业机构发售的优惠卡、购物卡、会员卡、加油卡等，公共事业单位发行的储值卡，如公交 IC

卡、社保卡等，不销售商品或提供服务的机构发行的第三方机构储值卡。

按储值卡的存在形式划分，可以分为智能卡、磁条卡、纸凭证和互联网账户储值卡等；按储值卡的支付方式划分，可以分为网上支付的、网下支付的、网上网下均可支付的储值卡；按储值卡是否记名划分，可以分为记名卡和非记名卡，记名卡可以挂失；储值卡应用范围广泛、灵活多样，但是安全措施较差，对发行计划、管理模式、风险控制等监管还不规范，如果发卡方倒闭，消费者权益会受到损害。

虚拟卡是互联网服务提供商为了方便消费者网上购物而设立的虚拟账号，代替实物卡片的一种支付工具。近几年，几乎每家知名的网络服务商都推出了虚拟货币，如腾讯的Q币、百度的百度币、新浪的U币等。虚拟卡作为网络虚拟货币的载体，使用账户中的虚拟货币进行网上消费。

按照虚拟卡发行主体的业务类型，虚拟卡可分为B2C型虚拟卡和C2C型虚拟卡。B2C型虚拟卡的发行主体为B2C服务提供商，如腾讯、盛大、新浪。这类虚拟卡主要解决企业在网络上销售其商品或服务时消费者的支付问题，以支付的便捷性来促进其商品的销售。目前B2C型企业既可以向用户提供各类互联网增值服务，也可以向用户销售各种实体商品。B2C型虚拟卡属于封闭式，局限于各企业内部使用，相互之间尚未形成正式的交换机制。C2C型虚拟卡的发卡机构为C2C服务提供商，如淘宝、eBay易趣。这类虚拟卡主要解决消费者之间在其平台上交易时的支付问题，以支付的便捷性和安全性来提高其平台的竞争力。随着电子商务的发展，进入虚拟卡市场的企业越来越多，目前国内市场的虚拟卡发卡机构已经超过400多家。

知识5.10 移动支付

1. 移动支付的定义

移动支付是指用户以手机、PDA等移动终端为工具，通过移动通信网络，实现资金由支付方转移到受付方的支付方式。

目前移动支付的运营方式中，一部分由网络运营商独立运营。对于运营商推出的移动支付业务大多可以提供3种账户设置方式：手机账户、虚拟银行账户和银行账户。除银行账户外，消费者可以选择手机，即账户与手机进行绑定，支付款项将从手机话费中扣除，也可以选择虚拟银行账户，这是一种过渡时期的账户形式，这种方式适用于在发展初期，尤其是还没有得到多银行支持的时候，虚拟账户将在小额度的移动支付业务上发挥其作用。

另外，银行也可以借助移动运营商的通信网络，独立提供移动支付服务。银行有足够在个人账户管理和支付领域的经验，以及庞大的支付用户群和他们对银行的信任，移动运营商不参与运营和管理，由银行独立享有移动支付的用户，并对他们负责。

而应用比较多的是网络运营商与金融组织联合运营。移动电信运营商与金融组织进行互补，发挥各自的优势，共同运营移动支付服务。在国内，中国移动和中国银联共同投资创办联动优势科技有限公司，共同推出移动支付业务并参与运营。韩国SK Telecom联合5家卡类组织（KORAM Bank、Sumsung Card、LG Card、Korea Exchange Card、Hang Card）共同推出的移动支付业务品牌MONETA，就是此种形式的代表；日本的NTT DoCoMo推出的i-mode Felica也是与VISA合作的结果，手机也同时拥有了信用卡的功能。

2. 移动支付的优点

移动支付结合了移动通信和电子货币的服务,丰富了现代支付手段,使人们不仅在固定场所享受各种便利的支付方式,同时也可以在出差、旅行、参观等中便利地进行各种支付活动。通过移动支付,消费者可以在任何时间、任何地点,通过各种移动通信工具以安全的方式完成各种支付活动。

移动支付作为一种崭新的支付方式,具有方便、快捷、安全、低廉等优点,将会有非常大的商业前景,而且将会引领移动电子商务和无线金融的发展。手机付费是移动电子商务发展的一种趋势,它包括手机小额支付和手机钱包两大内容。手机钱包就像银行卡,可以满足大额支付,它是中国移动近期的主打数据业务品牌,通过把用户银行账户和手机号码进行绑定,用户就可以通过短信息、语音、GPRS等多种方式对自己的银行账户进行操作,实现查询、转账、缴费、消费等功能,并可以通过短信等方式得到交易结果通知和账户变化通知。

3. 移动支付的过程

从技术构成来看,手机支付主要涉及消费者、商家和无线运营商。所以手机支付系统大致可以分为3个部分,即客户端系统、商家管理系统和无线运营商综合管理系统。客户端系统主要是保证客户购买到所需的产品和服务,并可随时查看交易记录、余额等信息;商家管理系统可以使商家随时查看销售数据以及利润分成情况;无限运营商综合管理包括鉴权系统和计费系统两个重要子系统,既要对客户的权限、账户进行审核,又要对商家提供的服务和产品进行监督,并为利润分成的最终实现提供保证。下面就以利用移动支付购买电子客票讲述整个过程,如图5-19所示。

(1) 消费者通过互联网进入消费者前台系统选择商品。

(2) 将购买指令发送到商家管理系统。

(3) 商家管理系统将购买指令发送到无线运营商综合管理系统。

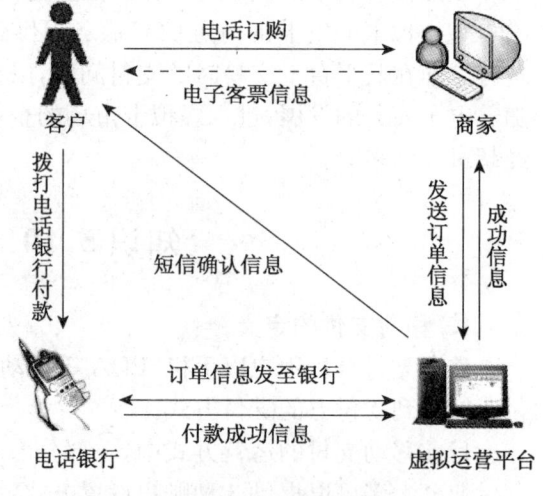

图5-19 手机支付过程

(4) 无线运营商综合管理系统将确认购买信息指令发送到消费者前台消费系统或消费者手机上请求确认,如果没有得到确认信息,则拒绝交易。

(5) 消费者通过消费者前台消费系统或手机将确认购买指令发送到商家管理系统。

(6) 商家管理系统将消费者确认购买指令转交给无线运营商综合管理系统,请求缴费操作。

(7) 无线运营商综合管理系统缴费后,告知商家管理系统可以交付产品或服务,并保留交易记录。

(8) 商家管理系统交付产品或服务,并保留交易记录。

(9) 将交易明细写入消费者前台消费系统,以便消费者查询。

4. 移动支付技术的发展

我国的移动支付技术前后经历了3个发展阶段。

第一阶段是将手机短信与后台账户捆绑在一起的支付模式。它主要是将用户的手机号和后台中用户的支付账号实行关联,从而来完成支付过程。虽然这种方式使用门槛很低,但是存在安全性欠缺、操作烦琐复杂、无法即时支付等问题。

第二阶段则是基于 WAP 和 Java 方式,利用移动终端的客户端或 WAP 浏览器,通过 GPRS 或 CDMA2000 网络实行支付。这种方案既可以采用后台账户绑定模式,也可以采用在支付过程中记录账户信息的模式,如让用户输入银行卡号和密码。这种移动支付模式与第一代移动支付有同样的缺点,还受到网络速度的制约。

第三阶段是一种非接触式移动支付模式。目前已经有 NFC、SIMpass 以及 RFSIM 3 种比较成熟的技术,NFC 和 SIMpass 使用 13.56 MHz 频率,该频率和协议已经广泛地在交通、金融等多个行业应用,是世界公认的标准。RFSIM 技术是将包括天线在内的 RFID 射频模块与传统 SIM 卡功能集成在一张 SIM 卡上,在实现普通 SIM 卡功能的同时也能通过射频模块完成各种移动支付。我国移动支付技术前后经历了两次升级,目前正在走向第三阶段。

从技术和应用上来讲,这 3 种支付方仍然有优缺点。例如,使用 SIMpass 不用更换手机,运营商项目启动的成本小,但是占用了用于 OTA 业务的 C4/C8 接口,只具备被动通信模式,不具点对点通信功能,而且产业链单薄;NFC 具有工作稳定、支持主/被动通信模式、支持点对点通信、支持高加密、高安全性、产业链完整等特点,但是用户需要更换手机,推广成本高;RFSIM 更容易控制产业链,且用户使用门槛低,但是采用 2.4 GHz 通信频率,推广的难度会较大。

项目实施

【项目任务】

根据项目内容,本项目为电子商务支付,了解电子商务中的各种支付的功能和应用,以及各种支付技术的应用过程。熟悉网上银行的注册及基本业务操作,学会使用第三方支付平台。主要有下面两个任务:

(1) 工商银行个人网上银行的使用
(2) 第三方支付平台支付宝的操作
(3) 网上充值的使用

【项目要求】

(1) 掌握工商银行个人网上银行的注册过程、基本业务和安全服务;
(2) 掌握支付宝的注册、安全设置和实名认证的操作过程和方法;
(3) 熟悉网上营业厅的业务,掌握网上充值的操作过程。

【实施步骤】

1. 网上银行的使用

(1) 网上银行的开通

用户只要在商业银行开通银行账户后,都可以开通网上银行,当然不同的银行其网上银行开通方式存在某些差异,但流程大致相同。下面以中国工商银行为例来实施个人网上银行的开通。

① 登录中国工商银行网站(http://www.icbc.com.cn),单击"个人网上银行登录"栏目下的"注册",申请注册,如图5-20所示。

图 5-20 中国工商银行首页

② 阅读网上自助注册须知,点击"注册个人网上银行"按钮,如图5-21所示。

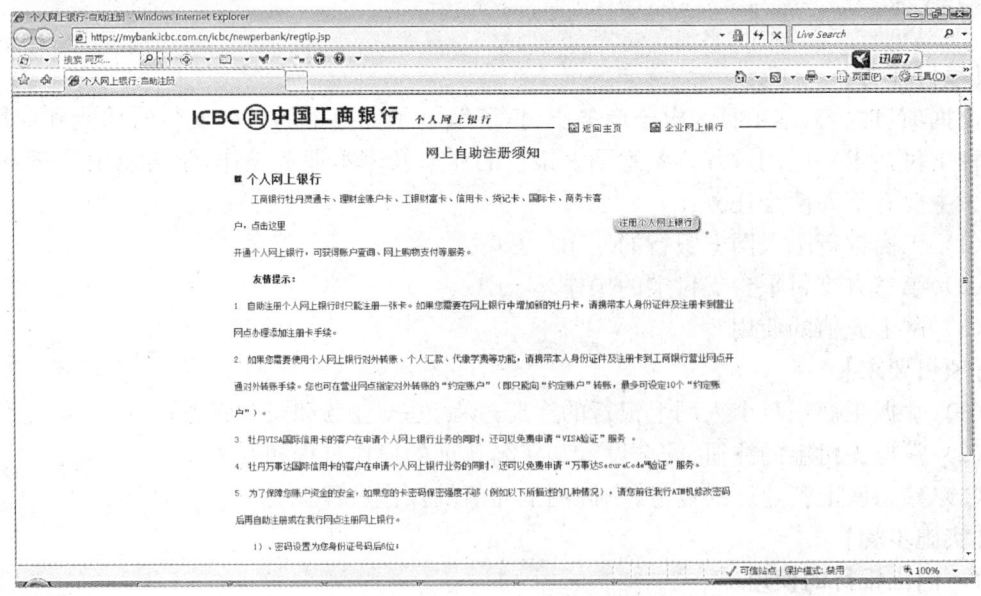

图 5-21 网上自助注册须知

③ 阅读开户信息提示,输入注册卡账号、账号密码和验证码,点击"提交"按钮,见图5-22所示。

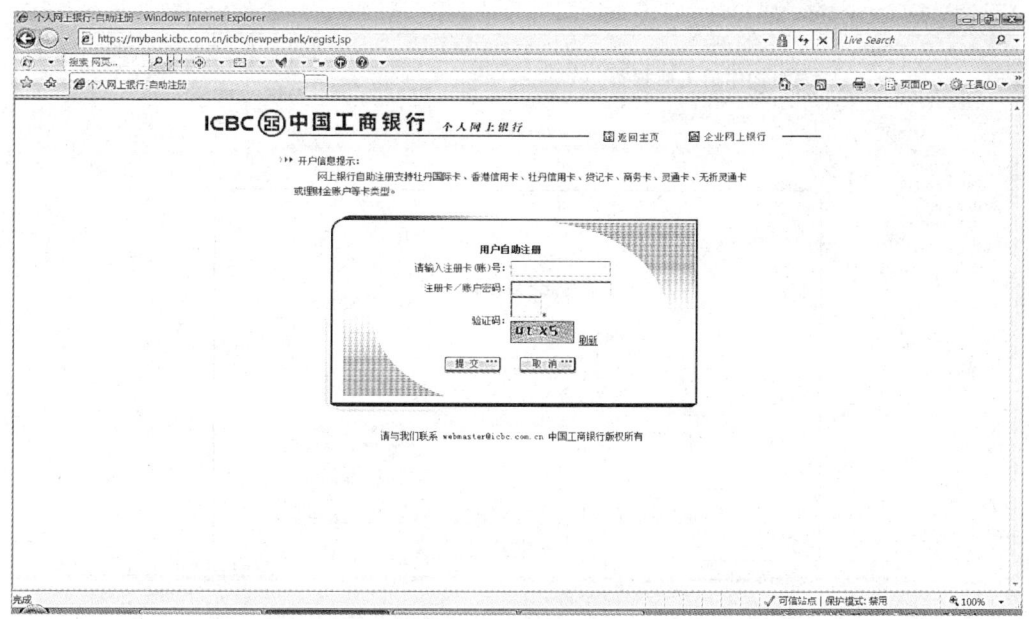

图 5-22　输入银行卡账号和密码

④ 显示"中国工商银行电子银行个人客户服务协议",仔细阅读后单击"接受此协议",见图 5-23 所示。

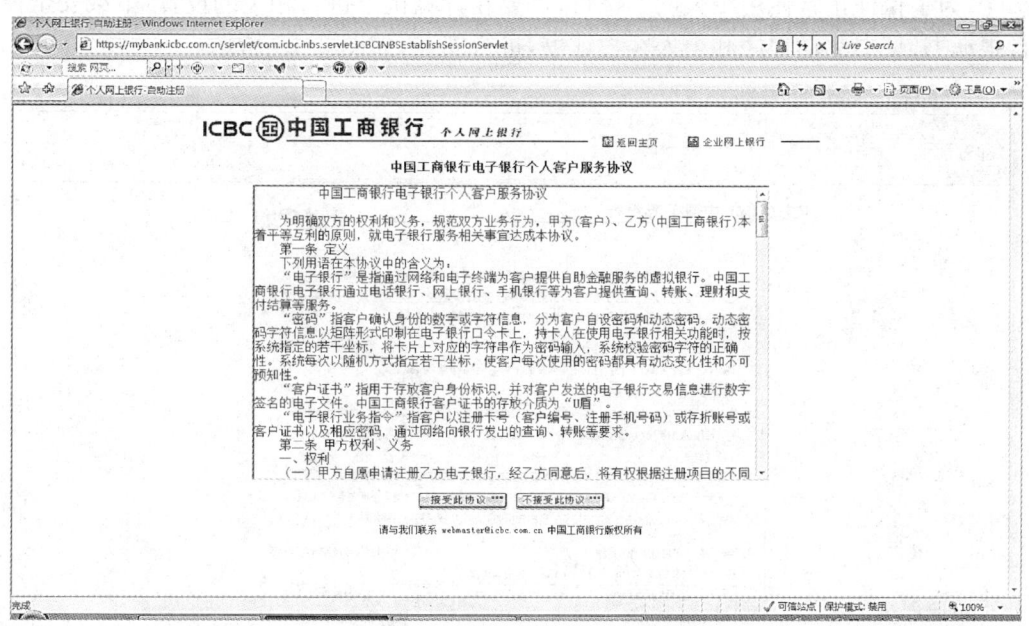

图 5-23　中国工商银行电子银行个人客户服务协议

⑤ 根据自助注册操作提示,按要求填写注册信息,单击"提交"按钮,正确填写资料,注册成功,见图 5-24 所示。

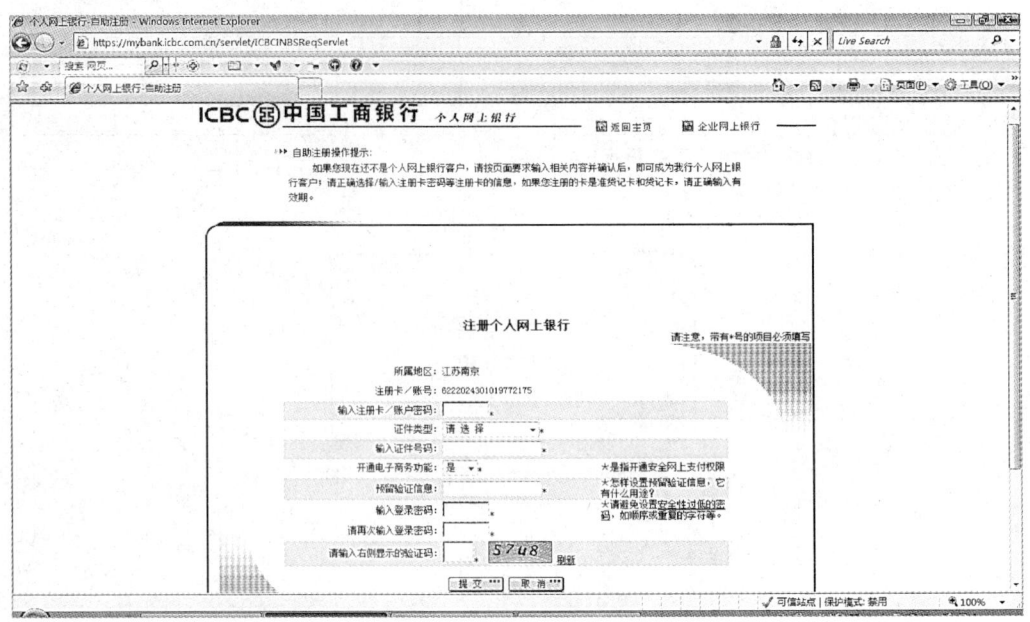

图 5-24 填写注册信息

(2) 使用个人网上银行

用户个人网上银行注册成功后,就可以开始登录并使用网上银行所提供的基本业务,对个人网上银行进行操作。

① 为了保证正常使用个人网上银行,需要在计算机上进行相关的设置,下载安全控件、工行根证书、证书驱动程序和个人客户证书,进行安装,如图 5-25 所示。

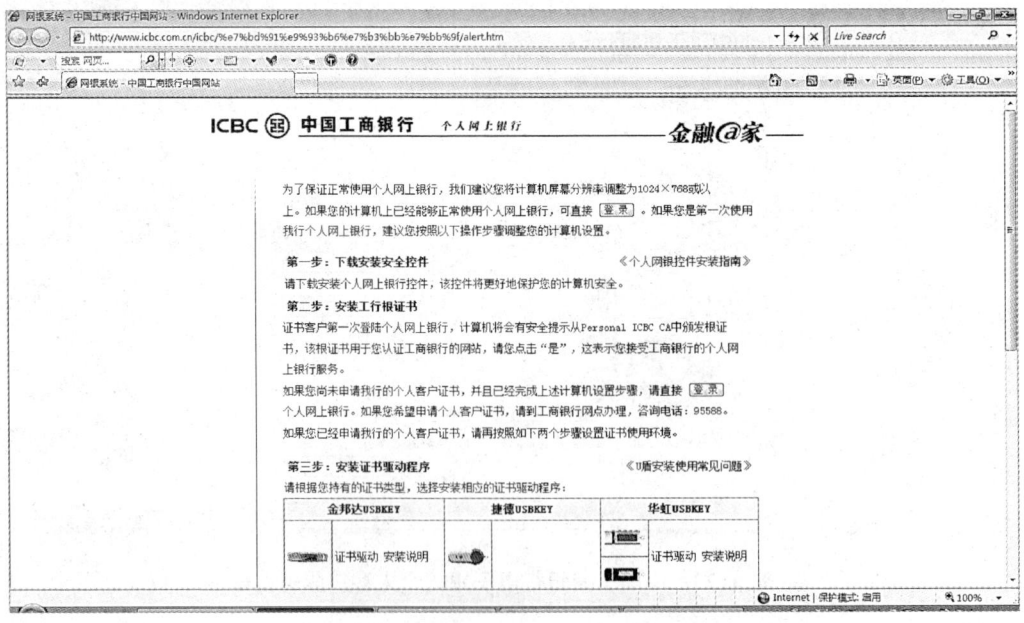

图 5-25 运行个人网上银行的计算机设置

② 计算机能够正常使用个人网上银行后，点击"登录"，输入账号、登录密码及验证码，阅读下方的风险提示，见图 5-26 所示。

图 5-26　个人网上银行用户登录

③ 登录成功后进入个人网上银行首页，点击"我的账户"，对账户的余额和明细账进行查询。熟悉定期存款、通知存款、转账汇款、网上挂失、网上保险、网上基金、缴费等网上银行的基本业务，如图 5-27 所示。

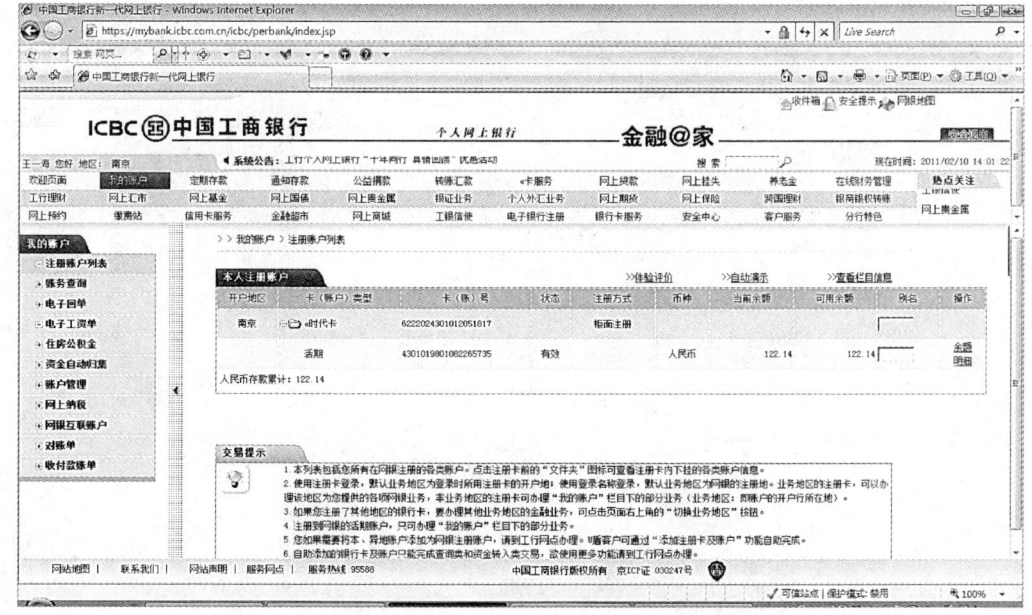

图 5-27　工商银行个人网上银行首页

2. 支付宝的操作

（1）注册支付宝账号

① 登录支付宝首页（http://www.alipay.com），点击"立即免费注册"，选择 E-mail 注册，也可使用手机注册，见图 5-28。

图 5-28　支付宝个人用户注册

② 填写 E-mail、真实姓名、登录密码、校验码，同时仔细阅读支付宝服务协议，点击"同意以下协议并提交"，如图 5-29 所示。

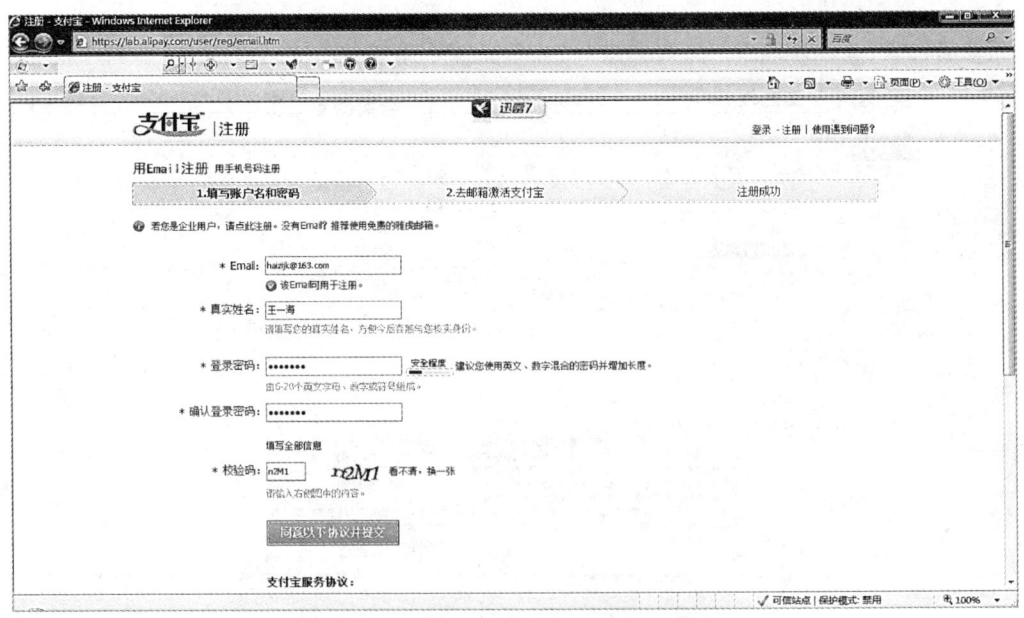

图 5-29　支付宝 E-mail 注册信息

③ 打开电子邮箱,使用邮件激活支付宝账号,支付宝账号激活,如图 5-30 所示,注册成功。

图 5-30 支付宝账号激活

图 5-31 我的支付宝

(2) 申请支付宝实名认证

① 登录支付宝账号,登录成功后,进入我的账户,点击账户状态后的"申请实名认证",填写认证信息。

② 仔细阅读支付宝实名认证服务协议后,单击"我已经阅读并同意接受以上协议"按钮,进入支付宝实名认证。

③ 有两种进行实名认证的方式可选,可选择其中一种,选择支付宝卡通来进行实名认证,单击"立即申请"按钮,如图 5-32 所示。

图 5-32　支付宝实名认证的方式选择

图 5-33　申请"支付宝卡通"服务

④ 选择银行,确认信息,正确填写姓名、身份证号码、支付密码等信息,单击"提交"按钮,如图 5-34 所示。

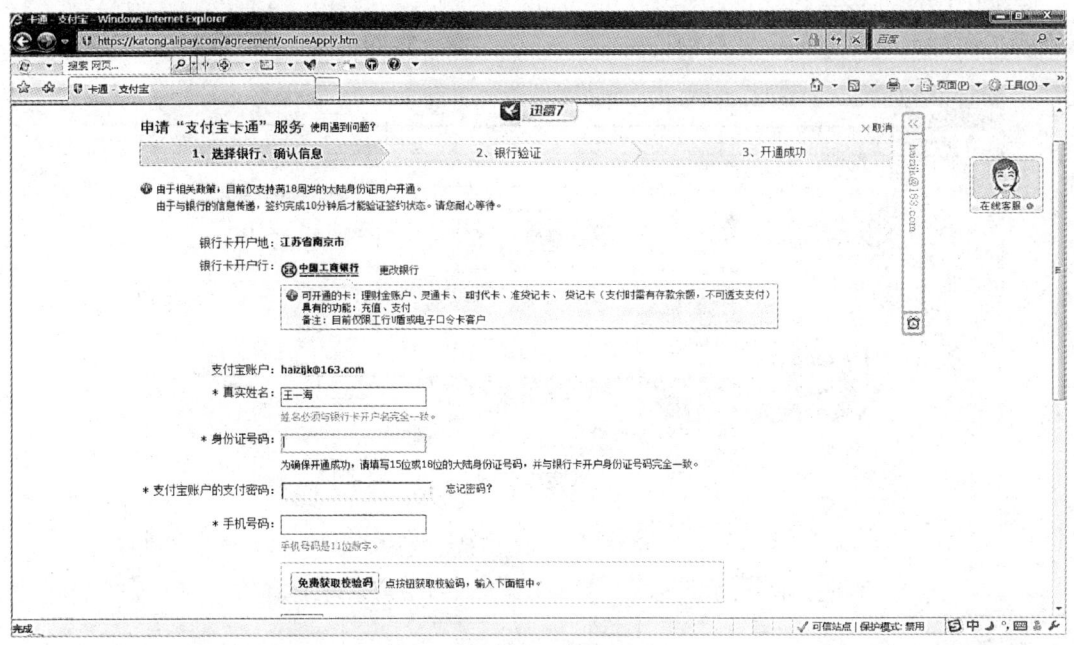

图 5-34 申请"支付宝卡通"服务

⑤ 输入银行账号和验证码,进行网上银行验证,进行网上银行签约,如图 5-35 所示。进入"我的支付卡通",激活卡通,中国工商银行"支付宝卡通开通",支付宝实名认证成功。

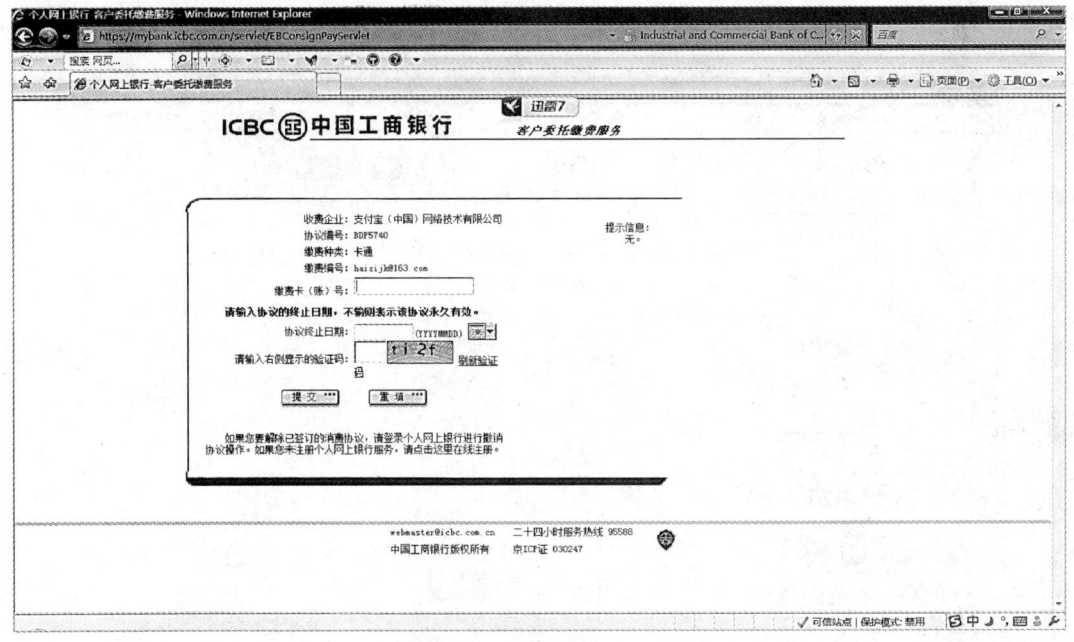

图 5-35 网上银行验证、签约

3. 网上充值的使用

(1) 进入网上营业厅

登录中国江苏移动的主页(http://www.js.10086.cn),点击"网上营业厅",选择"网上充值"的"银行卡充值",如图5-36所示。

图5-36 中国移动网上营业厅

(2) 选择充值金额

江苏移动官方网站充值服务,支持50多家银行、支付宝、银联、银行直充等多种方式,未开通网银也能充。输入充值号码,选择充值金额,点击"开始充值",如图5-37所示。

图5-37 充值号码和金额的设置

(3) 选择支付方式

确认充值号码和金额无误后,选择支付方式中的中国建设银行网银支付,点击"立即支付",如图 5-38 所示。

图 5-38　选择支付方式

(4) 个人网银支付

① 进入中国建设银行个人网银支付,查看我的订单情况,选择"账号支付",输入支付账号和附加码,点击"下一步",如图 5-39 所示。

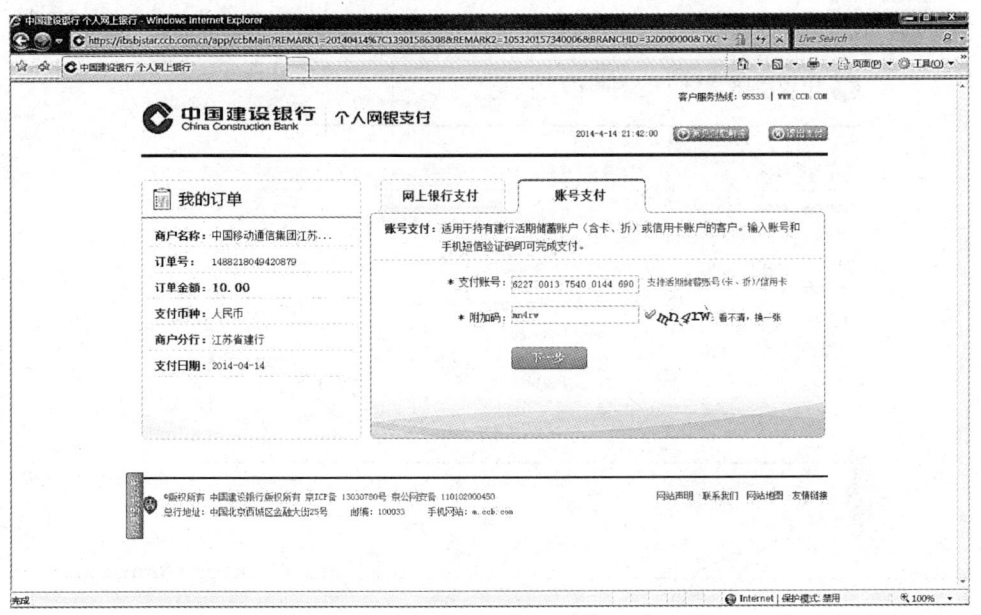

图 5-39　账号支付

② 输入账户柜台预留的手机号码后四位，点击"确定"，短信验证码成功发送到手机，查看手机验证码信息。

图 5-40　获取手机验证码

③ 输入手机验证码信息，点击"支付"，确认支付金额和订单号，点击"确定"，账户支付银行扣款成功，如图 5-41 所示。

图 5-41　支付成功

扩展知识

知识 5.11　信用卡的支付方式

目前，很多电子商务交易是使用信用卡来进行支付的。信用卡是银行或金融公司发行的，是授权持卡人在指定的商店或场所进行消费结算的凭证，是一种特殊的金融商品和金融工具。信用卡包括贷记卡、准贷记卡、借记卡、储蓄卡、提款卡、支票卡等，具有消费结算、转账与支付结算、透支信贷、通存通兑、储蓄存款与取款等功能。用户提供有效的卡号和有效期，商家就可以通过银行计算机网络进行结算。

贷记卡和借记卡是信用卡中最常见的两种类型，也是发展比较成熟的支付方。贷记卡是由银行或信用卡公司向资信良好的个人和机构签发的一种信用凭证，持卡人可以在规定的特约商户购物或获得服务，并由银行先行支付，再由客户将贷款还给银行。贷记卡可以透支，是持卡人信誉的标志。借记卡是银行向社会发行的具有消费信用、转账结算、存取现金等功能的支付工具，不能透支。

信用卡支付通常涉及三方，即持卡人、商家和银行。支付过程包括清算和结算，前者指支付指令的传递，后者指与支付相关的资金转移。目前，信用卡支付包括无安全措施的信用卡支付、通过第三方代理的信用卡支付、简单加密信用卡支付、基于 SET 协议的安全信用卡支付等类型。

1. 无安全措施的信用卡支付

无安全措施的信用卡支付是，客户从商家订货，并选择信用卡支付，信用卡直接通过电话、传真等非网上传送手段进行传输，或通过网络进行传输，但无安全措施，商家与银行之间使用各自的授权来检查信用卡的合法性，其流程如图 5-42 所示。

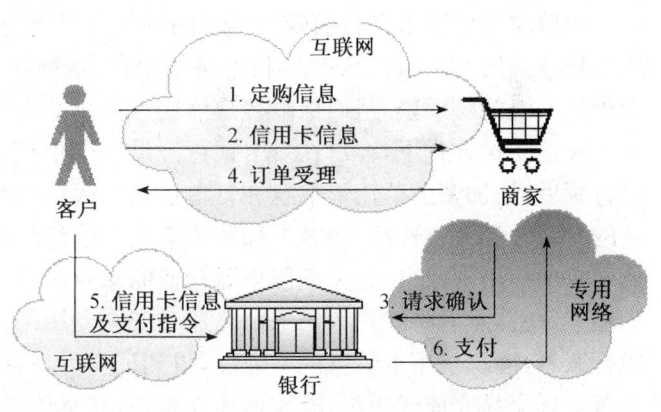

图 5-42　无安全措施的信用卡支付流程

无安全措施的信用卡支付的风险由商家承担。由于商家没有得到客户的签字，如果客户拒付或否认购买行为，商家将承担一定的风险。同时，客户（持卡人）将承担信用卡信息在传输过程中被截获或篡改的风险。

2. 通过第三方代理的信用卡支付

在采用无安全措施的信用卡支付模式中，由于商家完全掌握客户的银行账户信息，存在信用卡信息在网上多次公开传输而导致的信用卡被窃取的风险。为降低这一风险，可以采取在买方和卖方之间启用第三方代理来协助完成支付的方式。

在这种方式下，客户在第三方代理人处开设账户，第三方代理人持有客户的账号和信用卡号；客户用该账号从商家订货，并把客户账号传送给商家；商家将客户账号、交易资金、支付条款等信息提供给第三方代理人；第三方代理人验证商家身份和客户账号信息，同时给客户发送电子邮件，要求客户确认购买和支付，之后再将确认信息返给商家；第三方代理人收到商家交易确认的信息后，按照支付条款要求与银行之间办理资金转拨手续，完成支付过程，其流程如图5-43所示。

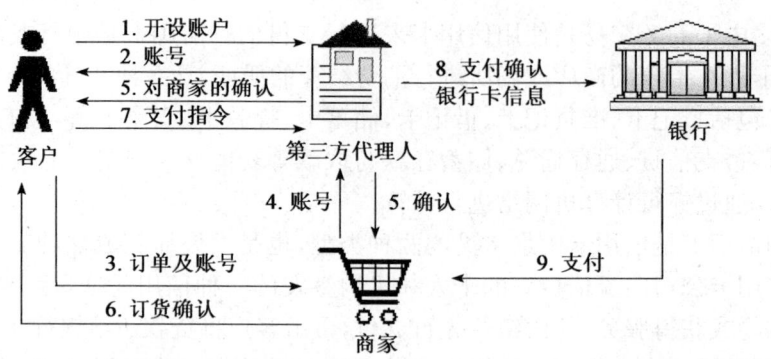

图5-43　通过第三方代理的信用卡支付流程

通过第三方代理的信用卡支付特点：客户账号的开设不通过互联网；信用卡信息不在开放的网络上传送；使用电子邮件来确认客户的身份，防止伪造；商家自由度大，无风险；支付是通过双方都信任的第三方代理人完成的，安全性相对较高；交易双方都对第三方有较高的信任度，风险由第三方承担，保密等功能由第三方实现。

3. 简单加密信用卡支付

简单加密信用卡是目前较为常用的一种电子支付方式，使用这种方式支付时，客户的信用卡信息采用SHTTP、SSL等技术进行加密，这种加密的信息只有业务提供商或第三方付费处理系统能够识别，从而保障客户信用卡信息的安全性。

在该支付方式下，客户在发卡银行开设一个信用卡账户，并获取信用卡卡号；客户向商家订货后，把加密的信用卡信息和订单信息一起传送给商家服务器；商家服务器验收接收信息的有效性和完整性后，将客户加密的信用卡信息传给业务服务器，这时商家服务器无法看到客户的信用卡信息；经业务服务器验证商家身份后，将客户加密的信用卡信息转移到安全的地方解密，然后将客户信用卡信息通过安全专用网传送到商家银行；商家银行与客户发卡银行联系，确认信用卡信息的有效性，得到证实后，将结果传送给业务器；业务服务器通知商家服务器交易完成或拒绝，商家再通知客户，其具体流程如图5-44所示。

使用简单加密的信用卡支付，在支付过程中，需要业务服务器和服务软件的支持，加密的信用卡信息只有业务提供商或第三方机构能够识别；在交易过程中，交易各方都以数字签名来确认身份和信息的真实性，数字签名是交易双方在注册系统时产生的，不能修改，交易中使用对称和非对称加密技术进行信息的加密和解密。整个支付过程只需要一个信用卡账号和密码，给客户带来了极大的方便，同时，这种方式对信用卡的关键信息进行加密，使支付更加安全。

4. 基于SET协议的安全信用卡

SET是安全电子交易的简称，是一种安全的、逻辑严密的网上信息交互机制，它主要针

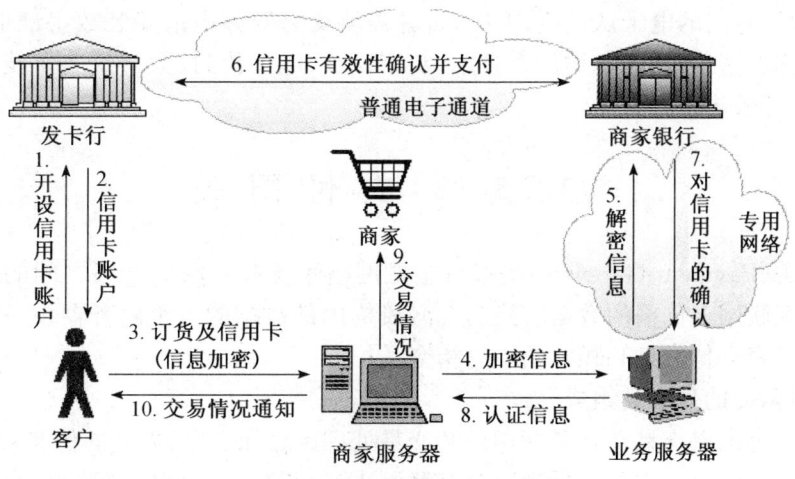

图 5-44　简单加密的信用卡支付流程

对信用卡的网络支付应用。SET 最初是由 Visa Card 和 Master Card 两大信用卡组织合作开发完成的。所谓基于 SET 协议机制的信用卡支付模式,是在电子商务交易过程中使用信用卡支付时,遵循 SET 协议和安全通信与控制机制,以实现信用卡的即时、安全可靠的在线支付。它提供了客户、商家和银行之间的认证,确保了交易数据的安全性、完整性和交易的不可否认性。

使用基于 SET 协议的安全信用卡支付时,持卡客户选中商品后请求订货,并验证商家身份,商家返回空白订单,并传送商家的数字认证书;客户发送给商家一个完整的订单及支付指令,订单和支付指令由客户进行数字签名,同时利用双重数字签名技术来保证商家看不到客户的账号信息,支付指令包含信用卡信息,说明客户已经做出支付承诺,这是 SET 协议的核心;商家接收订单后,利用其中的客户证书审核其身份,并将经双重签名的订单和支付指令通过支付网关送往银行专用网,向发卡银行请求支付认可,批准交易,发卡行返回确认信息给商家;批准即意味着银行承诺为客户垫付货款,但货款并未划转;商家将支付批准信息返回客户,确认其购

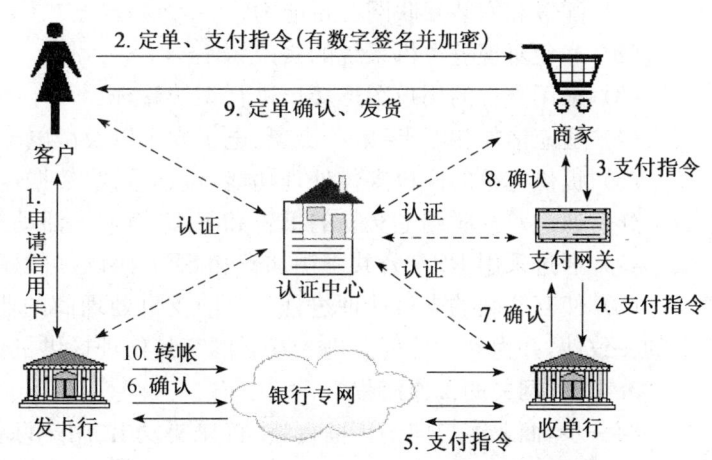

图 5-45　基于 SET 协议的安全信用卡支付流程

买并组织送货,完成订购服务;商家可请求银行将支付款项划转到商家账号,也可以成批处理,支付流程如图 5-45 所示。

基于 SET 协议的安全信用卡支付在使用时,需要在客户的计算机上安装客户端软件(电子钱包客户端软件),在商家服务端安装商家服务器端软件(电子钱包服务器端软件),在支付网关安装对应的网关转换软件等。交易过程中必须确认交易双方及其他机构身份的合

法性,要求建立专门的电子认证机构(CA),并需要交易双方申请安装数字证书验证真实身份。使用对称加密技术、非对称加密技术、数字摘要、电子信封、数字签名等技术,安全性较好,但支付处理较复杂。

知识 5.12 支 付 网 关

支付网关(Payment Gateway)是银行金融网络系统和互联网网络之间的接口,是由银行操作的将互联网上传输的数据转换为金融机构内部数据的一组服务器设备,或由指派的第三方处理商家支付信息和顾客的支付指令。

1. 支付网关的作用及组成

支付网关可确保交易在互联网用户和交易处理商之间安全、无缝的传递,并且无需对原有主机系统进行修改。它可以处理所有互联网支付协议,互联网安全协议,交易交换,信息及协议的转换以及本地授权和结算处理。另外,它还可以通过设置来满足特定交易处理系统的要求。离开了支付网关,网络银行的电子支付功能也就无法实现。支付网关系统主要由主控模块、通信模块、数据处理模块、数据库模块、统计清算模块、查询打印模块、系统管理功能设计模块、异常处理模块、安全模块等部分组成。

2. 支付网关的主要功能

将互联网传来的数据包解密,并按照银行系统内部的通信协议将数据重新打包;接收银行系统内部传回来的响应消息,将数据转换为互联网传送的数据格式,并对其进行加密。即支付网关主要完成通信、协议转换和数据加解密功能,以保护银行内部网络。

具体地说,银行使用支付网关可以实现以下功能:

(1) 配置和安装互联网支付能力;

(2) 避免对现有主机系统的修改;

(3) 采用直观的用户图形接口进行系统管理;

(4) 适应诸如扣账卡、电子支票、电子现金以及微电子支付等电子支付手段;

(5) 提供完整的商户支付处理功能,包括授权、数据捕获和结算及对账等;

(6) 通过对互联网上交易的报告和跟踪,对网上活动进行监视;

(7) 通过采用 RSA 公共密钥加密和 SET 协议,可以确保网络交易的安全性;

(8) 使互联网的支付处理过程与当前支付处理商的业务模式相符,确保商户信息管理上的一致性,并为支付处理商进入互联网交易处理提供机会。

3. 支付网关的工作流程

第一步,商业客户向销售商订货,首先要发出"用户订单",该订单应包括产品名称、数量等等一系列有关产品问题。

第二步,销售商收到"用户订单"后,根据"用户订单"的要求向供货商查询产品情况,发出"订单查询"。

第三步,供货商在收到并审核完"订单查询"后,给销售商返回"订单查询"的回答。基本上是有无货物等情况。

第四步,销售商在确认供货商能够满足商业客户"用户订单"要求的情况下,向运输商发出有关货物运输情况的"运输查询"。

第五步,运输商在收到"运输查询"后,给销售商返回运输查询的回答。如:有无能力完成运输,及有关运输的日期、线路、方式等等要求。

第六步,在确认运输无问题后,销售商即刻给商业客户的"用户订单"一个满意的回答,同时要给供货商发出"发货通知",并通知运输商运输。

第七步,运输商接到"运输通知"后开始发货。接着商业客户向支付网关发出"付款通知"。支付网关和银行结算票据等。

第八步,支付网关向销售商发出交易成功的"转账通知"。

案例分析

一 卡 通

"一卡通"是招商银行向社会大众提供的、以真实姓名开户的个人理财基本账户,它集定活期、多储种、多币种、多功能于一卡,多次被评为消费者喜爱的银行卡品牌。是国内银行卡中独具特色的知名银行卡品牌。招行从1995年7月发行"一卡通"以来,凭借高科技优势,不断改进其功能,不断完善综合服务体系,创造了个人理财的新概念。

"一卡通"可以通过互联网或其他公用信息网,将客户的电脑终端连接至银行,实现将银行服务直接送至办公室、家中和手中的服务系统,拉近银行与客户的距离,使客户不再受限于银行的地理环境、上班时间,突破了空间距离和物流媒介的限制,足不出户就可以享受到招商银行的服务,"一卡通"包括"个人银行"、"企业银行"、"网上支付"、"网上证券"和"网上商城"。网上支付系统向客户提供网上消费支付结算服务,招商银行互联网站已通过国际权威认证并且采用了先进的加密技术,客户在使用网上支付时,所有数据均经过加密后才在网上传输,因此是安全可靠的。凡在招商银行办理"一卡通"业务的客户都可享受此项服务。"一卡通"的服务特色是集定活期、多储种、多币种、多功能于一卡,具有"安全、快捷、方便、灵活"的特点。

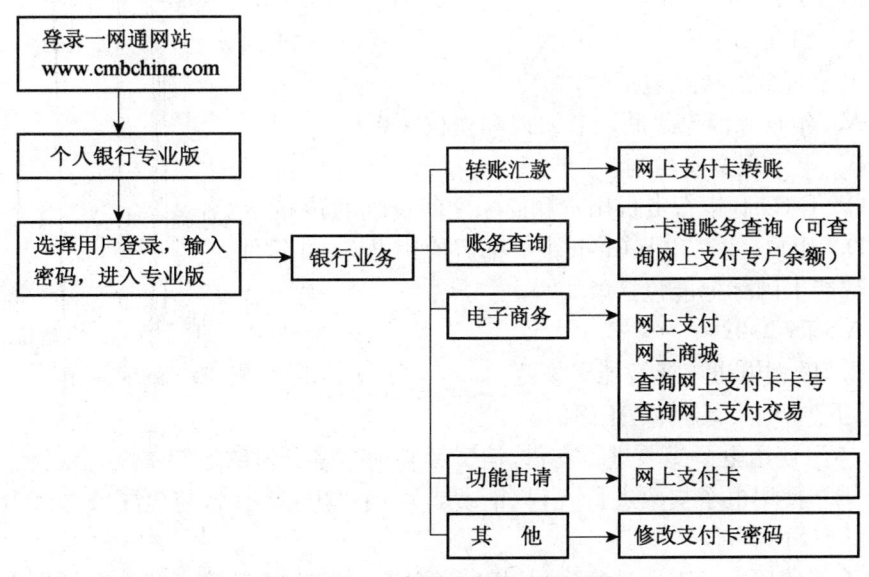

图 5-46 一卡通业务操作流程图

案例思考：
1. 电子支付的形式有哪些？"一卡通"属于哪种形式的？
2. 简述电子支付相对于其他支付手段所具有的优势。

课后习题

1. 选择题

(1) 网上支付属于电子商务交易过程中的（　　）阶段。
  A. 交易前准备   B. 洽谈和签订合同
  C. 办理合同履行前手续   D. 交易合同的履行

(2) 电子支付是指电子交易的当事人，使用安全电子支付手段，通过（　　）进行的货币支付或资金流转。
  A. 网络   B. 发卡银行   C. 开户银行   D. 中介银行

(3) 不属于传统支付方式的是（　　）。
  A. 现金   B. 票据   C. 信用卡   D. 智能卡

(4) 当前电子支付中存在的主要问题之一在于（　　）。
  A. 货币兑换问题   B. 经济问题
  C. 支付票据格式的统一问题   D. 跨国交易中的关税问题

(5) 网上银行提供的服务可分为三大类，不包括（　　）。
  A. 提供即时资讯服务   B. 为在线交易的买卖双方办理交割手续
  C. 颁发信用等级证书   D. 办理银行一般交易

(6) 网上购物使用电子钱包需要在（　　）系统中进行。
  A. 电子商务系统   B. 无线遥控系统
  C. 电子钱包服务系统   D. 金融服务系统

(7) 由 VISA 和 MasterCard 两大信用卡公司于 1997 年 5 月联合推出（　　）。
  A. SET   B. PIN   C. S_HTTP   D. SSL

(8) 电子现金的特点包括（　　）。
  A. 银行和商家之间应有协议和授权关系
  B. 电子现金实名制
  C. E-Cash 银行负责用户和商家之间资金的转移
  D. 用户、商家和 E-Cash 银行都需使用 E-Cash 软件

(9) 智能卡国际标准包括（　　）。
  A. ISO9002   B. 全球 PC/SC 计算机与智能卡联盟
  C. 欧洲电讯工业智能卡规范   D. EMV 集成电路卡规范

(10) 下列（　　）说法是正确的。
  A. 使用电子支票进行支付，消费者必须把电子付款通知书发到银行
  B. 使用电子支票进行支付，消费者可通过电脑网络，将电子支票发往商家的电子邮箱
  C. 使用电子支票进行支付，银行确认后即将款项转入商家的银行户头

D. 使用电子支票进行支付,消费者也可通过电传将电子支票发往商家

2. 简答题

(1) 常用的电子支付方式有哪些?分别简述其流程。

(2) 什么是第三方支付?常用的第三方支付系统有哪些?

(3) 什么是支付网关?支付网关有哪些功能?

(4) 网上银行的业务有哪些?简述网上银行的特点。

(5) 简述信用卡支付的方式有哪些?

项目六

电子商务物流

本项目通过"电子商务物流"阐述电子商务下物流的基本理论,包括物流的定义、分类及物流的基本功能,电子商务交易与物流的关系,电子商务对物流的影响,电子商务下的物流管理模式。

项目要求

【项目内容】

熟悉常见的各种类型的电子商务网站的物流配送模式,以及电子商务网站中具体的商品物流过程。通过具体电子商务网站配送流程的熟悉和了解,掌握电子商务下物流模式、物流管理的特点,理解电子商务运作必须有物流的支持。

【知识要求】

掌握物流的基本概念、环节、分类和功能;掌握电子商务与物流之间的相互作用;了解电子商务下物流的特点;了解电子商务下物流管理模式及创新策略;了解常见物流信息技术的应用。

相关知识

知识6.1 物流的定义和功能

1. 物流的定义

物流一词社会各界从不同角度给出了不同的阐述,在我国《物流术语》的国家标准中,将物流定义为:物品从供应地向接收地的实体流动过程。根据实际需要,将运输、储存、装卸、搬运、包装、流通加工、配送、信息处理等基本功能实施的有机结合。从物流的概念来看,它包含以下几个要点:

(1) 物流的研究对象是贯穿流通领域和生产领域的一切物料流以及有关的信息流,研究目的是对其进行科学规划、管理与控制。

（2）物流的作用是将物质由供给主体向需求主体转移,在此过程中,创造了时间价值和空间价值。

（3）物流活动包括运输、保管、装卸搬运、包装、流通加工以及有关的信息活动等。

需要特别强调的是,储运业作为一个古老、传统的概念,与现代物流活动相比,存在较大的差距,现代物流包括运输、保管、装卸搬运、包装、流通加工以及有关的信息活动等。而储运仅仅指储存和运输两个环节。其次,现代物流强调物流活动的整体最优化,而储运概念不涉及整体的系统化和最优化问题。

2. 物流的功能

物流的基本功能是指物流系统所具有的基本能力,这些基本能力有效的组合有助于合理地实现物流系统的总目标,它包括7项具体工作:包装功能、装卸搬运功能、运输功能、储存功能、流通加工功能、配送功能和物流信息管理功能,如图6-1所示。

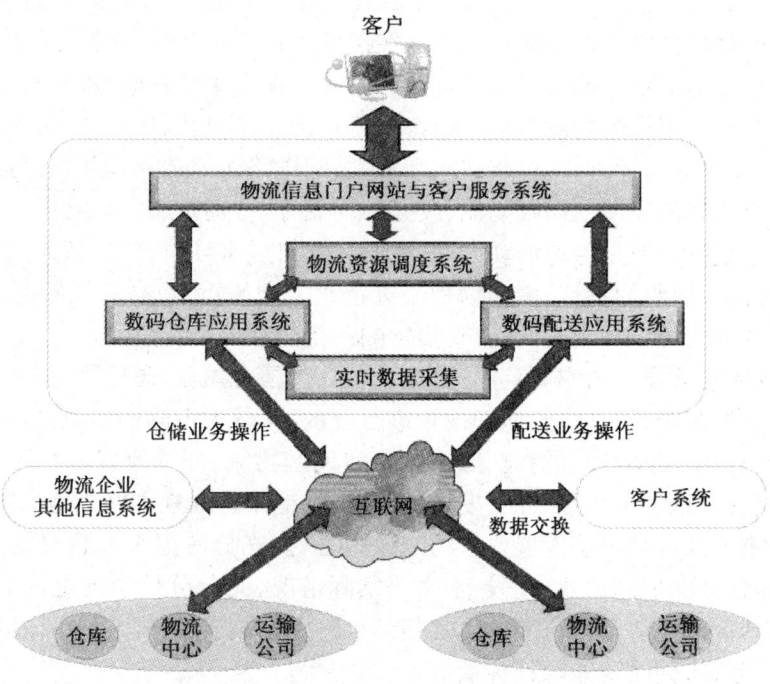

图 6-1　现代物流信息管理系统

电子商务交易中,物流依然是实现买卖双方交易的最终环节。但是,电子商务中由于采用的形式不一致,使一部分特殊服务变得格外重要,因此设计电子商务的物流服务内容时应该反映这一特点。

知识 6.2　物流的分类

社会经济领域中的物流活动无处不在,物流活动从不同的角度,人们又有很多不同的阐述。为了更好地了解物流对象,我们有必要对物流要素加以分类,这对于我们研究物流与电子商务的关系,特别是更好地理解物流活动提供方便。下面我们将从不同的角度对物流活动进行分类。

1. 按照物流活动的作用层次分为宏观物流、微观物流

宏观物流亦称社会物流,即社会再生产各过程之间、国民经济各部门之间以及国与国之间的实物流通。随着生产力的发展,生产专业化程度的提高,使得商品货物在国民经济各部门、各企业之间的交换关系越来越复杂,社会物流的规模也越来越大。社会物流网络是国民经济的命脉,流通网络分布是否合理、渠道是否畅通至关重要。对社会物流网络进行科学管理和有效控制,采用先进的技术手段,对社会物流网络进行优化管理,从而获得较高的经济效益和社会效益。宏观物流的状况直接影响国民经济的效益。

微观物流亦称为企业物流,在企业经营范围内由生产或服务活动所形成的物流系统称为企业物流。企业是社会提供产品或某些服务的经济实体。具体来讲,主要包括企业供应物流、企业生产物流、企业销售物流、回收物流、废弃物流等。企业生产物流是指企业在生产工艺中的物流活动。这种物流活动是与整个生产工艺过程伴生的,实际上已经构成了生产工艺过程的一部分。企业供应物流指为了保证企业本身的生产节奏,不断组织原材料、零部件、燃料、辅助材料供应的物流活动。它是在保证生产供应这个基本的前提下,尽可能降低物料供应中的成本。企业销售物流是企业为了保证本身的经营效益,不断伴随销售活动,将产品所有权转移给用户的物流活动。销售物流就是通过包装、送货、配送等一系列物流实现销售,这就需要研究送货方式、包装技术和程度、配送路线的选择,定时或定量等配送方式的选择。另外企业物流还涉及回收物流、废弃物流等,特别是废弃物流本身不产生经济效益,容易被人们忽视,但是这种活动如果处理不当,将危害环境,产生较大的外部负经济效用,可见企业物流中回收物流、废弃物流对企业生产的正常、高效运转起着举足轻重的作用。从上面的分析可见,微观物流将直接影响一个企业的经济效益。

2. 按照物流活动作用的空间范围分为区域物流、国内物流、国际物流

区域物流是指按照行政区划、地理位置进行分区,划分为不同的物流区域。如按照地理位置可划分为:长江三角洲地区物流、珠江三角洲地区物流、环渤海区域物流。区域物流的划分,可以根据各个地区的特点,经济发展的要求,因地制宜地规划好当地的物流发展战略。企业建设适合本地区区域经济发展要求的配送中心,要充分考虑企业自身的产品在本地区的分布情况,该地区的地理位置、气候、水文等实际情况,充分分析该地区区域物流的特点,区域物流在该地区的优势和本企业的发展相结合,区域物流对企业的物流发展进行统一规划,即考虑经济效益,同时要兼顾社会效益。

国内物流是指从国家层面着眼,进行总体规划,消除部门分割、地区分割所造成的物流障碍。如:大型物流基础设施的建设,主要指公路、高速公路、港口、机场、铁道的建设以及大型物流中心的设置。物流中的政策法规的制定及监督实施,主要有铁路运输、卡车运输、海运、空运的价格规定以及税收标准等。物流活动中的各种设施、装置、机械的标准化,包括托盘标准化、集装箱标准化等。

国际物流是相对国内物流而言的,是指不同国家之间的物流。国际物流是国内物流的延伸和进一步扩展,是跨国界的,流通范围扩大了的物流,有时也称为国际大流通或大物流。随着世界范围内的社会化大分工而引起不同的国际分工,不同国家之间的国际商品、服务交流也越来越频繁,国际物流也越来越重要。只有做好了国际物流工作,才能将国外客户所需要的商品适时、适地、按质、按量地送到客户手中,从而提高本国产品在国际市场的竞争能力。同时可将本国需要的设备、物资等以最低的成本进口到国内,满足国内人民生活、生产建设、科学技术与国民经济发展的需要。可见国际物流可以看作是国际贸易的重要组成部分,各国的国际贸易必然要通过国际物流来实现。

在国际物流活动中,为了实现物流合理化,必须按照国际商务交易活动的要求来开展。这就要求在国际物流中不仅要求降低物流费用,而且要考虑提高服务水平,提高销售竞争能力和扩大销售效益。

由于不同国家的物流环境差异巨大,使得国际物流系统运行更加复杂,国际物流的标准化要求也更加高,在复杂的国际物流环境中,统一的标准将大大提高国际物流水平。国际物流系统是由商品的包装、运输、储存、检验、外贸加工和其前后的整理、再包装和国际配送子系统组成。其中储存和运输子系统是国际物流的两大支柱,国际物流通过国际贸易商品的储存和运输实现其时空效益,满足国际贸易的基本需要。

知识 6.3　电子商务与物流的关系

电子商务是 20 世纪信息化、网络化的产物,由于其自身特点已引起了人们的广泛关注。世界经济一体化,信息技术快速发展,电子商务已成为人们进行商务活动的新模式,随着电子商务不断的发展,越来越多的传统企业开始介入电子商务领域,但是当他们在互联网上建造网上商店的时候,逐渐认识到,物流已成为电子商务是否顺利进行和发展的一个关键因素,如果没有一个高效、合理、畅通的物流系统,电子商务所具有的优势就难以得到有效的发挥。如何建立一个高效率、低成本运行的物流体系来保证电子商务的通畅发展,已成为当前发展电子商务必须重视的问题。

电子商务一般包括四大流:信息流、资金流、商流和物流。其中物流是电子商务发展的基础,信息流是连接电子商务与物流的纽带,商流是电子商务的载体,资金流是目的。也就是说,物流实际上是电子商务活动的一个部分,是完成电子商务必不可少的"四流"之一。因此,电子商务必然对物流产生极大的影响。而且,这个影响是全方位的,从物流业的地位到物流组织模式,再到物流各个作业、功能环节,都在电子商务的影响下发生了和正在发生着巨大的变化,反过来物流体系的完善就会进一步推动电子商务的发展。

1. 电子商务对物流活动的影响

电子商务环境下,商业事务的处理实现了信息化,但是物流业务不但不能减少,反而加重了。物流公司不但要将用户从网上商店订购的商品配送到用户手中,还要及时从各个生产企业进货,存放到物流配送企业的配送中心,以满足网上消费者的即时需求。可见,在电子商务环境下,物流已经成为整个市场运行的基础,电子商务业务的发展不但没有弱化物流的功能,反而为物流业的发展提供了新的机遇。

电子商务活动对物流的影响主要表现在以下几个方面:

(1) 改变物流企业的竞争状态

在传统经济活动中,物流企业之间的竞争往往是依靠本企业提供优质服务、降低物流费用等方面来进行的。在电子商务时代,这些竞争内容虽然依然存在,但有效性却大大降低了。原因在于电子商务需要一个全球性的物流系统来保证商品实体的合理流动,而单个企业难以达到这一要求。这就要求物流企业在竞争中形成一种协同竞争的状态,在相互协同实现物流高效化、合理化、系统化的前提下,相互竞争。

(2) 提高物流系统的信息化、智能化水平

电子商务的发展要求物流实现信息化。因为电子商务的一个优点是能保证企业与各级客户间的即时互动,企业能与客户一起就产品的设计、质量、包装、交付条件、售后服务等进行交流,这就要求物流系统中每一个功能环节的即时信息支持。在信息化的基础上,物流才能实现自动化,从而大大提高物流的效率,为电子商务提供及时的信息支持。电子商务也要求物流实现智能化,以提高物流的现代化水平。物流的智能化已成为电子商务环境下物流发展的一个新趋势。

(3) 促进物流基础设施的改善、物流技术与物流标准化水平的提高。

电子商务高效率和全球性的特点,要求物流改善基础设施,同时也要求提高物流技术水平;另一方面,电子商务全球性的特点,对物流标准化提出了更高的要求。物流技术水平的提高,将最终提升物流的效率,使商品实体在实际的运动过程中,达到效率最高、费用最省、距离最短、时间最少或者其中几个方面的优化组合,从而尽可能减少实体物流对电子商务的影响。

(4) 提升物流业在整个产业链中的地位

物流企业会越来越强化,是因为在电子商务环境里必须承担更重要的任务:既要把虚拟商店的货物送到用户手中,而且还要从生产企业那里及时进货入库。物流公司既是生产企业的仓库,又是用户的实物供应者。物流企业成了代表所有生产企业及供应商对用户的唯一最集中、最广泛的实物供应者。物流业成为社会生产链条的领导者和协调者,为社会提供全方位的物流服务。可见,电子商务把物流业提升到了前所未有的高度,为其提供了空前发展的机遇。

2. 物流对电子商务的影响

(1) 物流是电子商务的重要组成部分

电子商务中,商品所有权的转移在网上购销合同签订时,便由卖方转移到买方,而只有实现实体商品的转移,电子商务交易才最后终结。在整个电子商务交易过程中,物流是电子商务的重要组成部分,是电子商务得以发展的基础。

(2) 物流能扩大电子商务的市场范围

建立完善的物流系统,能有效地解决电子商务中跨国物流、跨区域物流面临的许多难题,并最终扩大电子商务的市场范围。

(3) 物流能够提高电子商务的效率与效益,从而支持电子商务的快速发展

通过快捷、高效的信息处理手段,电子商务能较容易地解决信息流、商流和资金流的问题。但只有将商品及时送到用户手中,即完成商品的空间转移,才标志着电子商务过程结束。因此,物流系统的效率高低是电子商务成功与否的关键,只有高效率的物流系统,才有高效率的电子商务,才能支持电子商务的快速发展。

(4) 物流是电子商务"以客户为中心"理念得以实现的根本保证

电子商务的出现,极大地方便了消费者,消费者只要坐在家中,就可以在互联网上搜索、查看、挑选、订单、支付、完成商流过程。但试想,如果顾客所购的商品迟迟不能到达,那电子商务的消费者还会选择网上购物吗?可见,电子商务是实现"以顾客为中心"理念的最终保证,缺少现代化的物流技术,电子商务带来的购物便捷的优势就会消失,人们就会选择更加安全的传统购物方式。

从上面的论述可以看出,物流与电子商务的关系极为密切。物流对电子商务的实现很重要,电子商务对物流的影响也肯定极为巨大。物流在未来的发展与电子商务的影响是密不可分的。

知识 6.4 电子商务下的物流管理模式

目前,电子商务业务不断发展,越来越多的企业涉足电子商务领域,并不断从初期的电子商务运用成长为真正意义上的电子商务企业。而物流也演变为电子商务物流,标志着物流的发展已经进入了一个新的发展阶段。这些企业在进行电子商务时采用的物流模式主要有以下几种:

1. 自建物流

目前,自建物流系统主要有两种电子商务企业:一是传统的大型制造企业或批发企业经营的 B2B 电子商务网站;二是具有雄厚资金实力和较大业务规模的电子商务公司。

自建物流系统的核心是建立集物流、商流、信息流于一体的现代化新型物流配送中心。而电子商务企业在自建物流配送中心时应广泛地利用条码技术(Bar Code)、数据库技术(Database)、电子订货系统(EOS)、电子数据交换(EDI)、快速反应(QR),以及有效的客户反应(ECR)等信息技术和先进的自动化设施以使物流中心能够满足电子商务对物流配送提出的如前所述的各种新要求。

为了进一步压缩物流配送成本、保证货品配送质量,电子商务业界不少公司都已经或考虑自建物流体系。这种电子商务企业有两种类型,一类是大型制造企业集团、连锁零售商等,他们本身就拥有较好的销售和物流服务网络,只需要建立一套基于互联网网络的电子商务系统,并对原有的物流系统进行重新的设计,物流资源重新规划,以适应电子商务交易的实际需要。如国内的家电巨头——海尔。另一类是获得风险投资的支持,如京东商城正是获得千万级别投资后,才于 2009 年 4 月投入 2 000 万元在上海建立配送公司,并于 2010 年在北京、上海、成都新建该公司的物流中心。自建物流体系存在投入资金大,投资回报周期长的特点,具有较大的风险。自建物流体系一般只适用于大型制造企业或连锁企业,或者是在风险投资大力支持的情况下。

2. 物流联盟

联盟是介于独立的企业与市场交易关系之间的一种组织形态,是企业间由于自身某些方面发展的需要而形成的相对稳定的、长期的契约关系。物流联盟是以物流为合作基础的企业战略联盟,它是指两个或多个企业之间,为了实现自己物流战略目标,通过各种协议、契约而结成的优势互补、风险共担、利益共享的松散型网络组织。在现代物流中,是否组建物流联盟,作为企业物流战略的决策之一,其重要性是不言而喻的。在我国,物流水平还处于初级阶段,组建联盟便显得尤为重要。

我国物流企业面临跨国物流公司的竞争压力,通过物流联盟形式来应对。中国加入WTO,给国外的投资商带来无限的商机,潜力巨大的物流业成了争夺的宝地。面对如此强劲的竞争对手,我国的物流企业只有结成联盟,通过各个行业和从事各环节业务的企业之间的联合,实现物流供应链的全过程的有机融合,通过多家企业的共同努力来抵御国外大型物流企业的入侵,形成一股强大的力量,共进退、同荣辱,才有可能立于不败之地。

物流联盟可分为以下几种方式：

（1）纵向联盟：即垂直一体化，这种联盟方式是基于供应链一体管理的基础形成的，即从原材料到产品生产、销售、服务形成一条龙的合作关系。垂直一体化联盟能够按照最终客户的要求为其提供最大价值的同时，也使联盟总利润最大化，但这种联盟一般不太稳固，主要是在整个供应链上，不可能每个环节都能同时达到利益最大化，因此打击了一些企业的积极性，使它们有随时退出联盟的可能。

（2）横向联盟：即水平一体化，由处于平行位置的几个物流企业结成联盟，包括第三方物流。这种联盟能使分散物流获得规模经济和集约化运作，降低了成本，并且能够减少社会重复劳动。但也有不足的地方，如它必须有大量的商业企业加盟，并有大量的商品存在，才可发挥它的整合作用和集约化的处理优势，此外，这些商品的配送方式的集成化和标准化也不是一个可以简单解决的问题。

（3）混合模式：既有处于上下游位置的物流企业，也有处于平行位置的物流企业的加盟。

（4）以项目为管理的联盟模式：利用项目为中心，由各个物流企业进行合作，形成一个联盟。这种联盟方式只限于一个具体的项目，使联盟成员之间合作的范围不广泛，优势不太明显。

（5）基于 web 的动态联盟。由于市场经济条件下激烈的竞争，为了占据市场的领导地位，供应链应该成为一个动态的网络结构，以适应市场变化、柔性、速度、革新、知识的需要，不能适应供应链需求的企业将被淘汰，并从外部选择优秀的企业进入供应链。供应链从而成为一个能快速重构的动态组织，实现供应链的动态联盟。但这种联盟方式缺乏稳定性。

3. 第三方物流

第三方物流（Third-Party Logistics，3PL），是相对"第一方"发货人和"第二方"收货人而言的。具体是指生产经营企业为集中精力搞好主业，把原来属于自己处理的物流活动，以合同方式委托给专业物流服务企业，同时通过信息系统与物流企业保持密切联系，以达到对物流全程管理控制的一种物流运作与管理方式；是指由物流劳务的供方、需方之外的第三方去完成物流服务的物流运作方式。第三方就是指提供物流交易双方的部分或全部物流功能的外部服务提供者。在某种意义上可以说，它是物流专业化的一种形式。

第三方物流将物流活动交给专业的第三方机构办理，实质解决了如何完善物流管理的问题，在实践中具有更广泛的应用前景。其表现为使电子商务企业能从运输、仓储等相关业务中解脱，集中精力于核心业务；有效地降低物流成本，取得参与各方整体最优效果；确保了物流服务质量的改进，具有积极的社会意义。依托第三方物流服务商，利用专业的物流设备和专业化物流管理人员的业内经验从事综合物流服务业务能够获得整体最优的交易成本，这与发展电子商务简捷、快速、低成本的初衷是一致的。第三方物流作为专业化社会分工的产物目前已发展成为社会经济结构调整中的一支重要的社会服务产业力量，应为电子商务的主导物流模式。

第三方物流是物流专业化的重要形式。物流业发展到一定阶段必然会出现第三方物流的发展，而且第三方物流的占有率与物流产业的水平之间有着非常规律的相关关系。西方国家的物流业实证分析证明，独立的第三方物流要占社会的 50%，物流产业才能形成。所以，第三方物流的发展程度反映和体现着一个国家物流业发展整体水平。

根据我国电子商务发展的实际情况，我国中小型电子商务企业应积极采取代理形式的客户定制物流服务的第三方物流模式。

4. 物流一体化

20世纪80年代,西方发达国家,如美国、法国和德国等就提出了一体化的现代理论,应用和指导其物流发展取得了明显的效果,使它们的生产商、提供商和销售商均获得了显著的经济效益。物流一体化,就是以物流系统为核心的由生产企业经由物流企业、销售企业,直至消费者的供应链的整体化和系统化。它是物流业发展的高级和成熟阶段。物流业高度发达,物流系统完善,物流业成为社会生产链条的领导者和协调者,能够为社会提供全方位的物流服务。

物流一体化是物流产业化的发展形式,它必须以第三方物流充分发育和完善为基础。物流一体化的实质是一个物流管理的问题,即专业化物流管理人员和技术人员,充分利用专业化物流设备、设施,发挥专业化物流运作的管理经验,以求取得整体最优的效果。同时,物流一体化的趋势为第三方物流的发展提供了良好的发展环境和巨大的市场需求。

西方发达国家在发展第三方物流,实现物流一体化方面积累了较为丰富的经验。德国、美国、日本等先进国家认为,实现物流一体化,发展第三方物流,关键是具备一支优秀的物流管理队伍。要求管理者必须具备较高的经济学和物流学专业知识和技能,精通物流供应链中的每一门学科,整体规划水平和现代管理能力都很强。

物流一体化为第三方物流的发展提供了巨大的发展空间,物流代理模式应运而生。中国应探索适合中国国情的第三方物流运作模式,降低生产成本,提高效益,加强竞争力,积极推动以物流企业为主的第三方物流模式的发展。物流一体化将成为电子商务环境下物流的新模式。

我国的电子商务在逐步成熟,目前采用的物流模式一般是自营物流、第三方物流与物流联盟的形式,电子商务企业应根据自身特点灵活采用物流自理、代理模式来构建企业的物流体系。电子商务企业应注重学习和借鉴国内外关于物流领域的最新成果,在电子商务实施过程中逐步摸索出适合本企业发展的物流模式。

知识6.5 我国电子商务物流的发展现状

物流是电子商务发展的重要要素之一。随着电子商务的进一步发展,物流对电子商务的作用日益突出。在欧美经济发达国家,物流的发展已经经历了数十年,如在美国,其物流发展自1915年至今已有90多年的历史,在以网络通信为基础的电子商务时代,其电子商务物流也十分发达。而我国的物流起步较晚,能够支持电子商务活动的现代物流发展还存在诸多问题:

1. 发展电子商务物流的基础尚不完善,物流业相对落后

物流基础设施是指在供应链的整体服务功能上和供应链的某些环节上,满足物流组织与管理需要的、具有综合或单一功能的场所或组织的统称,主要包括公路、铁路、港口、机场以及网络通信基础等。改革开放以来,经过30多年的发展,我国在交通运输、仓储设施、信息通讯、货物包装和搬运等物流基础设施装备方面有了一定的发展,但从总体上来说,我国的物流基础设施还比较落后,特别是在条块分割、多头管理的模式下,我国各种物流基础设施的规划和建设缺乏必要的协调性,因而物流基础设施的配套性和兼容性差,缺乏系统功能。尤其是涉及各种运输方式之间、国家运输系统和地方运输系统之间、不同运输系统之间相互衔接的枢纽设施和有关服务设施建设方面缺乏投入,对物流产业发展有重要影响的各种综合性货运枢纽、物流中心和基地建设发展缓慢,这些因素影响我国物流系统的协调发展。

2. 政府及相关企业对电子商务物流的重视不够

物流配送制约电子商务发展的问题虽然很早就有专家和企业提出,但是却很少引起政府及相关企业对电子商务物流的重视。

物流业的发展涉及基础设施、物流技术设备、产业政策、投资融资、税收与运输标准等各方面,分属不同的政府职能部门管理。但各职能部门对现代物流认识不足并缺乏统一协调的战略思想。目前,商务部、交通部在资格认证方面各有多项政策法规,政府职能部门对物流企业是一种多头管理体制。一些地方政府为保护本地物流企业利益,在交通运输、税收、工商等方面设置障碍,限制非本地物流企业的经营活动,严重阻碍着电子商务物流业的快速发展。现有与物流相关的法律法规多是部门性的、区域性的,缺少全国统一性的专门法律文件。这使全国性的物流企业缺少有效的法律规范。我国的电子商务物流至今没有一个完整的技术标准,仅仅以部分行业标准和《物流术语》还不能适应电子商务物流发展的需要。同时,由于缺乏对物流企业的正确认识和合理界定,在工商部门的企业注册目录中至今没有物流企业的一席之地。物流企业受到的各种限制,以及专业物流组织及企业的法律地位尚未得到法律承认等,很不利于物流业的健康发展。

3. 我国电子商务物流企业物流设施设备较差,信息化水平低、标准化程度低

物流业是介于供货方和购货方之间的第三方,以服务作为第一宗旨。从当前物流的现状来看,物流企业不仅要为本地区服务,而且还要做长距离的跨区域服务。优质和系统的服务才能使物流企业与货主企业结成战略伙伴关系(或称策略联盟)。我国的物流企业数量虽具有一定的规模,但能适应现代电子商务的物流企业数量仍很少、规模也小、服务意识和服务质量不尽如人意。因此,在电子商务时代,要提供最佳的服务,物流系统必须要有良好的信息处理和传输系统。物流信息化,包括商品代码和数据库的建立以及运输网络合理化、销售网络系统化和物流中心管理电子化的建设。电子数据交换技术与国际互联网的应用,使物流效率的提高更多的取决于信息管理技术水平。

目前我国物流企业各类信息技术的普及和应用程度还不高,物流信息管理尚未实现自动化,信息资源的利用尚未实现跨部门、跨行业整合,政府缺乏规划引导和扶持,诸如物流领域信息技术应用较少,管理信息系统不健全;电子数据交换系统的应用范围有限,企业之间的物流共享机制尚未形成;网络信息技术的应用仍停留在初级水平;利用系统集成软件技术优化物流配置的企业非常少;服务网络和信息系统不健全,大大影响了物流服务的准确性和及时性。

另外,我国物流系统功能不强,仓储功能和运输功能缺乏协调,长途运输和短途配送也缺乏有效衔接,各种运输方式之间配合不力,不同物流服务很少结合,没有形成一个完整的物流系统。

我国大多数物流企业仓储普遍使用的仍然是普通平房仓库,搬运工具大量使用功能低下的搬运车、手推叉车和普通起重设备,运输工具大多使用普通车辆,各种运输方式之间装备标准不统一、物流器具标准不配套、物流包装标准和设施标准之间缺乏有效的连接,物流设施和装备标准化滞后。大多数物流企业还只是被动地按照用户的指令和要求,从事单一功能的运输、仓储和配送,很少能提供物流策划、组织及深入到企业生产领域进行供应链全过程的管理,物流增值少。

4. 电子商务物流配送成本有待降低,服务网络亟待形成与整合

借助电子商务网络,消费者可以轻松地购买到所需要的商品。但是,要将商品送到消费者手中,配送成本过高,一直是难以解决的难题。例如小件商品一般采用邮购,大件商品通过速递送货。这两种送货方式,对于零散用户来说,由消费者承担这个费用明显过高。长时间以来,人们一直在争论网上订购一本 10 元的书,要付 5 元送货费,这 5 元的配送费用是不是太贵? 由消费者承担是不是合理? 随着网站数量的增加及在线交易额的上升,电子商务对物流配送的需求也相应的越来越大。电子商务的发展在很大程度上取决于物流企业如何在保持高质量服务与灵活性的同时,控制和降低物流的成本。

我们也看到,一方面车辆空驶、仓库闲置,同时又有很多企业在寻找车辆和仓库。这说明社会上的货运、仓储资源并不短缺,缺的是充分利用和整合资源的方法。因此,众多分散的电子商务物流企业结成联盟,形成服务网络,才是降低电子商务物流配送成本的最佳途径。

5. 物流管理人才短缺,是阻碍电子商务物流发展的一大障碍

物流和配送领域的人才短缺已成为我国物流和配送业发展的巨大障碍,尤其是通晓现代经济贸易、现代物流运作、运输与物流理论和技能、英语、国际贸易运输及物流管理复合型人才。物流企业的物流专业人才缺乏是造成物流企业服务水平不高的重要原因。目前,国内的物流高级人才主要是从海外留学回国的人员。据权威机构调查,国内今后几年物流专业人才的需求量为 600 余万,而高级物流管理人才 2010 年需求为 34 万人。

人才的短缺主要是相应的培养体系不够成熟和不够健全。在 2004 年高等院校招生目录中,在教育部备案设立物流专业和课程的高等院校仅有十几所而已,不到全部高等院校的 1‰,研究生层次教育刚刚开始起步;博士生方面的教育尚待发展;职业教育更加贫乏,目前主要是通过委托培训方式培训员工,大多数物流人才由仓管人员、运输管理人员转型而来,层次较低。

知识 6.6 我国电子商务物流的发展对策

随着全球经济一体化发展趋势的加快,电子商务物流将成为我国经济跨世纪发展的重要产业和新的经济增长点。虽然我国电子商务物流发展正处于起步阶段,与先进国家相比尚有很大差距,但市场潜力和发展前景十分广阔。加快我国电子商务物流发展,对于优化资源配置,调整经济结构,改善投资环境,增强综合国力和企业竞争能力,提高经济运行质量与效益,实现可持续发展战略,推进我国经济体制与经济增长方式的根本性转变,具有非常重要而深远的意义。

1. 重视并加强电子商务物流基础设施的规划和建设,完善物流信息网络,重视物流技术的开发与利用

电子商务物流基础设施的状况直接决定物流的质量、效率和效益。我国的物流基础设施近年来虽有较大改善,但仍不能适应电子商务物流发展的需要。继续加强物流基础设施的规划与建设,尽快形成配套的综合运输网络、完善的仓储配送设施、先进的信息网络平台等,为电子商务物流发展提供重要的物质基础条件。

加强物流基础设施建设,首先要重视对中心城市、交通枢纽、物资集散地和口岸地区大型物流基础设施的建设和统筹规划,要充分考虑物资集散通道、各种运输方式衔接及物流功能设施的综合配套,兼顾近期运作和长远发展的需要,注重硬件建设与软件管理相结合。物流设施很多是属于公益性的,加快公路、港口、铁路、航空等运输基础设施网络的建设,以及与多种运输方式相互衔接的物流中心的规划和建设,不仅要靠企业投资,而且还要靠政府、社会投资。因此,物流基础设施的建设要充分发挥市场机制的作用,在全面规划和充分论证的基础上,鼓励国内不同所有制投资者和外商投资企业参与物流基地(物流中心)的建设,政府部门对公益性物流基础设施的建设,应在土地、资金、税收等方面提供优惠政策。同时,物流基地(物流中心)的建设一定要遵循市场经济规则,防止出现贪大求洋和盲目重复建设。

其次,完善物流信息网络,重视物流技术的开发与利用。电子商务时代,物流信息化是电子商务的必然要求。物流信息化表现为物流信息的商品化、物流信息收集的数据库化和代码化、物流信息处理的电子化和计算机化、物流信息传递的标准化和实时化以及物流信息存储的数字化等。因此,我们必须重视条形码技术、数据库技术、电子订货系统、电子数据交换、快速反应、有效客户反馈和企业资源计划(Enterprise Resource Planning,ERP)等先进技术的应用。

再次,提高电子商务物流的自动化和智能化水平。物流自动化的核心是机电一体化,其外在表现是无人化,最终效果是省力化、扩大物流作业能力、提高劳动生产率以及减少物流作业的差错。物流自动化的设施非常多,如条形码/语音/射频自动识别系统、自动分拣系统、自动存取系统、自动导向车以及货物自动跟踪系统等。这些设施在发达国家已普遍用于物流作业流程中,我国由于物流业起步晚,发展水平低,因此,我们要加快自动化技术的普及步伐,实现物流现代化。另外,在物流自动化的进程中,物流智能化是不可回避的技术难题,如库存水平的确定、运输(搬运)路径的选择、自动导向车的运行轨迹和作业控制、自动分拣机的运行、物流配送中心经营管理的决策支持等,可以说,物流的智能化必将成为电子商务物流发展的一个新趋势。

另外,物流企业要采用信息网络等技术手段,加快科技创新和标准化建设。工商企业要积极围绕主业发展电子商务,为企业组织物流或依托物流企业组织物流创造信息平台条件。专业化物流及相关交通运输、仓储等企业要积极开发和研制物流服务信息系统和信息传递与交换系统,为物流的合理高效组织以及提高企业自身的经营管理效率与水平,创造更广阔的空间。积极发展适宜物流组织和经营的运输、仓储、搬运装卸、包装、信息管理、信息识别等组织管理技术与装备,使现代物流的高质量、高效率、低成本运作与经营拥有可靠的组织及装备保障。重视物流的标准化工作,抓紧编造适合我国特点并能与国际接轨的物流技术国家标准,以提高物流运作效率和设备利用水平。

2. 提高认识,明确发展电子商务物流的重要性,加快完善物流法律法规,积极发挥政府对于物流发展的促进作用

基于我国电子商务物流发展刚刚起步,政策的导向应立足于加快发展,谨防政出多门,草率定规,出现新的政策性、体制性障碍。各地政府部门要按照电子商务物流发展的特点和规律,抓紧研究制定促进现代物流发展的政策措施,引导物流基础设施建设与国家和区域物流发展规划相衔接,统一规划好物流基础设施和公共信息平台的建设,重点是规划好大型物流园区、大型物流中心和公共物流信息网络平台建设,打破地区封锁和行业垄断经营行为,加强对不正当行政干预和不规范经营行为的制约,创造公平、公正、公开的市场环境,使各类物流企业能够平等地进入市场,政府有关部门要转变职能,强化服务意识,简化相关程序和手续,在制度上要打破地区分割和行业封锁,为跨行业、地区、部门的物流企业参与物流基础设施建设创造良好的体制环境和条件,积极帮助解决物流企业在跨地区经营中遇到的工商登记、办理证照、统一纳税、城市配送交通管制、进出口货物查验通关等方面的实际困难,加快引入竞争机制,在竞争中优胜劣汰,逐步建立起与国际接轨的物流服务及管理体系。另外,政府还要大力支持物流企业通过各种渠道筹措资金,也鼓励物流企业通过多元化的方式投资于各种物流基础设施建设,并给予物流基础设施的投资和建设项目以土地、贷款和税收等相关优惠政策。

工商企业要转变传统观念,树立电子商务物流意识,充分认识优化物流供应链管理是降低生产总成本,提高产品附加值,增强企业竞争力,获取新的利润源的重要手段。鼓励工商企业积极创造条件,逐步将原材料采购、运输、仓储和产成品加工、整理、配送等物流服务业务有效分离出来,按照现代物流管理模式进行调整和重组,以培育和发展物流市场。

3. 加快电子商务物流业人才的培养与开发

物流人才的短缺,已成为制约我国物流业发展的巨大障碍,当务之急就是加快我国物流人才培养的步伐。

首先,政府部门、工商企业和物流企业要加强与科研院校、咨询机构、社团组织的联系,采取多种形式,积极合作,实现物流企业的产学研一条龙发展,解决物流企业人才缺乏、管理水平较低的现实问题。

其次,要加快我国高校的物流教育工程。政府主管教育的部门,应当积极鼓励各高校结合本身的特点探索物流专业的课程设置和学生的培养问题,以各种形式推动我国的物流学历教育,扩大物流管理专业的教育规模。有条件的学校应当走出去、引进来,加强与外国物流管理机构的交往,积极引进物流高级人才,以缓解我国在这方面的人员欠缺。

再次,要像其他行业那样,积极开展各种形式的职业教育。开办物流职业技术学校或者培训班等。

另外,大力引进国际先进的物流培训体系,在物流产业中推行物流从业人员的资格管理制度。物流相关的有关部门应当积极地引进国际权威认证机构的培训项目,从更加广阔的角度来加快物流人才的教育与培训。目前,国际上有影响的物流认证体系有两部分:欧洲和美国物流体系。为了充分适应中国物流业发展的需要,对该体系的培训内容中与中国国情不符合的方面做适当的修改,并结合中国企业的实际运作情况和环境差异,在培训和考试中引入一些典型的中国企业案例,力争最大限度地贴近中国,这也是国内企业解决物流人才需求的一种快捷的方法。

4. 积极寻求连锁经营与电子商务的结合,编织电子商务物流网络

电子商务在发展的过程中,碰到的最大也最难解决的障碍是物流。为此,商家费尽心思,有的用EMS,有的自己做,有的尝试与国内并不发达的第三方物流企业合作,尽管不尽如人意,但都是在为虚拟的B2B、B2C寻找一个实实在在的地面支持系统。如今,人们找到了第四条路——"连锁经营",作为解决电子商务物流配送问题的方案。

连锁经营在我国的发展虽然才刚刚十几年,但其快速发展的势头已超过了传统百货业。地域分布广阔的连锁店为网上虚拟商城提供实际意义的配送支持,使网上购物空间无限成为现实,降低配送成本,形成低价格商品销售,使网上购物具有竞争力与传统零售抢夺市场份额。连锁经营与电子商务虽然属于两个不同的领域,但是两者的结合却散发着无穷的魅力。

5. 加快对外开放步伐，积极引进外资与先进技术，推进物流业的电子商务化进程

物流业电子商务化是指：利用互联网等现代信息传递技术和处理工具，以物流过程的信息流为起点，进行低成本网络营销，同时大规模集成信息跟踪服务，从而在大幅度降低服务成本的同时，又提供了前所未有的信息跟踪和反馈服务，使物流业做到真正意义上的即时化。物流业作为传统商务领域中的一个行业，是整个电子商务实施的重要组成部分，其自身的运作过程中存在的诸多问题又可以利用电子商务来解决。

电子商务技术在现代物流管理中的应用可以有很多方面，如跨区域的物资仓储管理、客户服务管理以及与委托方企业和内部其他生产计划部门的协调、结算等。此外，可以将电子商务技术融合于企业资源计划系统（ERP）或供应链管理系统，也可以为物流企业在诸如财务、分销资源计划与调配等方面提供帮助。电子商务技术的进一步应用不仅仅是实现对现代物流管理的辅佐和完善，充分利用电子商务技术的优势，还可以开拓出新的物流经营思路和商机。

现代物流业是一个开放性、国际化的产业。认真学习发达国家在物流理论研究和市场实践方面的先进经验，消化吸收，结合实际，开拓创新，这是加快我国现代物流发展的有效途径。政府部门要进一步加快物流领域对外开放步伐，大力提倡国内外物流企业携手合作，优势互补。积极利用国外的资金、设备、技术和智力，学习借鉴国际现代物流企业先进的经营理念和管理模式，加快建立符合国际规则的物流服务体系和企业运行机制。积极支持国外物流企业进入中国市场，同时鼓励中国物流企业走向国际市场，加速实现国内外物流市场服务一体化。

项目实施

【项目任务】

根据项目内容，本项目为电子商务物流，通过电子商务网站中具体的物流配送业务流程，熟悉电子商务与物流的关系以及物流的业务流程，掌握各种物流模式的实际应用。主要有以下几个任务：

（1）B2B 电子商务交易中商品的配送

（2）了解物流模式的实际应用

【项目要求】

（1）理解电子商务环境下物流的特点和作用，熟练掌握交易中商品配送的业务流程；

（2）掌握各种物流模式的优劣势及各自的适合条件，了解各种物流模式的使用概况。

【实施步骤】

1. B2B 电子商务交易中商品的配送

在 B2B 电子商务交易中，配送工作一般由配送中心来进行，此时需要供应商给配送中心发一个送货通知，由配送中心负责配送货物。

（1）供货方给配送中心发送货通知。进入"供应商管理"→订单管理→给配送中心发送货通知，如图 6-3 所示。

（2）配送中心（企业物流功能）接受送货通知进行配送。点击"配送中心"，配送管理员登录，如图 6-4 所示。

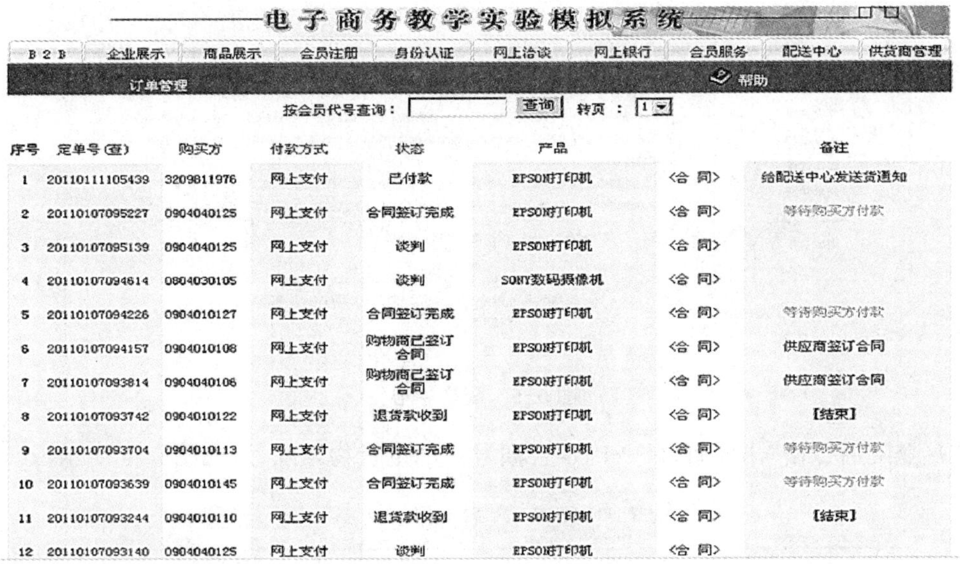

项目六　电子商务物流

图 6-2　订单管理

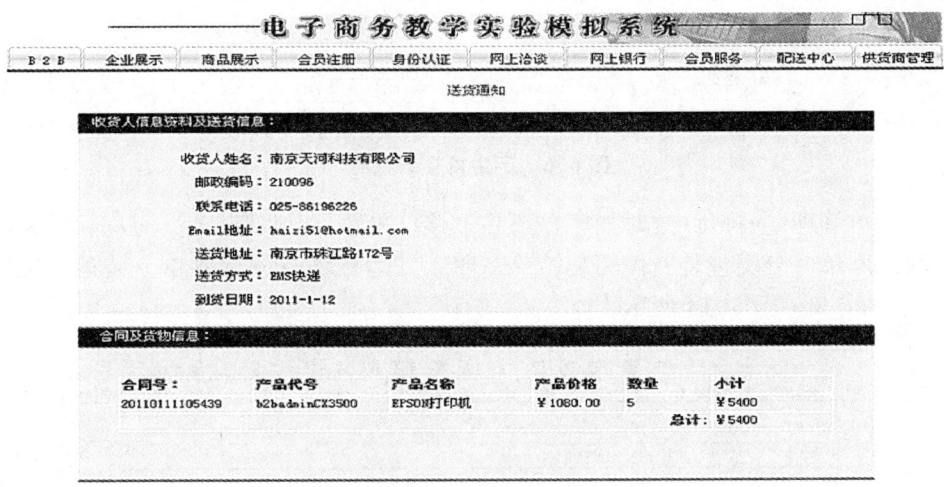

图 6-3　送货通知

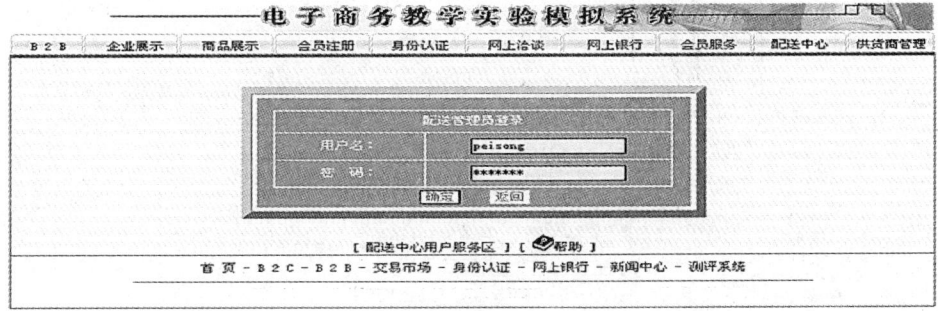

图 6-4　配送管理员登录

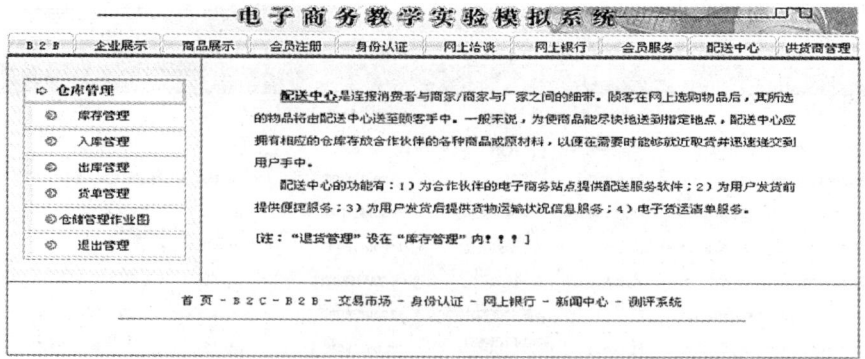

图 6-5 配送中心

（3）登陆后点击"出库管理"→确定合同号→产生货物跟踪号，如图 6-6 所示。

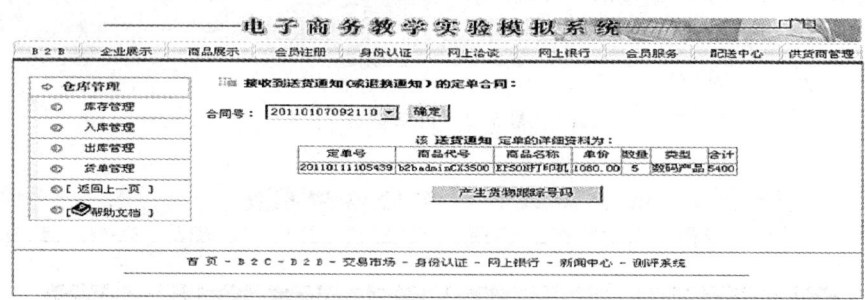

图 6-6 产生货物跟踪号

（4）"货单管理"→拣货（这时如库存商品不够订单数目，则需进行"入库管理"来补充库存）→领取出库单→分类包装→填写装箱单→印制发运标签→领标签单→装运→配送成功后确认。如图 6-7～图 6-14 所示。

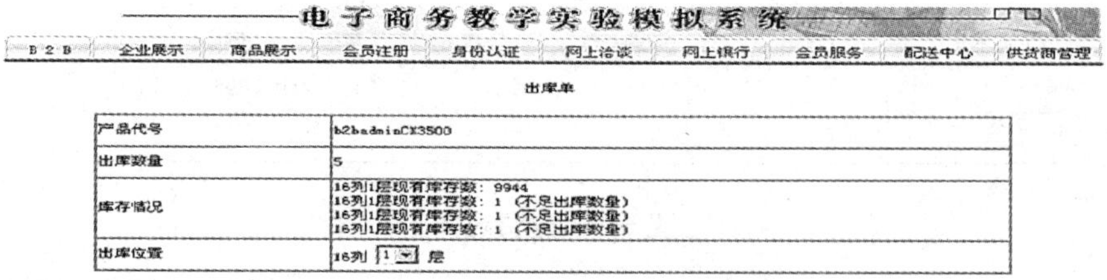

图 6-7 出库单

图 6-8 入库管理

项目六 电子商务物流

图 6-9 库存管理

图 6-10 拣货出库

图 6-11 分类包装

· 167 ·

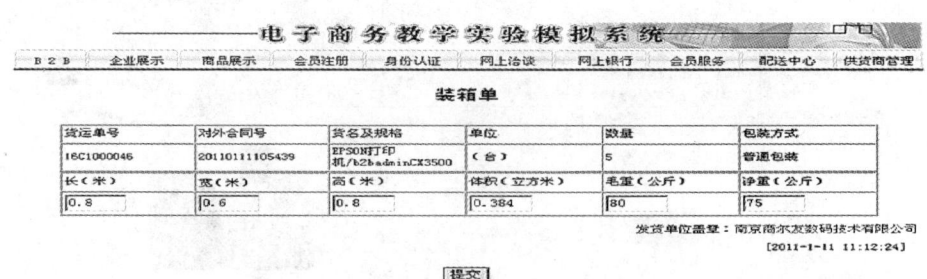

图 6-12　装箱单

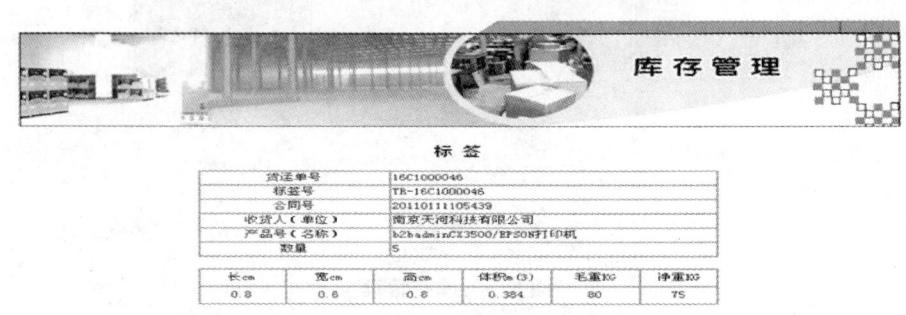

图 6-13　货物标签

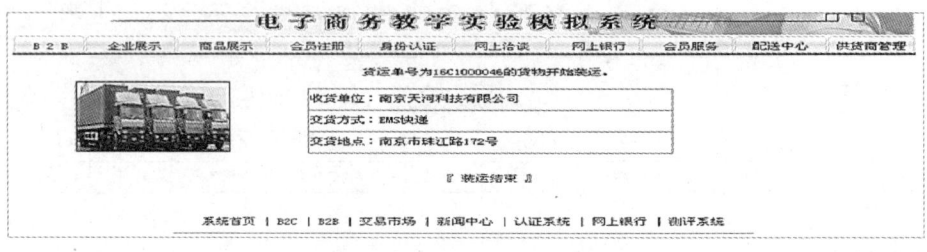

图 6-14　货物装运

通过这一部分操作,学生可掌握进货、合同订单、库存发货、出库手续的流程和操作要点,了解企业物流的简单运作。

（5）配送中心送货完成通知供货方,供货方接受。进入"供应商管理"→订单管理→修改订单为已发货→确认,如图 6-16 所示。

图 6-15　送货确认单

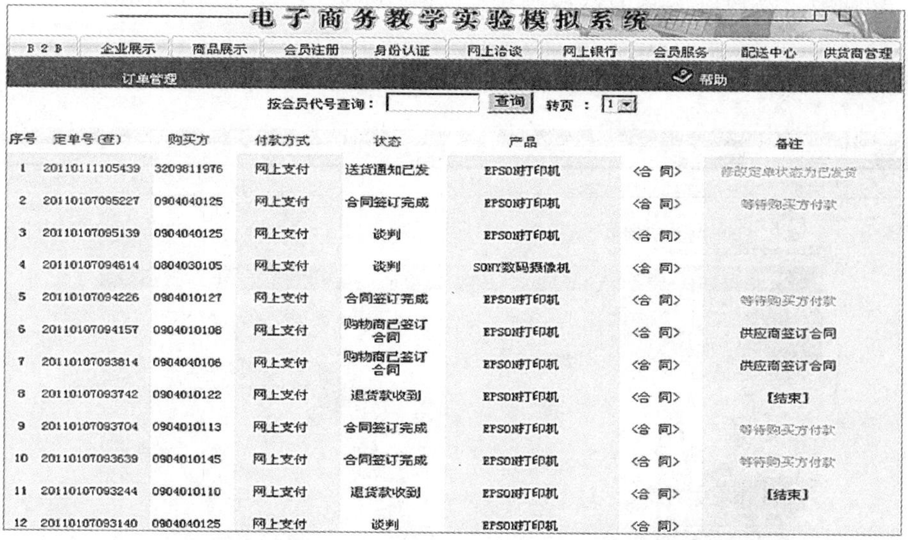

电子商务教学实验模拟系统

B 2 B | 企业展示 | 商品展示 | 会员注册 | 身份认证 | 网上洽谈 | 网上银行 | 会员服务 | 配送中心 | 供货商管理

订单管理 帮助

按会员代号查询： 查询 转页：1

序号	定单号(查)	购买方	付款方式	状态	产品		备注
1	20110111105439	3209811976	网上支付	送货通知已发	EPSON打印机	<合 同>	修改定单状态为已发货
2	20110107095227	0904040125	网上支付	合同签订完成	EPSON打印机	<合 同>	等待购买方付款
3	20110107095139	0904040125	网上支付	谈判	EPSON打印机	<合 同>	
4	20110107094614	0804030105	网上支付	谈判	SONY数码摄像机	<合 同>	
5	20110107094226	0904010127	网上支付	合同签订完成	EPSON打印机	<合 同>	等待购买方付款
6	20110107094157	0904010106	网上支付	购物商已签订合同	EPSON打印机	<合 同>	供应商签订合同
7	20110107093814	0904040106	网上支付	购物商已签订合同	EPSON打印机	<合 同>	供应商签订合同
8	20110107093742	0904010122	网上支付	退货款收到	EPSON打印机	<合 同>	[结束]
9	20110107093704	0904010113	网上支付	合同签订完成	EPSON打印机	<合 同>	等待购买方付款
10	20110107093639	0904010145	网上支付	合同签订完成	EPSON打印机	<合 同>	等待购买方付款
11	20110107093244	0904010110	网上支付	退货款收到	EPSON打印机	<合 同>	[结束]
12	20110107093140	0904040125	网上支付	谈判	EPSON打印机	<合 同>	

图 6-16 修改订单状态

（6）购货方接受货物。进入“会员服务”→订单管理→确认货已收到。

2. 了解物流模式的实际应用

（1）登陆企业自营物流模式的公司亚马逊网站(http://www.amazon.cn)，如图 6-17 所示。

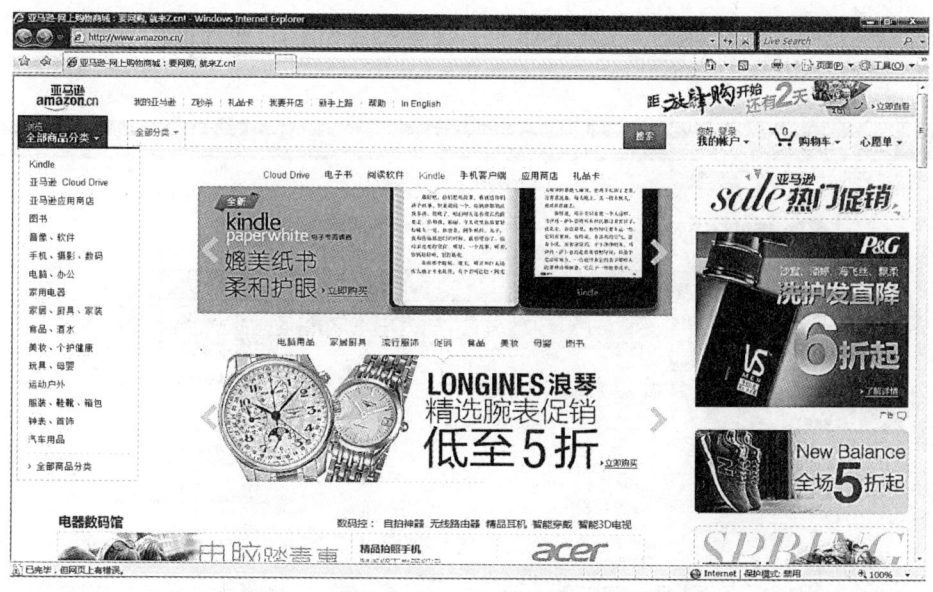

图 6-17 亚马逊网站

（2）浏览亚马逊网站的内容，选购商品，体会亚马逊配送中心的业务功能。

（3）链接“帮助与购物指南”栏目下的“发货与配送”和“退货与换货”，熟悉亚马逊配送中心自营物流模式的实际应用。

(4) 登陆第三方物流模式的公司网站,中远国际货运有限公司(http://www.cosfre.com)。

(5) 熟悉中远国际货运物流各项业务的功能和应用,如图6-18所示。

图6-18 中国国际货运有限公司

(6) 登陆物流企业联盟的公司网站,青岛物流网(http://www.qd56.cn),如图6-19所示。

图6-19 青岛物流网

(7) 浏览网站中公告、货盘、运价、船盘、船期、货源、车源、空运、供求、陆运、销售等栏目的相关内容，了解物流企业联盟的应用。

(8) 登陆第四方物流模式的锦程物流网(http://www.jctrans.com)，如图6-20所示。

图6-20　锦程物流网

(9) 浏览物流采购、在线揽货、黄页、物流产品、资讯、贸易、物流服务、船期等栏目的内容，熟悉锦程物流网的功能和业务。

(10) 分析第四方物流模式的功能、实际应用及其优势。

扩展知识

知识6.7　电子商务物流技术

1. 电子商务物流条形码技术

条形码是由一组规则排列、不同宽度的条和空组成的标记。"条"是指对光线反射率较低的部分，"空"是指对光线反射率较高的部分，这些条和空组成的数据表达一定的信息，并能够用特定的设备识别，转换成与计算机兼容的二进制和十进制的信息。条形码技术是迄今为止最为经济、实用的一种自动识别技术。条形码技术具有以下几个方面的优点。

(1) 输入速度快

与键盘输入相比，条形码输入的速度是键盘输入的5倍，并且能实现"即时输入数据"。

(2) 可靠性高

键盘输入数据出错率为三百分之一，利用光学字符识别技术出错率为万分之一，而采取条形码技术出错率低于百万分之一。

(3) 采集信息量大

利用传统的一维条形码一次可采集几十位字符的信息,二维条形码更可以携带数千个字符的信息,并有一定的自动纠错能力。

(4) 灵活实用

条形码识别既可以作为一种识别手段单独使用,也可以和有关识别设备组成一个系统实现自动化识别,还可以和其他控制设备连接起来实现自动化管理。

(5) 设备简单,成本低

与其他自动化识别技术相比,推广应用条码技术,所需的费用比较低。

(6) 自由度大

识别装置与条码标签相对位置的自由度要比光学字符识别大得多。条码通常只在一维方向上表达信息,而同一条码上锁表示的信息完全相同并且连续,这样即时标签有部分欠缺,仍可以从正常部分输入正确的信息。

目前,条码技术已在多个领域中得到了广泛的应用,主要有零售业,图书馆,仓储管理与物流跟踪,质量跟踪管理与数据自动录入等。

2. 电子数据交换技术(EDI)

EDI 是 Electronic Data Interchange 的缩写,即电子数据交换,它是一种利用计算机进行商务处理的新方法。EDI 是将贸易、运输、保险、银行和海运等行业的信息,用一种国际公认的标准格式,通过计算机通信网络,便于各有关部门、公司与企业之间进行数据交换和处理,并完成以贸易为中心的全部业务过程。

EDI 不是用户之间简单的数据交流,EDI 用户需要按照国际通用的消息格式发送信息,接收方式也需要按国际统一规定的语法规则,对消息进行处理,并引起其他相关系统的 EDI 综合处理。整个过程都是自动完成,无需人工干预,减少了差错,提高了效率。

EDI 系统由通信模块、格式转换模块、联系模块、消息生成和处理模块 4 个基本功能模块组成。

使用 EDI 的主要优点是:①降低了纸张文件的消费;②减少了许多重复劳动,提高了工作效率;③使得贸易双方能够以更迅速、更有效的方式进行贸易,大大简化了订货过程和存货过程,使双方能及时充分地利用各自的人力和物力资源;④可以改善贸易双方的关系,厂商可以准确估计日后商品的需求量,货运代理商可以简化大量的出口文书工作,商业用户可以提高存货的效率,提高他们的竞争能力。

由于 EDI 的使用可以完全代替传统的纸张文件的交换,因此有人称它为"无纸交易"或"电子交易"。

3. 射频识别技术(RFID)

射频识别技术(Radio Frequency Identification,RFID)是利用无线电波对记录媒体进行读写。射频识别的距离可达几十厘米至几米,且根据读写的方式,可以输入数千字的信息,同时,还具有极高的保密性。现在射频识别技术是自动识别领域最热门的技术。射频识别系统在具体的应用过程中,根据不同的应用目的和应用环境,系统的组成会有所不同,但从射频识别系统的工作原理来看,系统一般由信号发射机,信号接收机,编程器和天线组成。

在射频系统中,信号发射机为了不同的应用目的,会以不同的形式存在,典型的形式是标签,标签相当于条码技术中的条码符号,用来存储需要识别传输的信息。另外,与条码不同的是,标签必须能够自动或在外力的作用下,将存储的信息主动发射出去,标签一般是带线圈、天线、存储器与控制系统的低电集成电路。

信号接收机一般叫阅读器,根据支持的标签类型不同与完成的功能不同,阅读器的复杂程度相应地也不同。阅读器的基本功能是提供与标签进行数据传输的途径。另外,阅读器还提供相当复杂的信号状态控制、奇偶错误校验与更正功能。

编程器是向标签写入数据的装置。可无接触地读取并识别电子标签中所保存的电子数据,从而达到自动识别物体的目的。在射频识别系统中,只有可读可写的标签,系统才需要编程器,编程器一般是离线完成的,也就是在标签中写入数据,等到开始应用时直接把标签黏附在被标识的项目上,也有一些射频识别系统,写数据是在线完成的。

天线是电子标签与阅读器之间传输数据的发射、接收装置。由于系统功率、天线的形状和相对位置影响数据的发射和接收,因此,天线的设计、安装需要由专业人员进行。

射频识别技术主要适用于物料跟踪、运载工具和货架识别等要求非接触数据采集和交换的场合,对要求频繁改变数据内容的场合尤为适用。

4. 地理信息系统(GIS)

地理信息系统(Geographic Information System,GIS)。它是以地理空间数据库为基础,采用地理模型分析方法,适时提供多种空间的和动态的地理信息,为地理研究和地理决策服务的电子计算机技术系统,一般来说,GIS 可定义为:"用于采集、存储、管理、处理、检索、分析和表达地理空间数据的计算机系统,是分析和处理海量地理数据的通用技术"。

在我国地理信息系统又称为资源与环境信息系统。GIS 的应用系统主要由 5 个部分组成,包括硬件、软件、数据、人员和方法。GIS 具有采集、管理、分析和输出多种地理空间信息的能力,以地理研究和地理决策为目的,以地理模型方法为手段,具有区域空间分析,多要素综合分析和动态预测能力,能产生高质量的地理信息。GIS 的功能主要包括输入、处理、数据管理、查询分析和可视化。

GIS 技术在物流行业的应用主要体现在客户地址定位和物流分析方面。物流分析主要包括:投递路线编辑顺序、站点选址和机构区域划分等。

5. 全球定位系统(GPS)

全球定位系统(Global Positioning System,GPS)是美国从 20 世纪 70 年代开始研制,历时 20 年,耗资 200 亿美元,于 1994 年全面建成,具有在海、陆、空进行全方位实时三维导航与定位能力的新一代卫星导航与定位系统。经近十年我国测绘等部门的使用表明,GPS 以全天候、高精度、自动化、高效益等显著特点,赢得广大测绘工作者的信赖,并成功地应用于大地测量、工程测量、航空摄影测量、运载工具导航和管制、地壳运动监测、工程变形监测、资源勘察、地球动力学等多种学科,从而给测绘领域带来一场深刻的技术革命。全球定位系统是美国第二代卫星导航系统,是在子午仪卫星导航系统的基础上发展起来的,它采纳了子午仪系统的成功经验。和子午仪系统一样,全球定位系统由空间部分、地面监控部分和用户接收系统三大部分组成。

GPS 的问世标志着电子导航技术发展到了一个更加辉煌的时代。GPS 系统与其他导航系统相比,主要特点是:

(1) 全球地面连续覆盖

由于 GPS 卫星数目较多且分布合理,所以在地球上任何点均可连续同步观测到至少 4

颗卫星,从而保障了全球、全天候连续实时导航与定位的需要。

(2) 功能多,精度高

GPS 可为各类用户连续地提供高精度的三维位置、三维速度和时间信息。

(3) 实时定位速度快

目前 GPS 接收机的一次定位和测速工作在 1 秒甚至更短的时间内便可完成。

(4) 抗干扰性能好、保密性好

由于 GPS 系统采用了伪码扩频技术,因而 GPS 卫星所发送的信号具有良好的抗干扰性和保密性。目前,GPS 在物流领域的应用主要用在车辆跟踪与货物路线规划中。

知识6.8 第四方物流

关于第四方物流(Forth Party Logistics,4PL)的概念,一种定义是"集成商们利用分包商来控制与管理客户公司的点到点供应链运作"。而安盛公司给出的定义更加具有代表性,它将第四方物流定义为:"第四方物流是一个供应链集成商。它调集和管理组织自己的以及具有互补性的服务提供商的资源、能力和技术,以提供一个综合的供应链解决方案。"不论如何称呼,第四方物流中必须存在一个具有影响力的物流提供商,他能够整合资源,提供一个综合的供应链解决方案,从而实现客户价值最大化。

第四方物流是有领导力量的物流提供商,它可以通过整个供应链的影响力,提供综合的供应链解决方案,也为其顾客带来更大的价值;它不仅控制和管理特定的物流服务,而且对整个物流过程提出解决方案,并通过电子商务将这个过程集成起来。

第四方物流正日益成为一种帮助企业实现持续运作成本降低和区别于传统的外包业务的真正的资产转移。它实际上是一种虚拟物流,是依靠业内最优秀的第三方物流供应商、技术供应商、管理咨询顾问和其他增值服务商,整合社会资源,为用户提供独特的和广泛的供应链解决方案。这是任何一家公司所不能单独提供的。

4PL 经营者是基于整个供应链过程考虑,扮演着协调人的角色:一方面与客户协调,与客户共同管理资源、计划和控制生产,设计全程物流方案;另一方面与各分包商协调,组织完成实际物流活动。因此,4PL 提供的是一种全面的物流解决方案,与客户建立的是长期、稳固的伙伴关系。

发展第四方物流需要具有平衡第三方物流的能力,第四方物流不仅控制和管理特定的物流服务,而且对整个物流过程提出决策方案,并通过电子商务将这个过程集成起来。正是通过集成化的供应链解决方案,第四方物流将为客户提供迅速、高效、低成本和人性化服务等。

综上所述,第四方物流具有这样几个鲜明特点:

(1) 提供了一整套完善的供应链解决方案,以有效地适应需方多样化和复杂的需求,集中所有资源为客户完善地解决问题。它不仅集成了管理咨询和第三方物流服务商的能力,更重要的是,一个前所未有的、使客户价值最大化的统一的技术方案的设计、实施和运作,只有通过咨询公司、技术公司和物流公司的齐心协力才能够实现。

(2) 通过其对整个供应链产生影响的能力来增加价值,4PL 充分利用和协调一切相关服务提供商的能力,包括 3PL、信息技术供应商、合同物流供应商、呼叫中心、电信增值服务商等,再加上客户的能力和 4PL 自身的能力,优化系统的能力,为整条供应链的客户带来利益。

知识 6.9　电子物流

电子物流就是利用电子化的手段,尤其是利用互联网技术来完成物流全过程的协调、控制和管理,实现从网络前端到最终客户端的所有中间过程服务。最显著的特点是各种软件技术与物流服务的融合应用。

电子物流的功能非常强大,它能够实现系统之间、企业之间,以及资金流、物流、信息流之间的无缝链接,而且这种链接同时还具备预见功能,可以在上下游企业间提供一种透明的可见性功能,帮助企业最大限度地控制和管理库存。同时,由于全面应用了客户关系管理、商业智能系统、计算机电话集成系统、地理信息系统、全球定位系统、互联网、无线互联技术等先进的信息技术手段,以及配送优化调度、动态监控、智能交通、仓储优化配置等物流管理技术和物流模式,电子物流提供了一套先进的、集成化的物流管理系统,从而为企业建立敏捷的供应链系统提供了强大的技术支持。

电子物流业务使得客户可以运用外部服务力量来实现内部经营目标的增长,即客户能够得到量身定做的个性化服务,而整个过程则由第三方电子物流服务提供商来进行管理。

电子物流由前端服务和后端服务集成。电子物流的前端服务是至关重要的。前端服务包括咨询服务(确认客户需求)、网站设计与管理、客户集成方案实施等。而电子物流的后端服务包括:订单管理、仓储与分拣、运输与交付、退货管理、客户服务以及数据管理与分析等。

案例分析

电子商务卖家跨国物流解决方案

给你的"中国制造"产品找个国际仓库,是不是一个很酷的想法? 不要以为这是个烧钱的活,这是为电子商务卖家提供的跨国物流解决方案里的一个环节而已。如果操作得当,你的运输不仅能省下 20% 左右的费用,还能提升在国外的销售额。

国内的一家物流公司正在实践这样一种新商业模式。这家注册地在香港的公司 BFE International Limited(下称:出口易),创始人肖友泉曾是 eBay.com 上的卖家,和朋友创办了一套在国外租仓库,实现当地配送的销售模式。这种商业模式的实践,建立在网购用户对送货时间和物流费用的敏感度上。"如果你身处广州,购买同样的产品你会选择长沙还是当地的卖家?"肖友泉说:"无疑是广州,因为从价格和效率来说都是最经济的选择。"

这个逻辑也适用于 eBay 上的买家。如果要购买一款中国制造的 MP3,但却是要从深圳发货,买家也许会有所顾虑。最糟糕的是,如果在物流环节拖延太长,还有可能出现"卖家详尽评级(DSR)"较低的结果,从而影响销售额。

2008 年,在 eBay 的建议下,肖友泉把这套跨国物流解决方案同样提供给了国内的卖家,把国外租用的仓库开放给国内客户,并从配送到仓储,提供全套服务,而国内卖家也能通过出口易的系统实时监控库存情况。

广州的一家电子公司负责人黄先生表示,之前通过 EMS 或香港物流公司发货,要 10 到 15 天才能到英国。"我们公司绝大部分的产品都在 eBay 上销售,国内生产手机的配件和笔记本电脑的配件在英国比较畅销。但由于送货时间过长和偶尔出现货物丢失的情况,使得网上店铺的信用有所降低。"这家公司在今年3月和出口易合作后,当地配送时间缩短到1到2天,库存周转在2周左右。

"但是,不是所有的产品都适合运到国外的仓库。我们会严格审核产品的类型和数量,它们的库存周转率一般在7天左右。"肖友泉也提示风险,并表示会根据数据的分析统计来决定是否提供服务。毕竟就这种商业模式而言,只有在合理的仓储成本控制下,产品的销售才能达到最优。

根据这家公司的计算,货物一般要在7—10天内出库,才能达到效益最大化。肖友泉表示,从中国到英国的发货周期在5天左右。如果按每天销售10件来计算,国内卖家每周应该备有70件的库存。"但我们也会根据商品销售的动态信息调整库存量",例如每日的发货量增加到20件,出口易就会提示客户一周的库存要增加到140件左右。

据了解,如果卖家的网上店铺显示的是当地发货,关注度也会发生改变。从出口易服务的案例来看,一款同样的充电器,显示在当地发货和在中国发货的eBay店铺,前者日浏览量是177次,而后者则是60次,实现的日销售额也分别为3 447元和684元。

不过,要实现在当地发货,租个仓库有多贵?根据出口易方面的统计,例如重量在500克左右的手机,如果通过EMS来发货,总运费在110元左右,航空小包裹的总运费在68元左右,如果是当地物流配送,成本包括国际的运输成本+仓储成本+当地运费,总费用是54.5元人民币。根据仓储成本的计算,单件产品所要支付的金额少至0.05元/天,多至0.2元/天,所以,如果产品销售不力,自然会造成仓储成本的增加。

据了解,尼尔森公司曾于2008年9月对eBay美国买家做了一个数据调查,发现美国买家最喜欢购买中国卖家的商品。成交量最高的中国卖家,平均每天产生150万美金的销售额,年销售额高达5.48亿美金,折合人民币37亿元左右。

就出口易的分析,eBay上的中国卖家,每天大约产生12.5万件商品的成交。"金融危机其实是一种机会,有更多的人愿意购买made-in-china的产品,因为价格优势非常明显。"在肖友泉看来,这种为物流"省钱"的生意模式,可以先从eBay上逐步扩大业务,再与更多的电子商务平台合作,把国内的产品销往更多的国家。

eBay披露的数据是,在中国已有上万名卖家通过在eBay上开网店,将自己的产品销售往美国、加拿大、欧洲及澳大利亚等38个国家和地区,每天都有超过百万计的中国产品在销售。这些无疑是出口易的潜在客户。

如今,出口易目前已达到日均1 400单的业务量。对于这种模式的可复制性,肖友泉认为门槛并不低。因为较早的起步已让公司拿到eBay独家推荐的资格,"要把各个环节都理顺吃透,是一个时间积累的过程,并不容易。"

而在为中国卖家提供仓储物流服务后,肖友泉还在思考这种模式拓展的外延。"可能3年后我们会返回国内市场吧,那时物流通道应该完全顺畅了,我们也可以借助这个平台,把国外优势产品引入进来。"肖友泉觉得这些应该是水到渠成的事情,但现在他们最紧迫的目标,是要在更多的国家的中心城市租用仓库,把出口易的业务辐射更广。

案例思考:

(1) 从本案例中,广州的一家电子公司如何解决跨国电子商务交易中网上用户关注的送货时间和物流费用的问题?

(2) 本案例中,国内的一家物流公司(出口易)在国外租仓库提供给网上用户的当地配送的销售模式和传统的通过 EMS 或香港物流公司发货,在哪些方面具有优势?

课后习题

1. 选择题

(1) (　　)不属于基本物流服务的内容。
  A. 运输功能   B. 库存功能
  C. 满足特殊顾客的订货功能   D. 包装功能

(2) 物流是指(　　)。
  A. 物质价值从需求者向供应者的物理移动
  B. 物质价值从供应者向需求者的物理移动
  C. 物质实体从需求者向供应者的物理移动
  D. 物质实体从供应者向需求者的物理移动

(3) 如果你想邮寄字画给客户,下列最合适的包装材料是(　　)。
  A. 纸箱   B. 平邮大信封   C. PVC 管   D. 牛皮纸

(4) 企业确定物流服务水平,正确的选择是(　　)。
  A. 在成本与服务之间选择最高水平服务
  B. 在成本与服务之间选择最低成本
  C. 在成本与销售额之间选择最大利润
  D. 在成本与销售额之间选择最低成本

(5) 第三方物流的特点有(　　)。
  A. 信息化   B. 合同化   C. 个性化   D. 联盟化

(6) 电子商务的物流外包是指(　　)。
  A. 委托专业物流企业提供物流服务   B. 与普通商务共用物流系统
  C. 第三方物流企业开展电子商务   D. 电子商务企业经营物流业务

(7) 物流管理的目标是(　　)。
  A. 提供最高水平的服务
  B. 追求最低的物流成本
  C. 以最低的成本实现最高水平的服务
  D. 以尽可能低的成本达到既定的服务水平

(8) 企业销售物流所研究的内容包括(　　)。
  A. 产品的送货方式   B. 产品的包装方式
  C. 运输的最佳路线   D. 产品的生产工艺

(9) 物流系统化的目标是(　　)。
  A. 服务目标最优   B. 成本目标最优
  C. 内部要素目标最优   D. 系统整体最优

(10) 电子商务下供应链管理的典型模式有(　　)。

　　　　A. 快速反应　　　　　　　　　B. 有效客户反应
　　　　C. 电子订货系统　　　　　　　D. 企业资源计划
2. 简答题
（1）简述物流的定义和物流的功能要素。
（2）简述电子商务对物流有哪些影响？
（3）什么是物流管理？物流管理包含哪些内容？
（4）简述电子商务下物流业的发展趋势。
（5）简述电子商务下的物流模式有哪些？

项目七

电子商务安全

本项目通过"电子商务安全"阐述电子商务的安全技术及应用,包括电子商务的安全性要求、电子商务安全体系结构、电子商务安全技术及协议、电子商务安全中的基本方法和技能。

项目要求

【项目内容】

电子商务交易中数字证书的申请和安装的方法,包括数字证书的导入、导出和查看。用 Outlook Express 发送数字签名电子邮件,用 Outlook Express 发送加密电子邮件。

【知识要求】

了解电子商务安全性需求;掌握网络安全技术,防火墙技术、虚拟专用网络技术、网络反病毒技术;了解信息加密技术、密码基础知识、密钥加密技术、信息认证技术、数字签名、数字时间戳;掌握数字证书与 CA 认证中心;理解电子商务安全协议 SSL 安全协议和 SET 安全协议。

相关知识

知识 7.1 电子商务的安全威胁

电子商务是建立在互联网之上,所以互联网的安全问题同样是电子商务所面临的安全问题。电子商务的安全问题主要体现在交易双方及信息传递过程中产生的威胁。传统的交易是面对面的,比较容易保证建立交易双方的信任关系和交易过程的安全性。而电子商务活动中的交易行为是通过网络进行的,买卖双方互不见面,因而缺乏传统交易中的信任感和安全感。作为一个安全的电子商务系统,首先要解决网络安全问题,保证交易信息的安全;

其次要保证数据库服务器的绝对安全,防止信息被篡改或盗取。电子商务交易过程中买卖双方都可能面临的安全威胁有:

1. 系统的中断

这是对系统可用性的攻击,使得系统不能正常工作,从而中断或延迟正在进行的交易,对交易双方的数据产生很大的破坏,直接导致交易失败。

2. 信息的截获和盗取

攻击者通过电话线监听、互联网截获数据包、搭线等非法手段获取个人、企业或者国家的商业机密,如消费者的银行账号、密码及企业的交易信息机密等。使得不该享用交易信息的实体通过非法手段盗取交易信息,使得机密信息泄漏,对信息的机密性进行攻击。

3. 黑客攻击

黑客攻击一般分为两种:一种是主动攻击,它以各种方式有选择的破坏信息的有效性和完整性,如拒绝服务攻击、内部攻击等;另一种是被动攻击,它是在不影响网络正常工作情况下,进行截获、窃听后破译以获得重要的机密信息。

4. 信息的篡改

非法授权实体不但存取资源,而且对资源进行修改,这就是所谓的篡改攻击。例如某人修改数据库中的数据,修改程序使之完成额外的功能或修改正在传输的数据,或者做更为严重的修改。

5. 信息的伪造

非法实体伪造计算机系统中的实体或信息,掌握了网络信息数据规律或者破解交易信息后,可以冒合法的用户之名或者发送虚假的信息给交易方用来欺骗用户。

6. 交易抵赖

当交易一方发现交易行为对自己不利的时候,就有可能否认电子交易的行为。交易抵赖包含很多方面,例如商家否认曾发送过某些商品信息,购买者下了订单而不予以承认等。

知识 7.2 电子商务的安全性需求

电子商务的安全性需求可以分为两个方面:一方面是对计算机及网络系统安全性的要求,表现为对系统硬件和软件运行安全性和可靠性的要求、系统低于非法客户入侵的要求等;另一方面是对电子商务信息安全的要求。

基于互联网的电子商务系统技术使在网上购物的客户能够极其方便轻松地获得商家和企业的信息,但同时也增加了对某些敏感和有价值的数据被滥用的风险。买方和卖方都必须保证在互联网上进行的一切金融交易运作都是真实可靠的,并且要使客户、商家和企业等交易各方都具有绝对的信心,因而互联网电子商务系统必须保证具有十分可靠的安全保密技术,也就是说,必须保证网络安全的五大要素,即:信息的有效性、机密性、完整性、可靠性、审查能力。

1. 有效性

电子商务以电子形式取代了纸张,那么如何保证这种电子形式的贸易信息的有效性,则是开展电子商务的前提。电子商务作为贸易的一种形式,其信息的有效性将直接关系到个人、企业或国家的经济利益和声誉。因此,要对网络故障、操作错误、应用程序错误、硬件故障、系统软件错误及计算机病毒所产生的潜在威胁加以控制和预防，以保证贸易数据在确定的时刻、确定的地点是有效的。

2. 机密性

电子商务作为贸易的一种手段，其信息直接代表着个人、企业或国家的商业机密。传统的纸面贸易都是通过邮寄封装的信件或通过可靠的通信渠道发送商业报文来达到保守机密的目的。电子商务是建立在一个较为开放的网络环境上的（尤其互联网是更为开放的网络），维护商业机密是电子商务全面推广应用的重要保障。因此，要预防非法的信息存取和信息在传输过程中被非法窃取。

3. 完整性

电子商务简化了贸易过程，减少了人为的干预，也带来维护贸易各方商业信息的完整、统一的问题。由于数据输入时的意外差错或欺诈行为，可能导致贸易各方信息的差异。此外，数据传输过程中信息的丢失、重复或信息传送的次序差异也会导致贸易各方信息的不同。贸易各方信息的完整性将影响到贸易各方的交易和经营策略，保持贸易各方信息的完整性是电子商务应用的基础。因此，要预防对信息的随意生成、修改和删除，同时要防止数据传送过程中信息的丢失和重复并保证信息传送次序的统一。

4. 可靠性（不可抵赖性或鉴别）

电子商务可能直接关系到贸易双方的商业交易，如何确定要进行交易的贸易方正是进行交易所期望的贸易方这一问题则是保证电子商务顺利进行的关键。在传统的纸面贸易中，贸易双方通过在交易合同、契约或贸易单据等书面文件上手写签名或印章来鉴别贸易伙伴，确定合同、契约、单据的可靠性并预防抵赖行为的发生。这也就是人们常说的"白纸黑字"。在无纸化的电子商务方式下，通过手写签名和印章进行贸易方的鉴别已是不可能的。因此，要在交易信息的传输过程中为参与交易的个人、企业或国家提供可靠的标识。

5. 审查能力

根据机密性和完整性的要求，应对数据审查的结果进行记录。对交易数据的审查能力能够保证交易信息的完整性，以便为以后更好的开展多方的交易做好记录，是进一步发展电子商务的基础。

知识 7.3　电子商务的安全体系结构

电子商务的安全体系是保证电子商务系统安全的一个完整的逻辑结构。其安全体系有网络服务层、加密技术层、安全认证层、安全协议层和应用系统层组成，如图 7-1 所示。

电子商务系统是依赖网络实现的商务系统，需要利用互联网基础设施和标准，所以构成电子商务安全架构的底层是网络服务层，它提供信息传送的载体和用户接入的手段，是各种电子商务应用系统的基础，为电子商务系统提供了基本的网络服务。通过互联网网络服务层的安全机制，例如入侵检测、安全扫描、防火墙等，保证网络服务层的安全。在此基础上，为保证电子交易数据的安全，电子商务系统还必须拥有完善的加密技术和认证机制，即构筑机密技术层、安全认证层和安全协议层，为电子商务系统提供安全协议、数字签名、认证和加密等多种安全技术。为安全电子商务交易的实现提供技术平台的关键是应用系统层，它是加密技术层、安全认证层和安全协议层的安全控制技术的综合运用和完善,也是实现电子商务交易中的机密性、完整性、有效性以及不可抵赖性和交易者真实性等安全要求的基础平台。

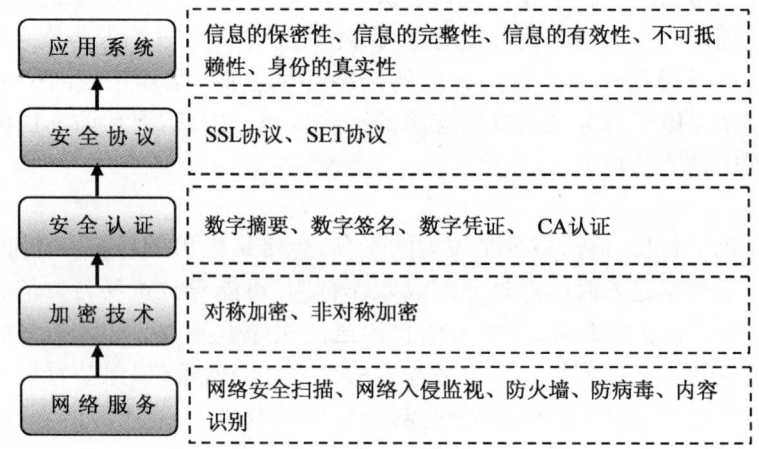

图 7-1　电子商务的安全体系结构

知识 7.4　防火墙技术

1. 防火墙概念

古时候,人们常常在寓所之间砌一道墙,一旦发生火灾,它能够防止火势蔓延到其他的寓所,这种墙因此而得名"防火墙",主要是进行火势隔离。在当今信息社会里,则存在着某种程度的信息隔离的要求。于是人们就借用了古代防火墙的概念,只不过信息世界中的防火墙是由先进的计算机硬件和软件系统构成的,如图 7-2 所示。

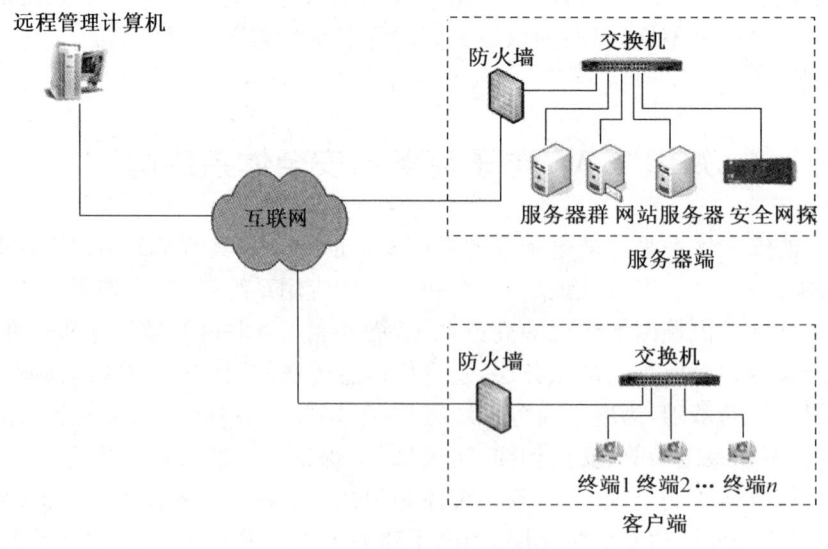

图 7-2　防火墙在网络安全中的应用

防火墙（Firewall）是指设置在不同网络（如可信任的企业内部网和不可信任的公共网）或网络安全域之前的一系列看不见的组合。他是不同网络或网络安全域之前信息的唯一出入口，能根据企业的安全政策控制（允许、拒绝、检测）出入网络的信息流，且本身具有较强的抗攻击能力。他是提供信息安全服务，实现网络和信息安全的基础设施，其目的如同一个安全门，为门内的部门提供安全，控制那些可被允许出入该受保护环境的人或物。就像工作在门前的安全卫士，控制并检查站点的访问者。

2. 防火墙的功能

防火墙是两个网络之间的访问控制和安全策略，用来增强内部网络的安全性，它能够保证 E-mail、文件传输、远程登录（Telnet）及特定系统间的信息交换的安全。

防火墙的主要功能有以下几个方面：

（1）过滤不安全的数据。防火墙能对进出的数据包进行检测与筛选，阻止那些带有病毒或者木马程序的数据通过，保护网络避免基于路由的攻击。

（2）控制不安全的服务和访问。防火墙可以限制他人进入内部网络，过滤不安全的服务和非法的用户，使得内部网络免于遭受来自外界的攻击。同时，防火墙也提供了对特殊站点的访问控制，允许或禁止某些外部网络访问内部网络的某些主机或服务器。

（3）对网络存取和访问进行监控。防火墙能够记录所有经过它的访问行为并进行日志记录，同时提供网络使用情况的统计数据。当发生可疑行为时，防火墙进行适当的报警，并提供网络是否受到监测和攻击的详细信息。

（4）防止内部信息外泄。利用防火墙对内部网络的划分，可以实现对内部网络重点网段的隔离，从而限制局部重点或敏感网络安全问题对全局网络造成的影响。同时，使用防火墙可以阻止攻击者获取、攻击网络系统的有用信息，如域名系统（DNS）等，从而堵住内部网络的某些安全漏洞。

（5）强化网络安全策略。防火墙对企业内部网络实现集中安全管理，在防火墙中定义的安全规则可以运行于整个内部网络系统。以防火墙为中心的安全方案配置，用户可以将口令、身份认证等安全信息配置在防火墙上，无须在内部网络的每台主机上分别配置安全策略。

3. 防火墙的体系结构

防火墙从体系结构上可以分为 3 种模式：双宿/多宿主机模式（Dual-homed /Multi-homed Host Firewall）、屏蔽主机模式（Screened Host Firewall）、屏蔽子网模式（Screened Subnet Firewall）。

双宿/多宿主机模式是一种拥有两个或多个连接到不同网络上的网络接口的防火墙，通常用一台装有两块或多块网卡的主机做防火墙，或使用多个网络接口的硬件防火墙。多个网络接口分别与受保护的网络或外部网络相连。图 7-3 所示为双宿/多宿主机模式防火墙体系结构图。

图 7-3 双宿/多宿主机模式防火墙体系结构图

屏蔽主机模式防火墙由包过滤路由器和堡垒主机组成,图7-4所示为屏蔽主机模式防火墙体系结构图。在这种模式的防火墙中,堡垒主机安装在内部网络上,通常在路由器上设立过滤规则,并使这个堡垒主机成为从外部网络唯一可直接到达的主机,这确保了内部网络不被未授权的外部用户攻击。屏蔽主机防火墙实现了网络层和应用层的安全,因而比单独的包过滤或应用网关代理更安全。在这一方式下,包过滤路由器是否配置正确是这种防火墙安全与否的关键,如果路由器遭到破坏,堡垒主机就可能被越过,而使内部网完全暴露。

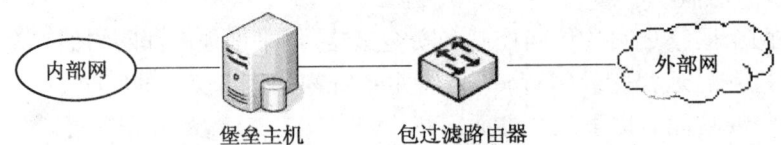

图7-4 屏蔽主机模式防火墙体系结构图

屏蔽子网模式采用了两个包过滤路由器和一个堡垒主机,在内外网络之间建立了一个被隔离的子网,定义为"非军事区(De-Militarized Zone,DZM)"网络,有时也称作周边网(Perimeter Network)。图7-5所示为屏蔽子网模式防火墙体系结构图。网络管理员将堡垒主机、WEB服务器、MAIL服务器等公用服务器放在非军事区网络中。内部网络和外部网络均可访问屏蔽子网,但禁止它们穿过屏蔽子网通信。在这一配置中,即使堡垒主机被入侵者控制,内部网仍受到内部包过滤路由器的保护。

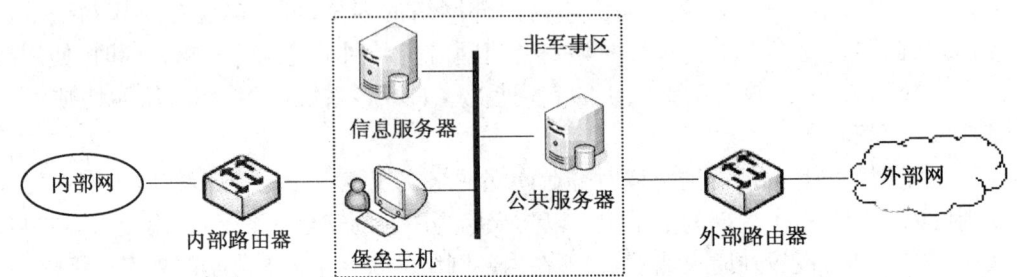

图7-5 屏蔽子网模式防火墙体系结构图

4. 防火墙相关技术

防火墙以多种不同的方式提供网络安全性,如:过滤、网络地址转换(Network Address Translation,NAT)、应用层网关(Application Layer Gateway)、电路级网关(Circuit Gateway)。

(1)包过滤

包过滤是所有防火墙的核心功能。事实上,包过滤是最早期的一种防火墙,是所有边界安全设置中的一种有效的组件。此外,与代理服务器相比,其优势在于它不占用带宽,数据包过滤器检查数据包报头,把它撕掉,并且用一个新的报头代替原来的报头,再把它送到网络中特定位置。

包过滤检查报头决定是否拒绝或者允许数据包通过防火墙,但网络攻击者伪造合法用户IP地址以穿透包过滤防火墙。包过滤防火墙一般包括两种:无状态包过滤器防火墙和有状态包过滤器防火墙。无状态包过滤防火墙在检查报头时,不注意服务器和客户机之间的连接状态,进行无状态包过滤检查的防火墙将只根据报头中信息来阻断数据包。有状态包过滤防火墙将检查数据包中包含的数据,而客户机与服务器之间的连接状态保存在磁盘缓存中。

防火墙执行包过滤功能时可以觉察到攻击者通过扫描网络地址与开放端口发起攻击的企图。在没有防火墙保护的网络中,攻击者使用专用的扫描软件对一批 IP 地址进行扫描,并试图通过扫描到的端口连接到其中某一台计算机上。如果这台计算机给出了连接回应,则成为被攻击的目标。在网络中用来做包过滤器的所有网关或者路由器,应该被正确配置,以防止攻击者的非法连接。

包过滤器也有其局限性。包过滤功能并没有在过滤器中隐藏主机在过滤器内部网络上的地址,对外的通信中包含这些地址,这使得攻击者可以比较容易地锁定这些处在过滤器后面的主机;包过滤器不会检查通过它的来自内部网的消息的合法性;包过滤器只能根据数据报头中显示的源 IP 地址进行检查,容易受到 IP 欺骗攻击。所有这些局限性使得单独的包过滤不能完全胜任防火墙的功能。

(2) 网络地址转换(NAT)

NAT 在一定程度上弥补了包过滤器的缺点,可以隐藏被保护网络中主机的 IP 地址,以阻止攻击者获取被保护网络中的主机地址后,向该主机发送携带病毒的信息或其他有害信息的数据。

NAT 是一个 IETF 标准,允许一个整体机构以一个或多个公用 IP 地址出现在互联网上,是一种把内部私用网络地址(IP 地址)翻译成合法网络 IP 地址的技术。NAT 就是在局域网内部网络中使用内部地址,而当内部结点要与外部网络进行通信时,就在网关处,将内部地址替换成公用地址,从而在外部公网(如互联网)上正常使用。NAT 可以使多台计算机共享互联网连接,这一功能很好地解决了公共 IP 地址紧缺的问题。通过这种方,NAT 屏蔽了内部网络,所有内部网计算机对于公共网络来说是不可见的,而内部网计算机用户通常不会意识到 NAT 的存在。

NAT 实际上是起到网络级的代理程序的作用,它可以代表内部网络上的所有主机,作为一个单独的主机发出请求,对于互联网或外网的其他用户来说,似乎所有信息都来自同一台计算机。因此,受保护网络内部的计算机对外界来说,似乎与运行 NAT 的计算机具有相同的公共的 IP 地址,但是实际上每台计算机都有自己专用的 IP 地址。例如:当配备了 NAT 的防火墙收到来自内部网主机 A 请求时,它就用自己的 IP 地址代替计算机 A 的地址。

(3) 应用层网关

应用层网关即代理服务器,它运转在应用层,如图 7-6 所示。

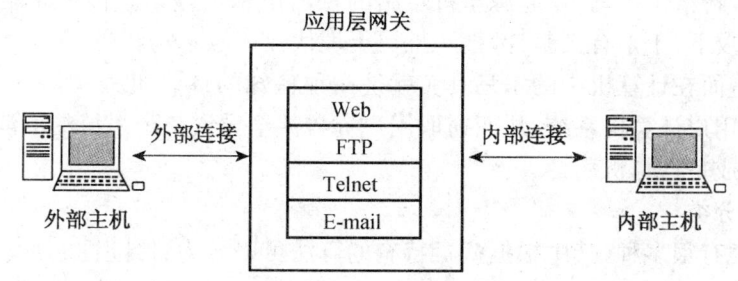

图 7-6 应用层网关

通过设置代理服务器,应用层网关可以控制网络内部的应用程序访问外界。该服务充

当客户端的代理,如代表用户请求 Web 页,或者发送和接受邮件,这样避免用户与互联网直接连接。这种隐蔽性可以减少病毒、蠕虫、木马等所造成的影响。

应用层网关可以识别请求的数据内容,可以允许或拒绝某些特殊内容,如病毒或者可执行文件等。应用层网关比包过滤器更安全,它不再去试图处理 TCP/IP 层可能发生的所有事情,而只需要去考虑一小部分被允许运行的应用程序。另外,在应用级上进行日志管理和通信的审查要容易多了。

应用层网关的缺点是在每次连接中有多余的处理开销,因为两个终端用户通过代理取得连接,而代理就必须检查并转发通信中两个向上的所有数据。

(4) 电路级网关

电路级网络的传输层上实施访问策略,是在内、外网络主机之间建立一个虚拟电路来进行通信。它相当于在防火墙上直接开了个口子进行传输,不像应用层防火墙那样能严密地控制应用层的信息。

网络级网关只依赖于 TCP 连接,并不进行任何附加的包处理或过滤。电路级网关就像电线一样,只是在内部连接和外部连接之间来回拷贝字节,从而隐藏受保护网络的有关信息。电路级网关常用于向外连接,这时网络管理员对内部用户是信任的。其优点是堡垒主机可以被设置成混合网关,对内连接支持应用层或代理服务,而对外连接支持电路级网关功能。这使防火墙系统对于要访问互联网服务的内部用户来说使用起来很方便,同时又能保护内部网络免于外部攻击。在电路级网关中,可能要安装特殊的客户机软件,用户也有可能需要一个可变用户接口来相互作用。

知识 7.5　病毒和木马防范

1. 病毒和木马的概念

计算机病毒这个概念是借助于生物学中病毒的概念,通过分析和研究,计算机病毒和生物学中的病毒有着许多的相似之处。一个比较流行的定义为:计算机病毒是一段附在其他程序上的可以实现自我繁殖的程序代码。这个说法也正好和生物学中的病毒相似——自我繁殖。《中华人民共和国计算机系统信息系统安全保护条例》定义:"计算机病毒是指编制或者在计算机程序中插入的破坏计算机功能或者数据,影响计算机使用并且能够自我复制的一组计算机指令或者程序代码。"

木马,也称"特洛伊木马"。起源于古希腊的特洛伊木马神话。传说希腊人围攻特洛伊城,但久久不能攻下,于是有人献计,把一批勇士埋伏在一匹木马腹内,希腊士兵才得以进城攻下特洛伊城。而在计算机中的木马其实就是一种特殊的计算机程序,它具有某些特殊的功能,能够控制用户计算机系统,从而窃取用户资料甚至导致整个系统的崩溃。在某种意义上,木马可以看成是计算机病毒。

2. 病毒的分类

病毒的分类有很多种,其中根据病毒特有的算法可以分为:伴随性病毒、"蠕虫"病毒、寄生型病毒。

(1) 伴随性病毒

这类病毒并不改变文件的本身,它们根据自身的算法产生和 EXE 文件具有同样的名字和不同的扩展名的伴随体,例如:XCOPY.EXE 的伴随体为 XCOPY.COM。病毒把自身写入 COM 文件并不改变 EXE 文件,当 DOS 加载文件时,伴随体优先被执行,再由伴随加载执行原来的 EXE 文件。

(2) "蠕虫"病毒

这类病毒通过计算机网络传播,不改变文件和资料信息,通过网络从一台计算机的内存传播到其他计算机的内存,如:"红色代码"、"冲击波"。

(3) 寄生型病毒

除了以上两种病毒外,其他的病毒都可称作寄生型病毒,计算机寄生型病毒是指病毒码加在主程序上,一旦程序被执行,病毒也就被激活。

3. 病毒和木马的特点

病毒危害性极大,轻者只是占有磁盘空间、内存,对系统运行影响不大;重者则删除系统文件,恶意修改系统,导致系统无法运行甚至崩溃;更有甚者(如 CIH 病毒)破坏计算机的硬件(如主板)。为了更好地防治病毒,首先认清计算机病毒的特点和行为机理,根据病毒的产生感染和它的破坏行为,总结出病毒的以下几个特点。

(1) 自我复制性

自我复制性是指病毒具有"再生"性。"再生"性是判断是不是病毒最重要的依据。这也正是计算机病毒和生物病毒最重要的相似点之一。病毒把自身的副本放入其他的程序。

(2) 可执行性

计算机病毒也是一段可执行程序,只有当它在计算机内得以运行时,才具有感染性从而表现出一定的破坏能力。

(3) 潜伏性

一般病毒在感染了文件后并不是马上就发作,而是潜伏在计算机系统中,等满足一定的条件时才会被触发。

(4) 隐蔽性

计算机病毒总是以各种方式来隐蔽自己在计算机中的存在。感染了病毒之后计算机系统一般仍然能够运行,用户不会感觉到非常明显的异常,这就是所谓的隐蔽性。

(5) 夺取系统控制权

病毒在运行时,与合法程序争夺系统的控制权,其中争夺系统 CPU 的控制权是关键,同一台计算机内病毒程序与正常系统程序或其他病毒程序争夺系统控制权时往往会造成系统崩溃,导致计算机瘫痪。

(6) 不可预见性

不同种类的病毒的代码是千差万别的。与反病毒软件相比,它们永远是超前的。随着计算机技术的不断发展,这也给计算机病毒提供了广阔的发展空间,从而使得病毒的预测更加困难,这就要求人们提高防范病毒的意识。

木马有客户端和服务器两个执行程序,客户端就是攻击者远程控制植入木马的计算机,服务器端就是木马程序。木马一旦被植入计算机内,攻击者就好像使用自己的计算机一样可以远程控制中了木马的系统,以监控远程计算机的操作或者窃取密码。

4. 病毒和木马的预防

随着个人计算机的普及、互联网的发展、网民数量的增多,病毒所造成的影响和危害也越来越大。但很多病毒是可以预防的,这样可以减少许多不必要的损失,可以尽可能地把损失减少到最低,减少计算机病毒的可乘之机。病毒的防御主要应该从以下几个方面入手。

(1) 加强病毒教育和宣传工作

首先要大力宣传计算机病毒的危害,从而引起人们的重视。普及全民计算机软件硬件的基础知识,使人们了解病毒的机理和感染方法等。另外就是要提高系统管理员和用户的技术素质和防毒意识。

(2) 建立健全的法律规章制度

计算机病毒的防范不是一两个人、一两家企业的事情,而需要全民参与,需要利用一切可以利用的资源,建立完善的病毒防范制度和体系,形成一个强大、完善的病毒防范网络。我国于2000年4月26日发布了《计算机病毒防治管理方法》。

(3) 使用各种防毒技术

只有防毒意识和相应的制度还是不行的,还应该综合使用各种防毒软件和防毒技术。

(4) 规范使用计算机的习惯

① 合理地设置杀毒软件。目前的杀毒软件防毒措施做得非常全面。比如KASPERSKY 6.0(卡巴斯基)就有文件保护及邮件保护及Web反病毒保护等,尽量将这些功能都开启,并及时更新杀毒软件的病毒库版本。

② 不要随意单击一些不明链接。在上网的时候,有时会弹出一些莫名其妙的链接,这时一定不要轻易单击,防止链接中有恶意的代码,一旦单击就很可能导致中毒。

③ 尽量从大型正规网站下载文件。用户经常要从网络上下载文件,这时尽量从一些大型网站下载。因为很多病毒都是从不知名的网站上开始传播的。有一定的机制可以保证大型正规网络上所下载的文件是安全的。

④ 合理地使用E-mail。邮件是计算机病毒传播的一个重要途径,在平时收发邮件时应该注意。如果使用的是微软自带的Outlook Express作为收发邮件的工具,可以通过在设置中使用以"纯文本"格式发送E-mail,如果是以HTML方式发送的话,邮件中可能会被植入HTML代码,通过"纯文本"的设置,可以避免代码植入。另外,对于邮件的附件也要特别慎重,如果附件中有可执行文件(如.EXE、.COM等)或者带有"宏"的文档(.DOC等),最好先把它存在磁盘上,然后使用杀毒工具查杀一遍后再打开。不要随意打开扩展名为SHS、VBS或者PIF的附件,因为这种文件经常被病毒或者木马利用。邮件系统发信时需要用户认证可以减少用户染病毒后的自动发送病毒邮件,但用户尽量不要将密码自动保存在机器上。

⑤ 设置始终显示文件的扩展名。许多计算机用户不太喜欢在自己的计算机中把文件的扩展名始终显示出来。但是许多病毒经常会有许多异常的扩展名,因此可以通过设置始终显示文件的扩展名来发现这种异常的现象,尽早地发现病毒的存在。

⑥ 及时升级自己的操作系统。不管使用什么系统都可能会存在着一些漏洞,很多病毒(如冲击波)就是针对系统漏洞而存在和传染的,必须及时升级操作系统。Windows XP系统的"控制面板"的"安全中心"中有一个"自动更新"选项,是专门用来提供系统补丁下载的。

⑦ 不要随意接收文件。在用QQ、MSN等聊天工具进行在线聊天时,不要随意接收陌生人的文件。有时候熟人的文件也不要随便接收,因为对方的计算机可能已中毒,而对方的

计算机系统就在对方用户不知情的情况下发送文件。

⑧ 备份重要数据。病毒一旦发作,数据文件很可能受到破坏而不能恢复,对于一些个人非常重要的数据,最好是通过光盘刻录或者其他方式备份。

知识 7.6　数据加密技术

在电子商务活动中,为了实现交易信息和数据在传输过程中的保密性和完整性,防止信息被窃取或修改,必须采用加密技术对数据进行加密。

加密技术就是采用合适的加密算法,把原始信息(明文)转换成不可理解的形式或偏离信息原意的信息(密文),从而保障信息安全的过程。加密的逆过程是解密,即合法接收者使用解密密钥将密文转换为可以理解形式的过程。加密系统包括信息(明文和密文)、算法(加密算法和解密算法)和密钥(加密密钥和解密密钥)3个部分。其中,加密算法是基于一定的数学方法,将普通文本(可理解的信息)与一串字符串(密钥)相结合,产生不可理解的密文数学函数;密钥是在加密过程中,用于对文本进行编码和解码所使用的可变参数。算法是相对稳定的,而密钥是可以改变的。

发送方使用加密密钥,通过加密算法,对需要传输的数据进行加密,得到密文,并将密文传输出去;接收方收到密文后,用解密密钥对密文进行解密,还原为明文,加密和解密的过程如图 7-7 所示。

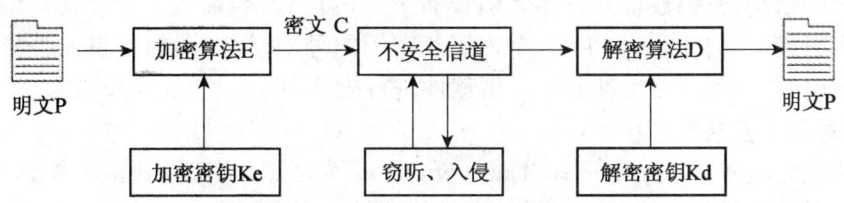

图 7-7　加密和解密的过程示意图

例如:采用移位加密法,将英文字母 A、B、C、D…X、Y、Z 分别对应变换成 D、E、F、G…A、B、C,即字母顺序保持不变,但使之分别与相差 3 个字母的字母对应。若现在有明文"How do you do",则按照该加密算法和密钥,对应的密文为"Krz gr brx gr"。如果信息在传输过程中被窃取,窃取者只能得到无法理解的密文,从而实现了保障信息传输的安全。数据加密技术是电子商务采取的主要安全措施,其目的在于提高信息系统及数据的安全性和保密性,防止数据被外部窃取破译。加密技术通常可以分为对称加密技术和非对称加密技术两种。

1. 对称加密技术

对称加密技术(Symmetric Encryption)又称为常规密钥加密、私钥或单钥密钥加密,即信息的发送方和接收方使用同一个密钥对信息数据进行加密和解密的技术。

(1) 对称加密技术的原理

在对称加密技术中,由信息的发送方使用加密密钥对信息进行加密后,通过网络传输到信息的接收方,接收方再使用相同的密钥对密文进行解密,得到原始信息,从而保证信息的机密性和完整性,如图 7-8 所示。在这一过程中,交易双方采用相同的机密算法,只交换共享的加密密钥。如果进行通信的交易双方能够确保加密密钥在密钥交换阶段未发生泄露,就可以通过对方加密技术处理和发送机密信息。密钥的安全交换是关系到对称加密有效性的核心环节。

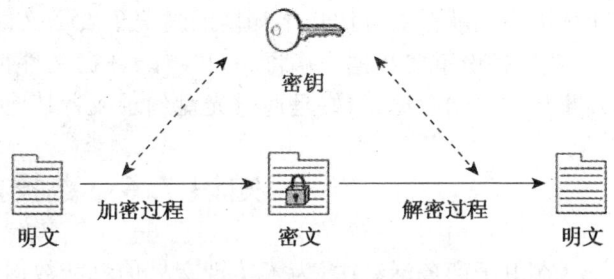

图 7-8 对称密钥加密

目前常用的对称加密算法有 DES、IDEA、3DES、RC4 等,其中数据加密标准(DES,Data Encryption Standard)是目前使用最广泛的对称加密算法,主要用于银行业的电子资金转账领域,被国际标准化组织(ISO)定为数据加密的标准。

(2) 对称加密技术的优缺点

对称加密技术的优点在于算法简单,加密、解密速度快、效率高,适用于大量数据信息传输;由于加密和解密使用同一密钥,且应用简单,适用于专用网络中通信各方相对固定的情况,如金融通信专网、军事通信专网、外交及商业专网的加密通信。

对称加密技术的缺点主要表现在:第一,由于算法公开,加密和解密使用相同的密钥,交易双方在通信前必须交换密钥,且密钥使用一段时间后应进行更换,这就需要使用安全可靠的途径进行密钥的传递,而电话通知、邮件等方式均存在泄密的风险;第二,密钥的管理难度较大。当企业与多个贸易伙伴进行交易时,为了保证数据的安全性,对于不同的贸易伙伴必须使用不同的密钥,密钥数量非常多。假设有三方两两通信,需要 3 个密钥,当网络中有 n 个用户两两通信,则需要 $n(n-1)/2$ 个密钥。密钥的分配、管理和保存将面临极大的困难。第三,难以对用户身份的真实性和不可抵赖性进行确认。

2. 非对称加密技术

非对称加密技术(Unsymmetric Encryption)又称为公开密钥加密,是指分别使用公开密钥(加密密钥)和私有密钥(解密密钥)完成信息的加密和解密的加密技术。在非对称加密体系中,用户掌握两个不同的密钥,其中一个是公开密钥(加密密钥),可以通过非保护方式向他人公开,用于对机密信息进行加密,另一个是私有密钥(解密密钥)需要保密,用于对加密信息进行解密。

(1) 非对称加密技术的原理

采用非对称加密技术对数据进行加密时,需要信息的接收方拥有一对密钥,且这对密钥无法相互推导。信息的接收方首先将其中一个密钥作为公钥,告知各贸易的伙伴,而将另一个密钥作为私钥,由自己妥善保管。在进行信息传输时,发送方使用接收方的公钥对数据信息进行加密并传输,接收方收到密文后,使用自己的私钥进行解密得到原始信息,如图 7-9 所示。与此同时,如果私钥的拥有者利用私钥对数据进行加密,那么只用对应的公钥才能解密,由于私钥只能为特定的发送方所拥有,此时就可以采用这种方式确认信息发送者的身份。

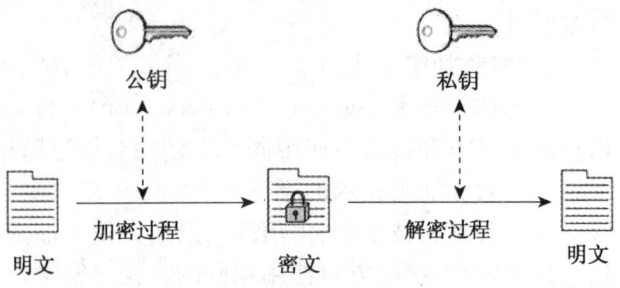

图 7-9 非对称密钥加密

目前使用最广泛的非对称加密算法是 RSA(Rivest Shamir Adleman)算法,该算法已被 ISO/TC 的数据加密技术分委员会 SC20 推荐为非对称密钥数据加密标准。

(2) 非对称加密技术的优缺点

非对称加密技术较好的解决了对称加密技术中密钥数量过多、难以管理以及无法对身份进行确认等不足,也无须担心密钥在传输中泄露,密钥分配简单,管理方便,能够很好地支持对传输信息的数字签名,解决交易中身份确认及交易信息的否认与抵赖问题,保密性能比对称加密技术好。但是,非对称加密算法复杂,加密、解密花费时间长、速度慢,一般不适合对数据量较大的文件进行加密。在实际应用中,通常将 DES 算法的对称加密和 RSA 算法的非对称加密结合起来使用,在保证数据安全的基础上,提高加密和解密的速度。

知识 7.7 数 字 摘 要

数字摘要(Digital Digest)又称为报文摘要或消息摘要,是指发送者通过采用单向散列函数对某个被传输信息的摘要进行加密处理,形成具有密文性质的摘要值,并将此摘要值与原始信息报文一起发送给接收者,接收者应用此摘要值来检验信息报文在传递过程中是否发生改变,并确定报文信息的真实性。数字摘要一般采用安全的 Hash 算法(Secure Hash Algorithm,SHA),即选择一个散列函数或随机函数,用一个和记录相关的值作为函数的参数,生成存放该记录的块地址,从而得到一个摘要值。采用单向 Hash 函数将需要加密的明文"摘要"成一串 128 bit 的密文,这一串密文也成为数字指纹,有固定的长度,由于所得到的摘要值同明文是一一对应的,不同的摘要加密成不同的密文,相同的明文其摘要必然一样,因此,利用数字摘要可以验证通过网络传输的明文是否为初始的、未被篡改过的信息。从而保证数据的完整性和有效性。

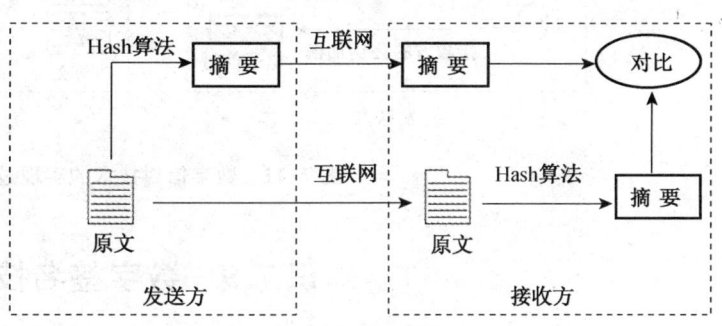

图 7-10 数字摘要技术的实现过程

数字摘要技术的实现过程如图 7-10 所示,具体包括以下步骤:

(1) 先提取发送信息的数字摘要,并在传输信息时将之加入文件一同送给接收方。

(2) 接收方收到文件后,用相同的方法对接收的信息进行变换运算得到另一个摘要。

(3) 将自己的运算得到的摘要与发送过来的摘要进行比较,从而验证数据的完整性。

知识 7.8 数 字 信 封

数字信封是指发送方采用对称加密技术对信息进行加密,然后将此对称密钥用接收方的公钥加密之后,将它和信息一起发送给接收方,接收方先用相应的私钥打开数字信封,得到对称密钥,然后使用对称密钥解开信息。

数字信封技术是为了解决传送、更换密钥问题而产生的技术,它集合了对称加密和非对称加密技术的优点。金融交易所使用的密钥必须经常更换,为了解决每次更换密钥的问题,结合对称加密技术和公开密钥技术的优点,数字信封技术克服了密钥加密中密钥分发困难和公开密钥加密中加密时间长的问题,使用两个层次的加密来获得公开密钥技术的灵活性和密钥技术的高效性。外层使用灵活的公开密钥加密技术,在内层使用密钥加密技术。

信息发送方使用密码对信息进行加密,从而保证只有规定的收信人才能阅读信的内容。采用数字信封技术后,即使加密文件被他人截获,因为截获者无法得到发送方的通信密钥,也不能对文件进行解密。

数字信封技术的实现过程如图 7-11 所示,具体包括以下步骤:

(1) 发送者使用随机产生的对称密钥加密数据,然后将生成的密文和密钥本身一起用接收者的公开密钥加密(电子信封)并发送。

(2) 接收者先用自己的私钥解密电子信封,得到对称密钥,然后使用对称密钥解密数据。这样,保证每次传送数据都可由发送方选定不同的对称密钥。

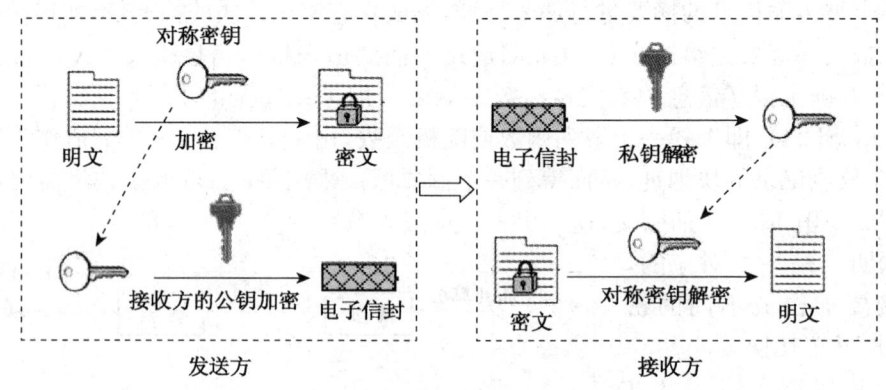

图 7-11 数字信封技术的实现过程

知识 7.9 数字签名技术

1. 数字签名的概念

数字签名(Digital Signature)是公开密钥加密技术的一种应用,是指用发送方的私有密钥加密报文摘要,然后将其与原始的信息附加在一起,合称为数字签名。数字签名是通知某种密码运算生成一系列符号及代码组成电子密码进行签名,来代替书写签名或印章,这种电子式的签名还可以进行技术验证,其验证的准确度是一般手工签名和图章的验证无法比拟的。数字签名是目前电子商务、电子证券中应用最普遍、技术最成熟、操作性最强的一种电子签名方法。它采用了规范化的程序和科学化的方法,用于鉴定签名人的身份以及对一项电子数据内容的认可。它还能验证出文件的原文在传输过程中有无变动,确保传输电子文件的完整性、真实性和不可抵挡性。

2. 数字签名的实现过程

实现数字签名有很多方法,目前数字签名采用较多的公钥加密技术,如基于 RSA Date Security 公司的 PKCS、Digital Signature Algorithm、X.509、PGP。1994 年美国标准与技术协会公布了数字签名标准而使公钥加密技术广泛应用。公钥加密系统采用的是非对称加密算法。目前的数字签名是建立在公共密钥体制基础上的,它是公用密钥加密技术的另一类应用。

现在应用广泛的数字签名方法主要有 3 种,即 RSA 签名、DSS 签名和 Hash 签名。这 3 种算法可单独使用,也可综合在一起使用。数字签名是通过密码算法对数据进行加密、解密变换实现的,用 DES 算法、RSA 算法都可实现数字签名。但 3 种技术或多或少都有缺陷,或者没有成熟的标准。下面以 Hash 签名为例介绍签名的主要过程。Hash 签名是最主要的数字签名方法,也称之为数字摘要法或数字指纹法。它与 RSA 数字签名是单独的签名不同,该数字签名方法是将数字签名与要发送的信息紧密联系在一起,比合同和签名分开传递更增加了可信度和安全性。

数字摘要加密的方法亦称安全 Hash 编码法或 MD5,由 Ron Rivest 所设计。该编码法采用单向 Hash 函数将需加密的明文"摘要"成一串 128 bit 的密文,这一串密文亦称为数字指纹,它有固定的长度,且不同的明文摘要必定一致。这样这串摘要便可成为验证明文是否是"真身"的"指纹"了。

只有加入数字签名及验证才能真正实现在公开网络上的安全传输。加入数字签名和验证的文件传输过程如下:

(1) 发送方首先用哈希函数从原文得到 128 位的数字摘要。
(2) 发送方用自己的私有密钥对数字摘要进行加密,形成数字签名。
(3) 发送方将原文和加密的数字摘要一起传给对方。
(4) 接收方用发送方的公共密钥对摘要进行解密,同时对收到的原文用哈希算法产生摘要。
(5) 接收方将解密后的摘要与收到的原文用哈希算法产生的摘要相互对比,如果两个摘要一致,则说明传送过程中信息没有被破坏或篡改过。

整个数字签名的过程如图 7-12 所示,数字签名就是这样通过双重加密和方法来防止原文被修改,或冒用别人的名义发送文件,或收发文件又加以否认等行为的发生。

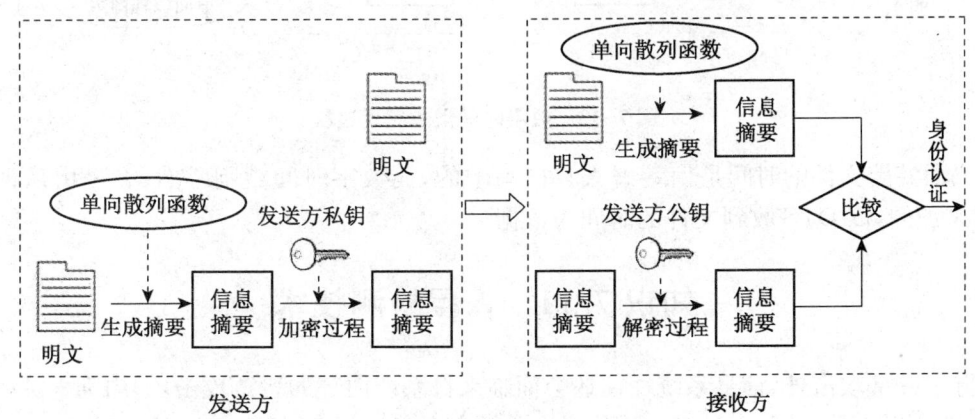

图 7-12 数字签名技术的实现过程

知识 7.10　数字时间戳

1. 数字时间戳的定义

在电子商务交易文件中，时间是十分重要的信息。在书面合同中，文件签署的日期和签名一样均是十分重要的防止文件被伪造和篡改的关键内容。在电子交易中，需要对交易文件的日期和时间信息采取安全措施，数字时间戳(Digital Time Stamp,DTS)服务专用于提供电子文件日期和时间信息的安全保护，由专门的机构提供。在数字签名时加上一个时间标记，即是有数字时间戳的数字签名。

时间戳(Time Stamp)是一个经加密后形成的凭证文档，它包括3个部分：

(1) 需加时间戳的文件的摘要(Digest)。

(2) DTS 收到文件的日期和时间。

(3) DTS 的数字签名。

2. 数字时间戳的实现过程

一般来说，时间戳产生的过程为：用户首先将需要加时间戳的文件用 Hash 算法加密形成摘要，然后将该摘要发送到 DTS，DTS 在加入了收到文件摘要的日期和时间信息后再对该文件加密(数字签名)，然后送回用户，如图 7-13 所示。

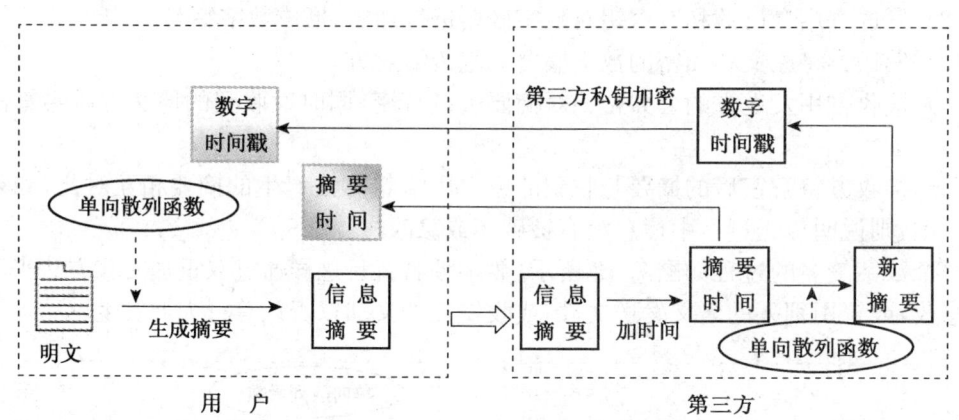

图 7-13　数字时间戳的实现过程

书面签署文件的时间是由签署人自己写上的，而数字时间戳则不然，它是由认证单位 DTS 来加的，以 DTS 收到文件的时间为依据。

知识 7.11　入侵检测技术

除了外部攻击外，信息系统往往还会面临来自系统内部的恶意攻击，如内部人员的恶意攻击、非法操作等。因此，计算机网络安全风险系数面临着不断提高的风险，传统的计算机网络安全解决方案已经难以解决。曾经作为计算机网络安全主要的防范手段的防火墙技术，已经不能满足人们对日益增长的网络安全需求。作为对防火墙技术的有益补充，引入了一种全新的计算机网络安全技术——入侵检测系统(Intrusion Detection System，IDS)。入侵检测技术作为一种主动防御技术，在保障系统内部安全以及防止入侵攻击方面都发挥着重要作用。

1. 什么是入侵检测

入侵检测是指"通过对行为、安全日志、审计数据或其他网络上可以获得的信息进行操作，检测对系统的闯入或闯入的企图"。入侵检测技术是一种积极主动的安全防御技术，提供了对外部、内部攻击以及人员误操作的实时防护。Dorothy E. Denning 在 1986 年首次提出了入侵检测系统的抽象模型，并提出将入侵检测系统纳入计算机网络安全系统，从而形成全新的计算机网络安全的概念。入侵检测是对传统安全产品的合理补充，帮助系统对付网络攻击，扩展了系统管理员的安全管理能力（包括安全审计、监视、进攻识别和响应），提高了信息安全基础结构的完整性。它从计算机网络系统中的若干关键点收集信息，看看网络中是否有违反安全策略的行为和遭到袭击的迹象。入侵检测被认为是防火墙之后的第二道安全闸门，在不影响网络性能的情况下能对网络进行监测，从而提供对内部攻击、外部攻击和误操作的实时保护。

2. 入侵检测技术的工作原理

入侵检测技术的工作原理可以用 3 个过程来表示，即信息收集、信息分析和结果处理。

（1）信息收集

入侵检测的第一步是信息收集，收集内容包括系统、网络、数据及用户活动的状态和行为。由放置在不同网段的传感器或不同主机的代理来收集信息，包括系统和网络日志文件、网络流量、非正常的目录和文件改变、非正常的程序执行。

（2）信息分析

收集到的有关系统、网络、数据及用户活动的状态和行为等信息，被送到检测引擎，检测引擎驻留在传感器中。通过 3 种技术手段进行分析：模式匹配、统计分析和完整性分析。当检测到某种误用模式时，产生一个告警并发送给控制台。

（3）结果处理

控制台按照告警产生预先定义的响应采取相应的措施，可以是重新配置路由器或防火墙、终止进程、切断连接、改变文件属性，也可以是简单地告警。

3. 入侵检测技术的实现方法

入侵检测实现的方法有很多，如基于专家系统入侵检测方法、基于精神网络的入侵检测方法等。目前一些入侵检测系统在应用层入侵检测中已有实现。比如基于专家系统的入侵检测方法主要是通过对入侵行为特征进行抽取并建立知识库，将有关入侵的知识转化为 if-then 结构（也可以是复合结构），if 部分为入侵特征，then 部分是系统防范措施。这样，当发生入侵行为时，系统便会采取具有针对性的措施。

入侵检测通过执行以下任务来实现。

（1）监视、分析用户及系统活动。

（2）系统结构和弱点的审计。

（3）识别反应已知进攻的活动模式并向相关人士报警。

（4）异常行为模式的统计分析。

（5）评估重要系统和数据文件的完整性。

（6）操作系统的审计跟踪管理，并识别用户违反安全策略的行为。

对一个成功的入侵检测系统来讲,他不但可使系统管理员时刻了解网络(包括程序、文件盒硬件设备等)的任何变更,还能给网络安全策略的制订提供指南。更为重要的一点是,它容易管理、配置简单,从而使非专业人员非常容易获得网络安全。而且,入侵检测的规模还根据网络威胁、系统构造和安全需求的改变而改变。入侵检测系统在发现入侵后会及时做出响应,包括切断网络连接、记录事件、报警等。

入侵检测作为一种积极主动的安全防护技术,提供了对内部攻击、外部入侵和误操作的实时保护,在网络系统受到危害之前拦截和响应入侵。从网络安全立体纵深、多层次防御的角度出发,入侵检测理应受到人们的高度重视,这从国外入侵检测产品市场的蓬勃发展就可以看出。从现阶段入侵检测技术的发展模式可以看出未来入侵检测技术主要向着分部入侵检测与通用入侵检测架构、应用层入侵检测、智能的入侵检测以及网络安全技术结合的方向发展,其应用前景将是非常广阔的。

知识 7.12　数字证书与 CA 认证中心

1. 数字证书

(1) 数字证书的定义

数字证书(Digital Certificate)是网络通信中标志通信各方身份信息的一系列数据,其作用类似于现实生活中的身份证。数字证书是由一个权威、公正的第三方机构,即 CA 认证中心签发,如图 7-14 所示,人们可以在交易中用它来识别对方的身份。以数字证书为核心的加密技术可以对网络上传输的信息进行加密、解密、数字签名和签名验证,确保网上传递信息的机密性、完整性,以及交易者身份的真实性和签名信息的不可否认性,从而保障电子商务交易的安全性。

最简单的证书包含一个公开密钥、名称以及正式授权中心的数字签名。一般情况下证书中还包括密钥的有效时间、发证机关(正式授权中心)的名称、该证书的序列号等信息,证书的格式遵循 CCITT X.509 国际标准。一个

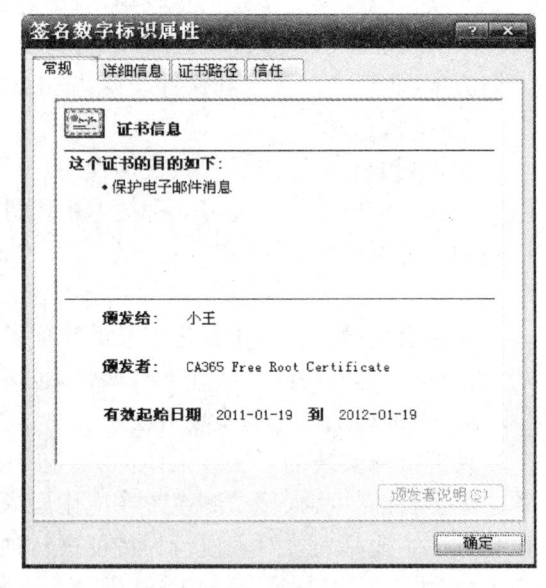

图 7-14　数字证书常规证书信息

标准的 X.509 数字证书包含以下一些内容:证书的版本信息;证书的序列号,每个证书都有一个唯一的证书序列号;证书所使用的签名算法;证书的发行机构名称;证书的有效期,现在通用的证书一般采用 UTC 时间格式,它的计时范围为 1 950~2 049;证书所有人的名称;证书所有人的公开密钥;证书发行者对证书的数字签名等,如图 7-15 所示。

(2) 数字证书的作用

电子商务系统必须保证具有十分可靠的安全保密技术,也就是说,必须保证网络安全的五大要素,即信息传输的保密性、数据交互的完整性、发送信息的不可否认性、交易者身份的

真实性、系统的可靠性。

数字安全证书提供了一种在网上验证身份的方式。安全证书体制主要采用了公开密钥体制，其他还包括对称密钥加密、数字签名、数字信封等技术。

我们可以使用数字证书，通过运用对称和非对称密码体制等密码技术建立起一套严密的身份认证系统，从而保证：信息除发送方和接收方外不被其他人窃取；信息在传输过程中不被篡改；发送方能够通过数字证书来确认接收方的身份；发送方对于自己的信息不能抵赖。

（3）数字证书的类型

目前，数字证书有个人数字证书、企业数字证书和服务器数字证书 3 种类型。

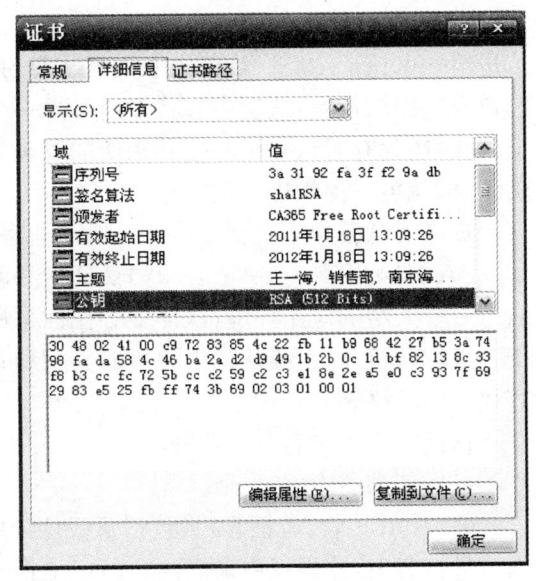

图 7-15　数字证书详细信息

个人数字证书是用来表明和验证个人在网络上的身份证书，通常安装在个人用户的浏览器内，用以帮助个人在网上进行安全交易操作，可以用于网上支付、网上证券、网上保险、网上理财、网上缴费、网上购物、网上办公等。

企业数字证书是用来表明和验证企业用户在网络上的身份的证书，用以确保企业网上交易和作业的安全性和可靠性，可应用于网上证券、网上办公、网上交税、网上采购、网上资金转账、企业网上银行等。

服务器数字证书主要用于网站交易服务器或其他需要安全鉴别的服务器，需要和网站的 IP 地址、域名捆绑，以保证网站的真实性和不被他人仿造。服务器数字证书的目的是保证客户机和服务器之间进行交易信息传递中双方身份的真实性、安全性和可信度等，可存放于服务器硬盘或加密硬件设备上。

（4）数字认证的原理

数字证书采用公约体制，即利用一对互相匹配的密钥进行加密、解密。每个客户自己设定一把特定的仅为本人所知的私有密钥（私钥），用它进行解密和签名；同时设定一把公共密钥（公钥）并由本人公开，为一组客户所共享，用于加密和验证签名，当发送一份保密文件时，发送方使用接收方的公钥对数据加密，而接收方则使用自己的私钥解密，这样信息就可以安全无误地到达目的地了。通过数字的手段保证加密过程是一个不可逆过程，即只有用私有密钥才能解密。

（5）数字证书的颁发

数字证书是由认证中心颁发的。根证书是认证中心与客户建立信任关系的基础。在客户使用数字证书之前必须首先下载和安装。

认证中心是一家能向客户签发数字证书以确认客户身份的管理机构。为了防止数字凭证被伪造，认证中心的公共密钥必须是可靠的，认证中心必须公布其公共密钥或由更高级别的认证中心提供一个电子凭证来证明其公共密钥的有效性，后一种方法导致了多级别认证中心的出现。

数字证书颁发过程如下:客户产生了自己的密钥对,并将公共密钥及部分个人身份信息传送给一家认证中心。认证中心在核实身份后,将执行一些必要的步骤,已确信请求确实由客户发送而来,然后认证中心将发给客户一个数字证书,该证书内附了客户和他的密钥等信息,同时还附有对认证中心公共密钥加以确认的数字证书。当客户想证明其公开密钥的合法性时,就可以提供这一数字证书。

2. CA 认证中心

CA(Certification Authority)认证中心就是一个负责发放和管理数字证书的权威机构。对于一个大型的应用环境,认证中心往往采用一种多层次的分级结构,各级的认证中心类似于各级行政机关,上级认证中心负责签发和管理下级认证中心的证书,最下一级的认证中心直接面向最终客户。

认证中心主要有以下几种功能:

(1) 证书的颁发

CA 中心接收、验证客户(包括下级认证中心和最终客户)的数字证书的申请,将申请的内容进行备案,并根据申请的内容确定是否受理该数字证书申请。如果中心接受该数字证书申请,则进一步确定给客户颁发何种类型的证书。新证书用认证中心的私钥签名以后,发送到目录服务器供客户下载和查询。为了保证消息的完整性,返回给客户的所有应答信息都要使用认证中心的签名。

(2) 证书更新

认证中心可以定期更新所有客户的证书,或者根据客户的请求来更新客户的证书。

(3) 证书的查询

证书的查询可以分为两类,其一是证书申请的查询,认证中心根据客户的查询请求返回当前客户证书申请的处理过程;其二是客户证书的查询,这类查询由目录服务器来完成,目录服务器根据客户的请求返回适当的证书。

(4) 证书的作废

当客户的私钥由于泄漏等原因造成客户证书需要申请作废时,客户需要向认证中心提出证书作废请求,认证中心根据客户的请求确定是否将该证书作废。另外一种证书作废的情况是证书已经过了有效期,认证中心自动将该证书作废。认证中心通过维护证书作废列表(Certificate Revocation List,CRL)来完成上述功能。

(5) 证书的归档

证书具有一定的有效期,证书过了有效期之后就将被作废,但是我们不能将作废的证书简单地丢弃,因为有时我们可能需要验证以前的某个交易过程中产生的数字签名,这时我们就需要查询作废的证书。基于此类考虑,认证中心还应当具备管理作废证书和作废私钥的功能。

总的来说,基于认证中心的安全方案应该能很好地解决网上客户身份认证和信息安全传输问题。一般一个完整的安全解决方案包括以下几个方面:认证中心的建立;密码体制的选择,现在一般采用混合密码体制(即对称密码和非对称密码的结合);安全协议的选择,目前较常用的安全协议有 SSL(Secure Socket Layer)、S-HTTP(Secure HTTP)等。其中,认证中心的建立是实现整个网络安全解决方案的关键和基础,它的建立对互联网上电子商务与政府上网应用的开展具有非常重要的意义。

国内常见的 CA 认证中心有:如图 7-16 所示江苏省电子商务证书认证中心(http://www.jsca.com.cn)、图 7-17 为中国金融认证中心(http://www.cfca.com.cn)、图 7-18 为上海市数字证书认证中心(http://www.sheca.com)。

图 7-16　江苏省电子商务证书认证中心

图 7-17　中国金融认证中心

图 7-18　上海市数字证书认证中心

知识 7.13　电子商务安全协议

要实现电子商务的安全交易,交易双方必须遵守统一的安全标准协议,目前,在电子商务交易中最重要的安全协议主要有 SSL 安全协议和 SET 安全协议。

1. 安全套接层协议 SSL

安全套接层协议(Secure Sockets Layer,SSL)是由网景公司 Netscape 设计开发的互联网数据安全协议,主要用于 Web 浏览器与服务器之间的身份认证和加密数据传输,提高应用程序之间的数据安全系数,它涉及所有 TC/IP 应用程序。

SSL 安全协议主要提供三方面的服务:

(1) 客户和服务器的合法性认证。认证客户和服务器的合法性,使得它们能够确信数据将被发送到正确的客户机和服务器上。客户机和服务器都是有各自的识别号,这些识别号由公开密钥进行编号,为了验证客户是否合法,安全套接层协议在握手交换数据进行数字认证,以此来确保客户的合法性。

(2) 加密数据以隐藏被传送的数据。安全套接层协议所采用的加密技术既有对称密钥技术,也有公开密钥技术。在客户与服务器进行数据交换之前,交换 SSL 初始握手信息,在 SSL 握手信息中采用了各种加密技术对其加密,以保证其机密性和数据的完整性,并且用数字证书进行鉴别,这样就可以防止被非法客户破译。

(3) 保护数据的完整性。安全套接层协议采用 Hash 函数和机密共享的方法来提供信息的完整性服务,建立客户机与服务器之间的安全通道,使其所有经过安全套接层协议处理的业务在传输过程中能全部完整准确无误地到达目的地。

安全套接层协议是一个保证计算机信息安全的协议,对通信对话过程进行安全保护。例如,一台客户机与一台主机连接上了,首先是要有初始化握手协议,然后就建立一个SSL对话时段。直到对话结束,安全套接层协议都会对整个通信过程加密,并且检查其完整性。这样一个对话时段算一次握手。而HTTP协议中的每一次连接就是一次握手,因此,与HTTP相比,安全套接层协议的通信效率更高些。

SSL安全协议的通信过程如下:①接通阶段,客户通过网络向服务商打招呼,服务商回应;②密码交换阶段,客户与服务器之间交换双方认可的密码,一般选用RSA密码算法;③会谈密码阶段,客户与服务商间产生彼此交谈的会谈密码;④检验阶段,检验服务商取得的密码;⑤客户认证阶段,验证客户的可信度;⑥结束阶段,客户与服务器之间相互交换结束的信息。当上述动作完成之后,两者间的资料传送就会加密,另外一方收到资料后,再将编码资料还原。即使盗窃者在网络上盗取了编码后的资料,如果没有原先编制的密码算法,也不能获得可读的有用资料。发送时用对称密钥加密,对称密钥用非对称算法加密,再把两个包绑在一起传送过去。接受的过程与发送正好相反,先打开有对称密钥的加密包,再用对称密钥解密。

在电子商务交易过程中,由于有银行参与,按照SSL协议,客户的购买信息首先发往商家,商家再将信息转发银行,银行验证客户信息的合法性后,通知商家付款成功,商家再通知客户购买成功,并将商品寄送客户。

SSL安全协议是国际上最早应用于电子商务的一种网络安全协议,至今仍然有很多网上商店使用。在传统的邮购活动中,客户首先寻找商品信息,然后汇款给商家,商家将商品寄给客户。这里,商家是可以信赖的,所以客户先付款给商家。在电子商务的开始阶段,商家也是担心客户购买后不付款,或使用过期的信用卡,因而希望银行给予认证。SSL安全协议正是在这种背景下产生的。

SSL协议运行的基点是商家对客户信息保密的承诺。但上述流程中我们也可以注意到,SSL协议有利于商家而不利于客户。客户的信息首先传到商家,商家阅读后再传至银行,这样,客户资料的安全性便受到威胁。商家认证客户是必要的,但整个过程中,缺少了客户对商家的认证。在电子商务的开始阶段,由于参与电子商务的公司大都是一些大公司,信誉较高,这个问题没有引起人们的重视。随着电子商务参与的厂商迅速增加,对厂商的认证问题越来越突出,SSL协议的缺点完全暴露出来了,SSL协议将逐渐被新的电子商务协议(例如SET)所取代。

2. 安全电子交易协议SET

在开放的互联网处理电子商务,保证买卖双方传输数据的安全成为电子商务的重要问题。为了克服SSL安全协议的缺点,满足电子交易持续不断增加的安全要求,为了达到交易安全及合乎成本效益的市场要求,VISA国际组织及其他公司如Master Card、Micro Soft、IBM等联合于1997年5月31日推出的用于电子商务安全交易的行业规范(Secure Electronic Transaction),即安全电子交易。这是为在线交易而设立的一个开放的、以电子货币为基础的电子付款系统规范。SET在保留对客户信用卡认证的前提下,又增加了对商家身份的认证,这对于需要支付货币的交易来讲是至关重要的。由于设计合理,SET协议得到许多大公司和消费者的支持,已成为全球网络的工业标准,其交易形态将成为未来电子商务的规范。SET已获得IETF标准的认可,是电子商务的发展方向。

SET支付系统主要由持卡人(Card Holder)、商家(Merchant)、发卡行(Issuing Bank)、收单行(Acquiring Bank)、支付网关(Payment Gateway)、认证中心(Certificate Authority)等6个部分组成。对应的基于SET协议的网上购物系统至少包括电子钱包软件、商家软件、支付网关软件和签发证书软件。

SET协议的工作流程如下：

(1) 消费者利用自己的PC机通过互联网选定所要购买的物品,并在计算机上输入订货单,订货单上需要包括在线商品、购买物品名称及数量、交货时间及地点等相关信息。

(2) 通过电子商务服务器与有关在线商店联系,在线商店作出应答,告诉消费者所填订货单的货物单价、应付款数、交货方式等信息是否准确,是否有变化。

(3) 消费者选择付款方式,确认订单签发付款指令,此时SET开始介入。

(4) 在SET中,消费者必须对订单和付款指令进行数字签名,同时利用双重签名技术保证商家看不到消费者的账号信息。

(5) 在线商店接受订单后,向消费者所在银行请求支付认可。信息通过支付网关到收单银行再到电子货币发行公司确认。批准交易后,返回确认信息给在线商店。

(6) 在线商店发送订单确认信息给消费者。消费者端软件可记录交易日志,以备将来查询。

(7) 在线商店发送货物或提供服务并通知收单银行将钱从消费者的账号转移到商店账号,或通知发卡银行请求支付。在认证操作和支付操作中间一般会有一个时间间隔,例如,在每天的下班前请求银行结一天的账。

前两步与SET无关,从第三步开始SET起作用,一直到第六步,在处理过程中通信协议、请求信息的格式、数据类型的定义等SET都有明确的规定。在操作的每一步,消费者、在线商店、支付网关都通过CA(认证中心)来验证通信主体的身份,以确保通信的对方不是冒名顶替,所以,也可以简单地认为SET规范充分发挥了认证中心的作用,以维护在任何开放网络上的电子商务参与者所提供信息的真实性和保密性。

项目实施

【项目任务】

根据项目内容,本项目为学会电子商务交易中数字证书的申请和安装方法,包括数字证书的导入、导出和查看。掌握用OutLook Express发送数字签名电子邮件,用OutLook Express发送加密电子邮件的整个过程。主要有下面几个任务：

(1) 数字证书的申请与安装。

(2) 数字签名、安全电子邮件。

【项目要求】

(1) 理解数字证书的作用和特点,学会数字证书的申请和安装方法。

(2) 掌握用OutLook Express发送数字签名电子邮件和加密电子邮件的方法。

【实施步骤】
一、数字证书的申请与安装
为了建立数字证书的申请人与 CA 认证中心的信任关系,保证申请证书时信息传输的安全性,在申请数字证书前,需下载并安装根 CA 证书。

1. 根证书的下载

(1) 在浏览器地址栏里输入 http://www.ca365.com,进入中国数字认证网的主页,如图 7-19 所示。

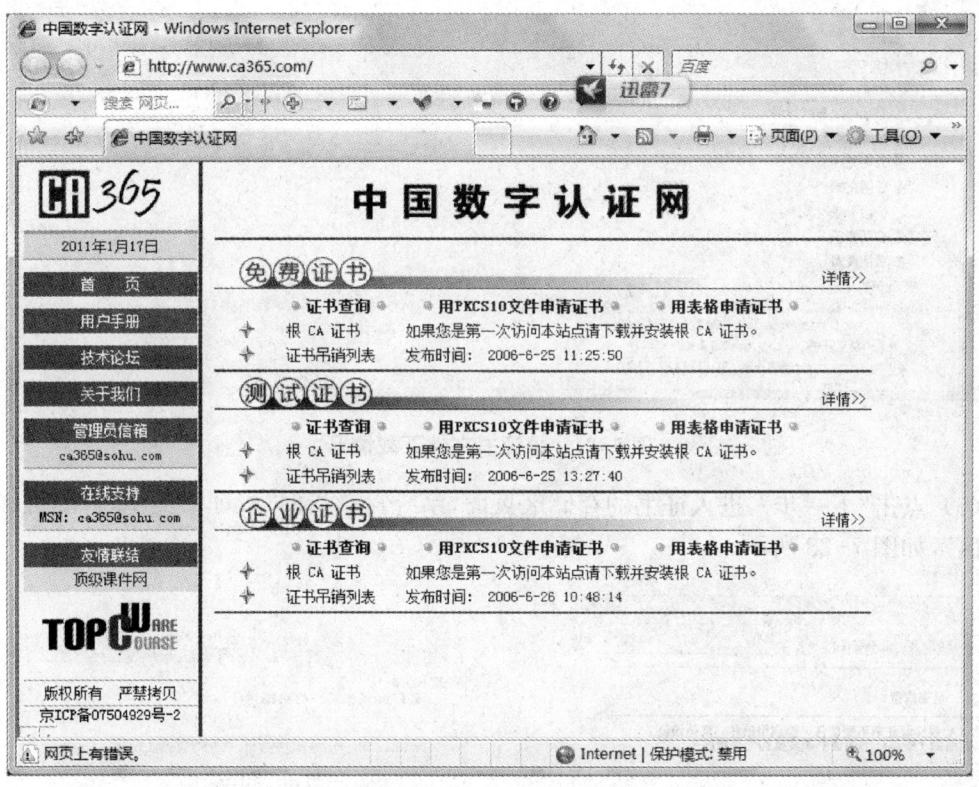

图 7-19 中国数字认证网

(2) 在中国数字认证网首页"免费证书"栏中单击"根 CA 证书",进入根证书下载页面,如图 7-10 所示。

(3) 在根证书的下载页面中点击"保存"按钮,完成下载。点击"打开文件夹",可以看到根证书的下载情况,双击文件"rootFree"即可打开证书,如图7-21所示。

(4) 点击文件"SHECA",进入根证书安装页面,点击"安装证书"按钮,进入证书导入向导页面,如图 7-22 所示。

图 7-20 数字证书文件下载

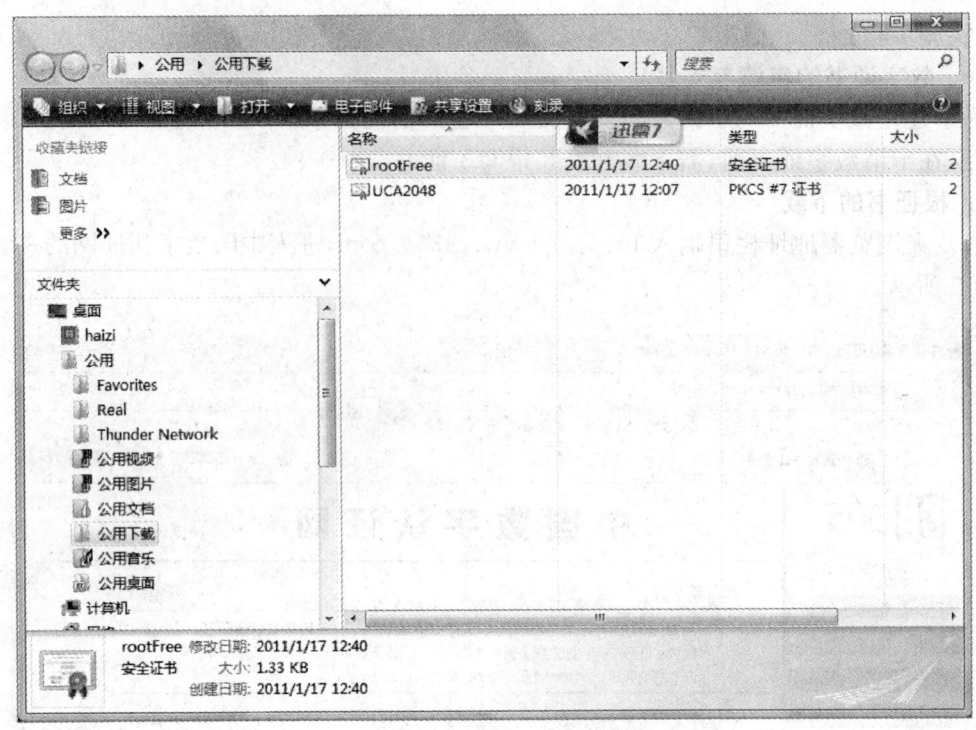

图 7-21　根证书文件下载情况

（5）点击"下一步"，进入证书的存储区页面，系统自动指向"根证书类型，自动选择证书存储区"，如图 7-23 所示。

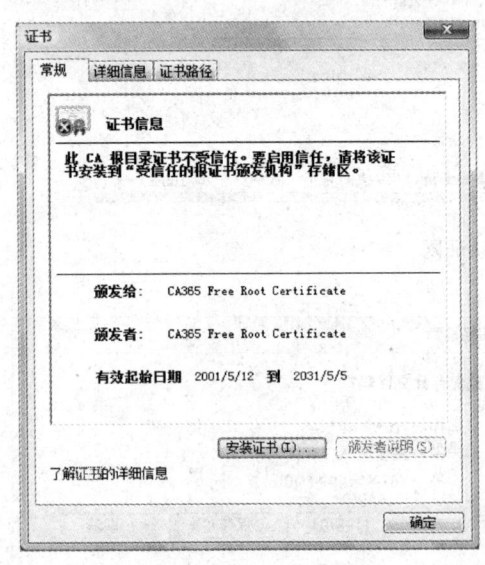

图 7-22　根证书的安装　　　　　　　　图 7-23　根证书的存储区域选择

（6）点击"下一步"，系统完成根证书的安装，点击"完成"，弹出证书导入成功提示页面。

（7）启动 Internet Explorer，进入"Internet 选项"窗口，点击选项中的"内容"页面，如图 7-24 所示。

(8) 点击"证书"按钮,在"中级证书颁发机构"页面中可以查看有关的证书情况,如图7-25所示。

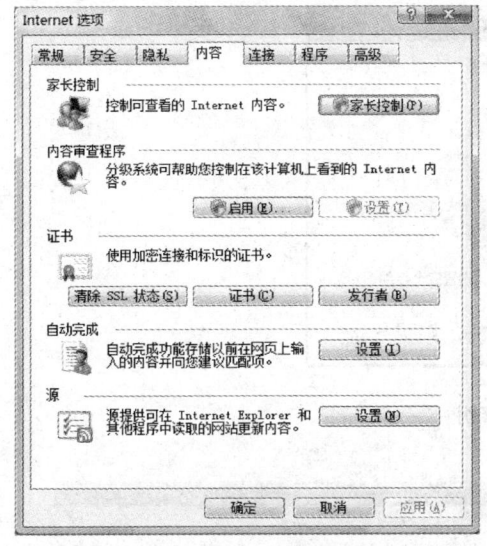

图 7-24　互联网选项查看证书

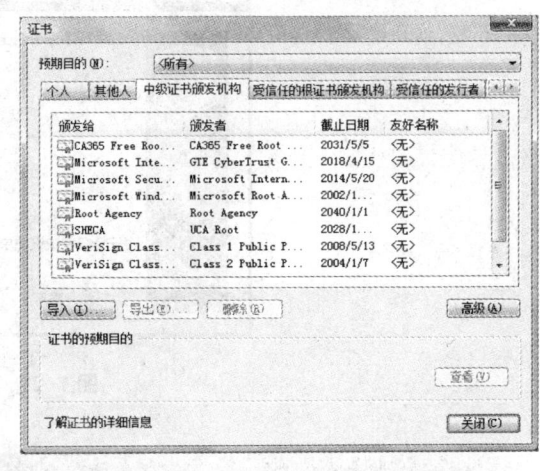

图 7-25　中级证书颁发机构

2. 申请个人证书

(1) 在中国数字认证网主页"免费证书"栏目中单击"用表格申请证书",打开如图7-26所示的窗口,填写相应内容,在证书用途中选择"电子邮件保护证书",填写完成后,单击"提交"按钮。

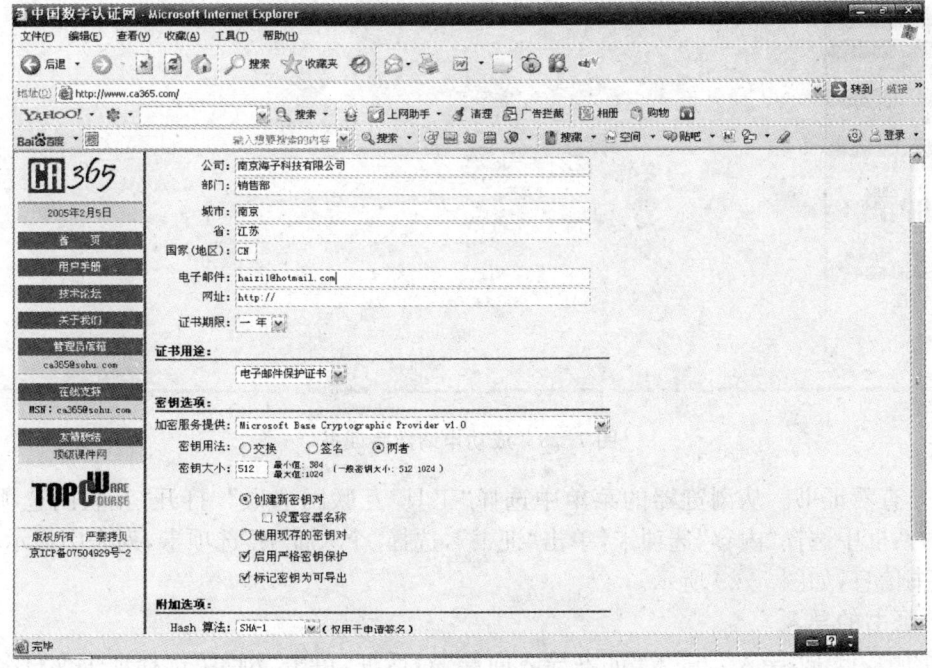

图 7-26　填写个人证书申请表

（2）如图 7-27 所示，单击"确定"按钮，证书申请成功后系统将会返回你的"证书序列号"，如图 7-28 所示，单击"直接安装证书"。

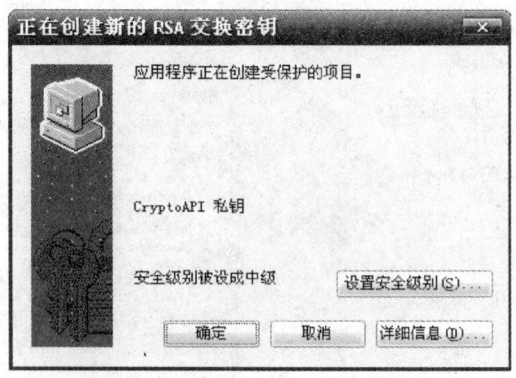

图 7-27 创建密钥

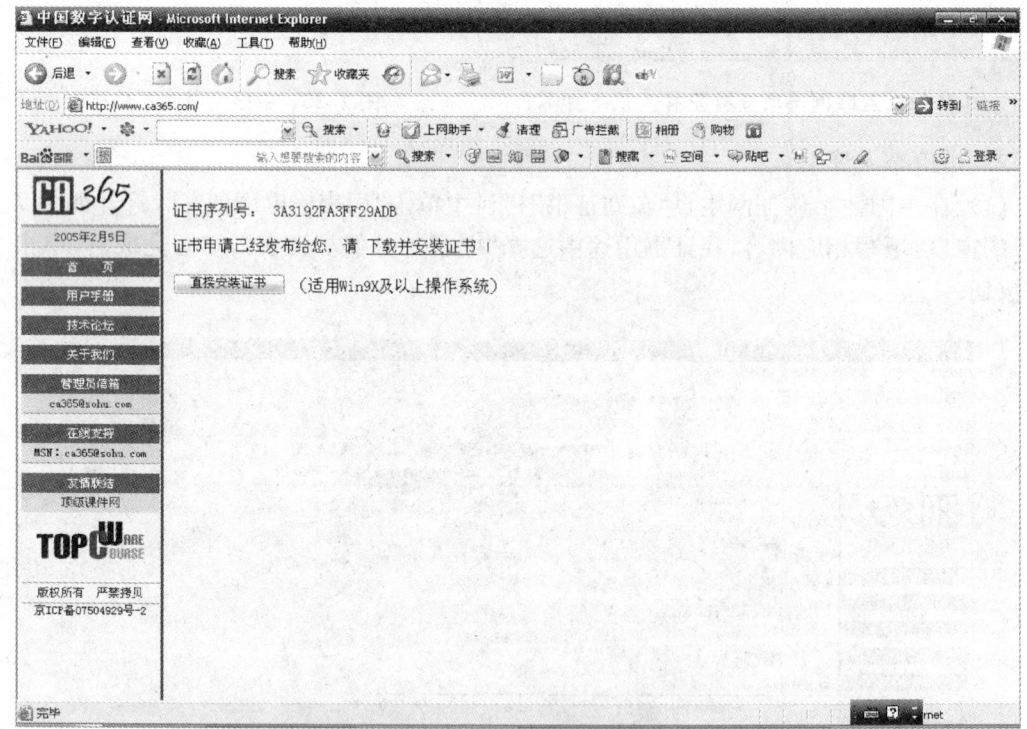

图 7-28 成功申请数字证书

（3）查看证书。从浏览器的菜单中选择"工具/互联网选项"，打开"互联网选项"对话框，在对话框中选择"内容"选项卡，单击"证书"，选择"个人证书"选项卡，列表中显示相应的个人证书信息，如图 7-29 所示。

3. 证书的导入

在图中，点击"导入"，进入"证书导入向导"对话框，单击"浏览"选择证书文件名，单击"下一步"按提示进行操作，如图 7-30 所示。

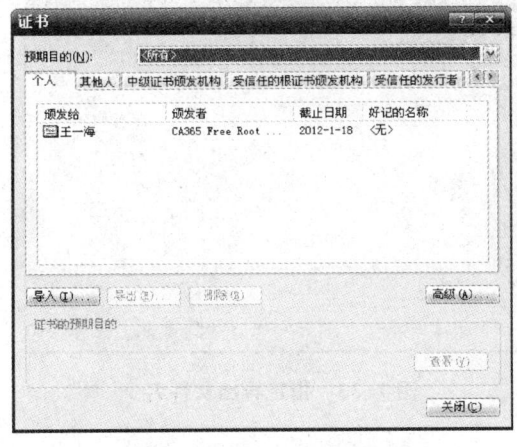

图 7-29　安装完成的数字证书

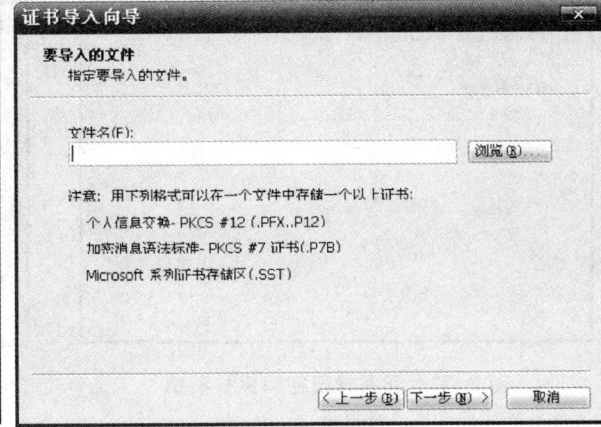

图 7-30　证书导入向导

4. 证书的导出

（1）在个人证书信息窗口中，如图 7-31 所示，在列表中选择所要导出的证书，点击"导出"。

（2）"私钥"为用户个人所有，不能泄露给他人，否则其他人就可以用它来冒充你的名义签名。如果是为了保留证书备份而复制证书，选择"是，导出私钥"，如果是为了发送加密邮件或其他用途，则不需导出私钥。如果在申请证书时，没有选择"标记密钥为可导出"，则不能导出私钥。

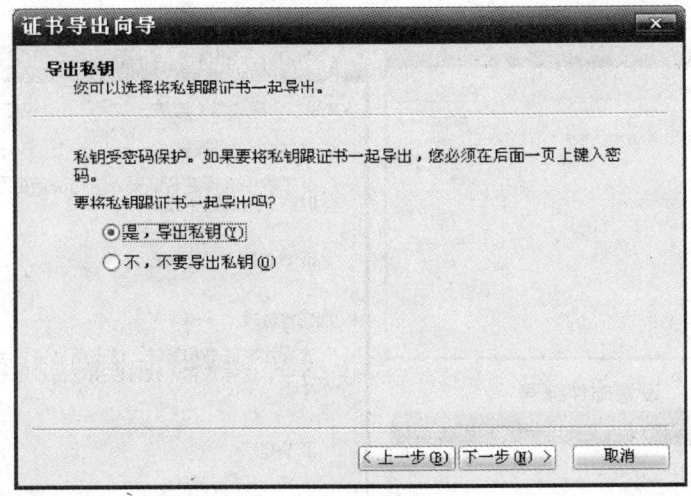

图 7-31　证书导出向导

（3）输入私钥保护密码，如果在申请证书时没有选择"启用严格密钥保护"，则没有密码提示，如图 7-32 所示。

（4）选择"浏览"，指定要导出的目录及文件名，点击"下一步"后按提示进行操作，如图 7-33 所示。

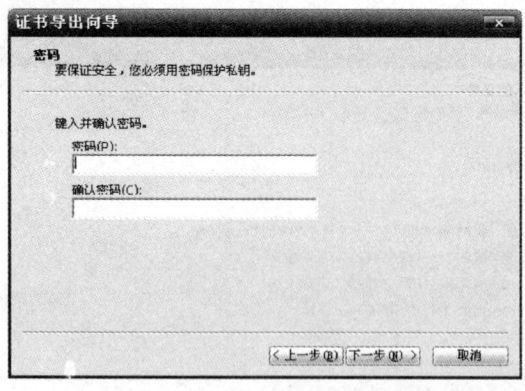

图 7-32 证书导出密码保护私钥

图 7-33 指定导出文件名

二、数字签名、安全电子邮件

小张向小王订购一批计算机,小王将配置清单及报价以数字签名电子邮件方式发送给小张,小张收到邮件后,将配置清单以加密邮件的方式发送给小王。小王给小张发送签名邮件时,要求小王已经申请数字证书,使用的电子邮件地址必须与申请证书填写的邮件地址完全一致,并已经正确安装了自己的"电子邮件保护证书",用此证书进行电子邮件的签名发送。

1. 发送数字签名电子邮件

(1) 启动 Outlook Express 邮件管理器,从 Outlook Express 主菜单中选择"工具/账号",单击"邮件"选项卡后选择 pop3.163.com,单击"属性",如图 7-34 所示。

(2) 选择"安全"选项卡,单击签署证书中的"选择"按钮,选择证书,单击"确定",如图 7-35 所示。

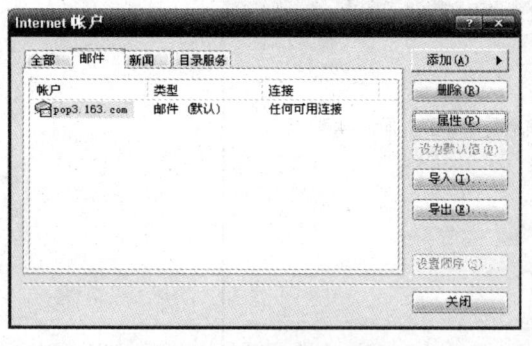

图 7-34 设置邮件账号

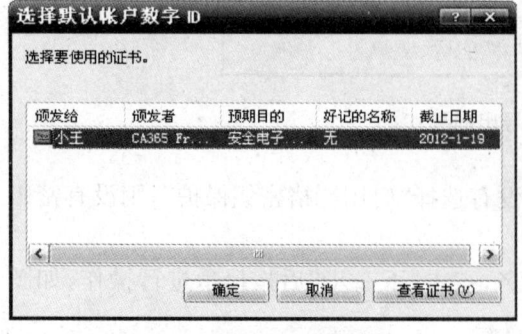

图 7-35 选择默认账户数字 ID

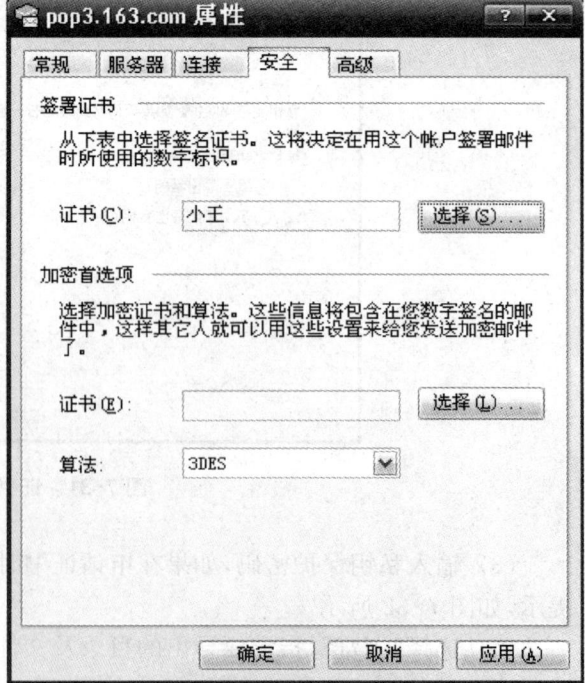

图 7-36 选择签名证书

(3) 创建新邮件,在"新邮件"窗口中选择主菜单"工具/数字签名",收件人地址栏后面出现"签名"的标志,输入小张的电子邮件地址、邮件内容并插入附件,发送电子邮件,如图7-37所示。

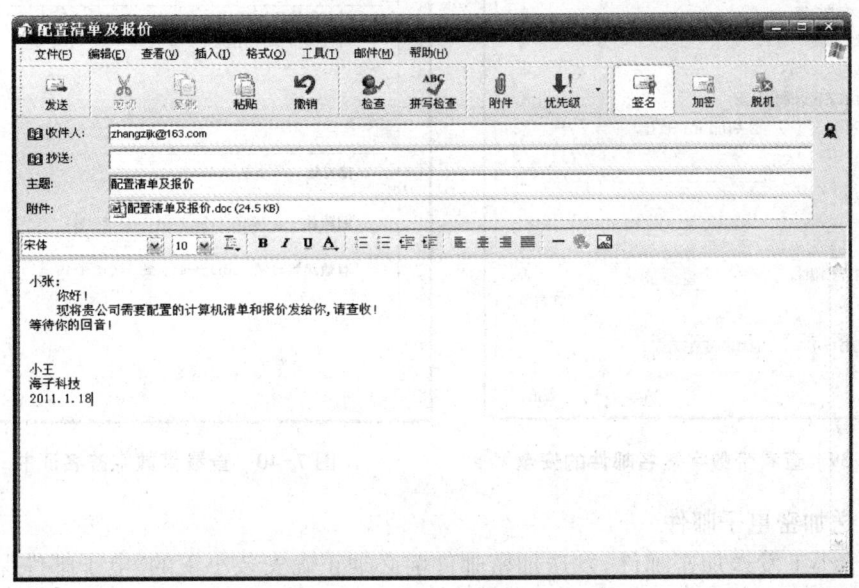

图 7-37　创建带数字签名的邮件

(4) 阅读带数字签名的邮件。小张收到邮件后,首先打开或预览带数字签名或加密的邮件,Outlook Express 邮件管理器会显示帮助信息,如图 7-38 所示。单击签名标志,可进一步查看数字签名的详细信息,如图 7-39,7-40 所示。如果接收到有问题的邮件,例如邮件被篡改或发件人的数字证书已过期,则在被允许阅读邮件内容前,会看到安全警告,根据警告中的信息可以决定是否查看邮件。

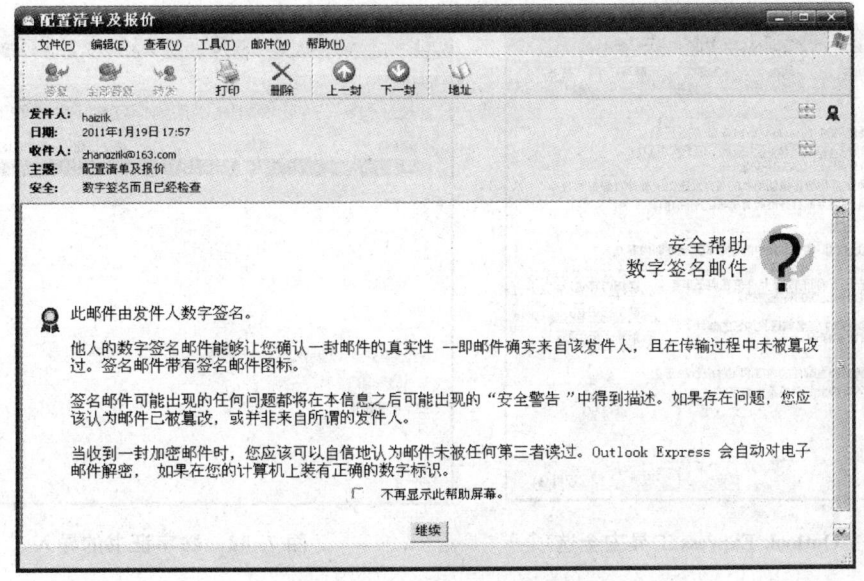

图 7-38　阅读带数字签名的邮件

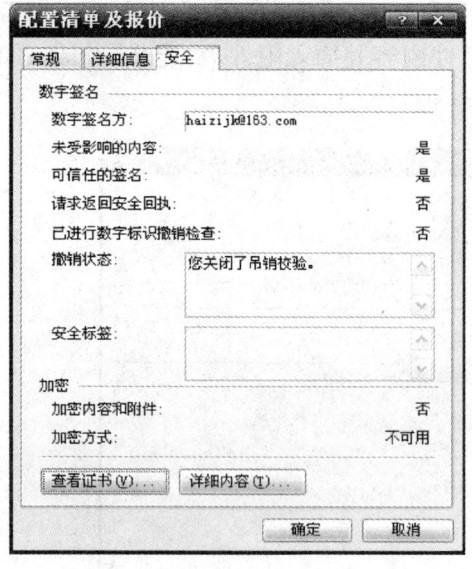

图 7-39　查看带数字签名邮件的安全　　　　图 7-40　查看带数字签名证书

2. 发送加密电子邮件

小张给小王发送加密邮件,发送加密邮件前必须正确安装小王的"电子邮件保护证书",只要小王用他的"电子邮件保护证书"给小张发送过一个数字签名邮件,或在相信的数字认证网上下载安装证书并与 E-mail 地址捆绑。

(1) 启动 Outlook Express,从主菜单中选择"工具/选项",选择"安全"选项卡,单击"数字标识",打开"证书"窗口,如图 7-41 所示。

(2) 如图 7-42 所示,单击"导入",打开"证书导入向导"对话框,单击"浏览"选择指定要导入的文件,单击"下一步",然后再单击"浏览",选择"其他人",单击"下一步"完成小王的数字证书的安装。

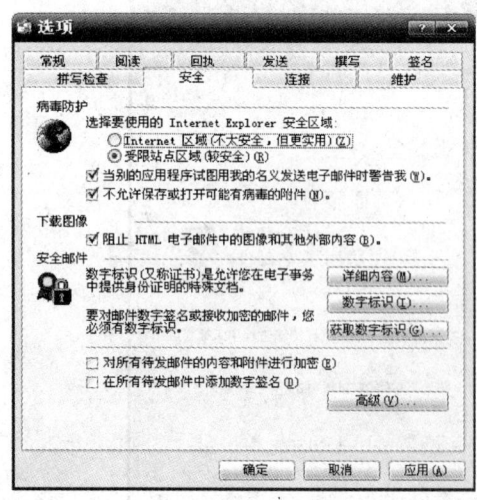
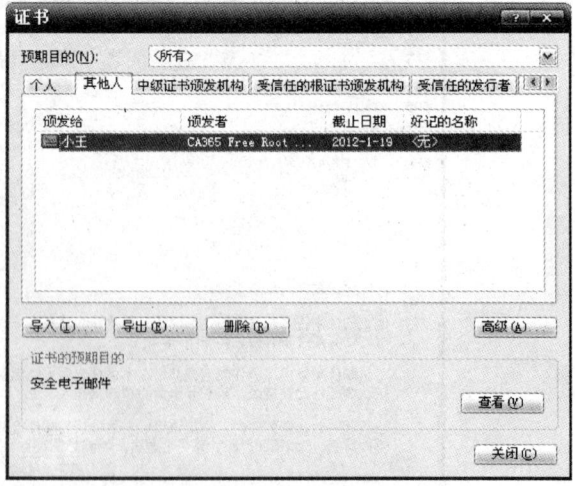

图 7-41　Outlook Express 工具安全选项　　　　图 7-42　数字证书的导入

（3）创建新邮件，在新邮件窗口选择菜单"工具/加密"，收件人地址栏后面出现"加密"标志（蓝色小锁），如图7-43所示，输入小王的邮件地址和邮件内容并插入附件，发送邮件。

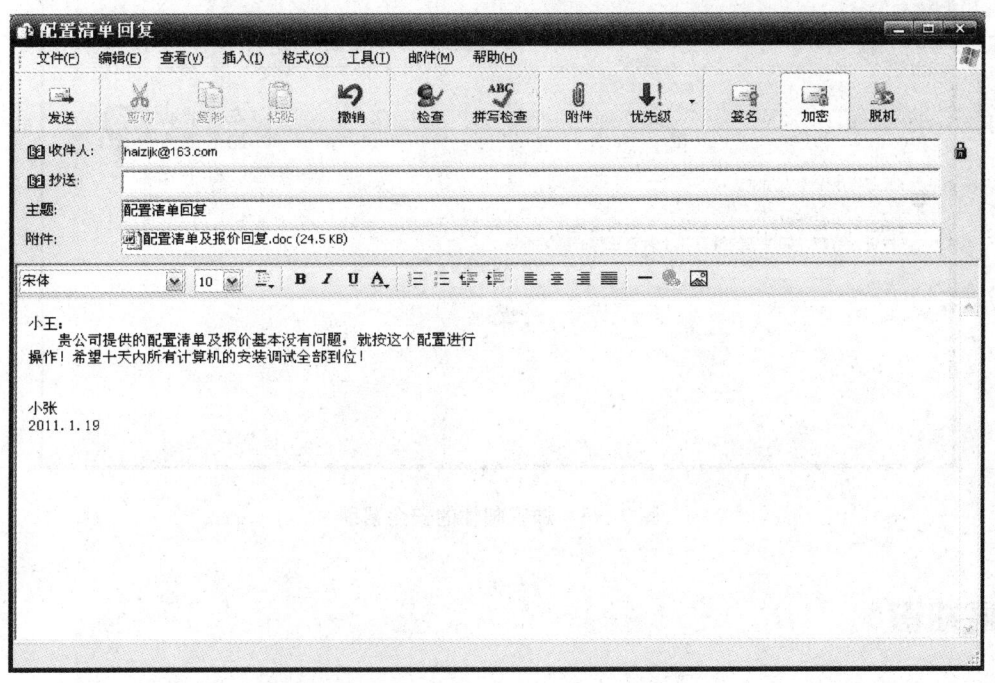

图7-43　创建加密邮件

（4）小王收到加密邮件后，显示如图7-44所示的信息。

图7-44　加密邮件提示

（5）单击"确定"按钮，显示"安全帮助"及相关的安全信息，如图7-45所示，点击"继续"，就可以阅读到邮件的内容。

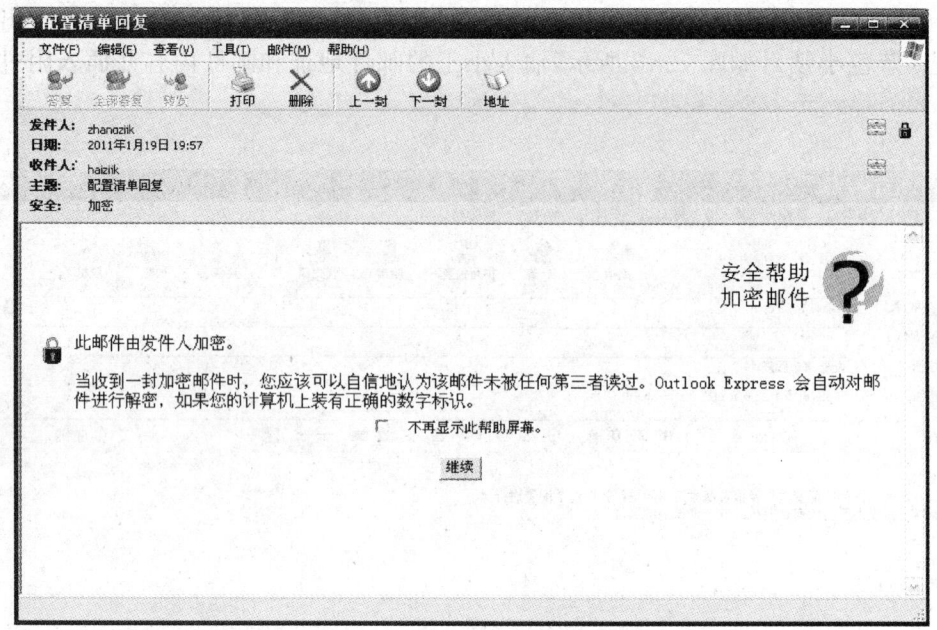

图 7-45 加密邮件的安全帮助

扩展知识

知识 7.14 RSA 算法

RSA 算法是 Rivest，Shamir 和 Adleman 于 1978 年在美国麻省理工学院研制出来的。RSA 算法是建立在"大数分解和素数检测"的理论基础上。在 RSA 体制中使用了这样一个基本事实：无法找到一个有效的算法分解两大素数之积。

1. RSA 算法的实现

RSA 算法采用指数表达式，明文以分组为单位加密，其中每个分组小于某个数 n 的二进制值，即分组大小必须小于或等于 $\log_2(n)$。对于与某个明文分组 M 和密文分组 C，加密和解密形式如下：

$$C = M^e \bmod n$$
$$M = C^d \bmod n = (M^e)^d \bmod n = M^{ed} \bmod n$$

发送方和接收方都知道 n 的值，发送方知道 e 的值，接收方知道 d 的值，因此其公开密钥 $KU = \{e, n\}$，私有密钥为 $KR = \{d, n\}$。下面需要找到具有下列形式关系：

$$M^{ed} = M \bmod n$$

RSA 算法实现的步骤如下（假设甲为实现者）：

(1) 甲寻找两个大素数 p 和 q；

(2) 甲计算 $n = p \times q$ 和 $\phi(n) = (p-1)(q-1)$；

(3) 甲选择一个随机数 $e[0<e<\phi(n)]$，满足 $\gcd[e,\phi(n)]=1$；
(4) 甲使用辗转相除法计算 $d=e^{-1} \bmod \phi(n)$。

甲将 $\{e,n\}$ 作为公开密钥，$\{d,n\}$ 作为私有密钥。乙希望向甲发送一个报文 M，那么乙计算出 $C=M^e \bmod n$，并将 C 传输给甲。甲收到 C 以后可以 $M=C^d \bmod n$ 进行解密。因此 RSA 算法为：设参数 $T=\{N\}$，私钥 $S_K=D$，公钥 $P_K=E$。设：明文 M，密文 C，那么用公钥作业时，$M^E \bmod N=C$；用公钥作业时，$C^D \bmod N=M$。

RSA 算法举例：设 $p=7,q=17,n=7 \times 17=119$，因此参数 T 定义为 $T=\{n=119\}$。由此可以计算：$\phi(n)=(7-1)(17-1)=96$，选择 $e=5$，$\gcd(5,96)=1$，在这里选择公钥 $P_K=5$；计算 d，$d \times e=1 \bmod 96$；$d=77$，可以得到私钥 $S_K=77$。

如果明文 $M=19$，根据计算的公钥 $P_K=5$ 和私钥 $S_K=77$，可以对明文进行加密和解密运算。

加密：$19^5 \bmod 119=66$；66 是被加密的密文。

解密：$66^{77} \bmod 119=19$；19 是被解密的明文。

2. RSA 算法的安全性分析

密码分析者攻击 RSA 体制的关键点在于如何分解 n，若分解成功使 $n=p \times q$，则可以算出 $\phi(n)=(p-1)(q-1)$，然后由公开的 e 解出秘密的 d。若使 RSA 具有足够的安全性，p 与 q 必为足够大的素数，使分析者没有办法在多项式时间内将 n 分解出来。因此建议选择 p 和 q 大约是 100 位的十进制素数，模 n 的长度要求至少是 512 比特。

电子数据交换（Electronic Data Interchange，EDI）标准使用的 RSA 算法规定 n 的长度为 512～1 024 比特，但必须是 128 的倍数，国际数字签名标准 ISO/IEC 9796 中规定 n 的长度为 512 比特。

为了抵抗现有的整数分解算法，对 RSA 模 n 的素因子 p 和 q 还有如下要求：
(1) $|p-q|$ 很大，通常 p 和 q 的长度相同；
(2) $p-1$ 和 $q-1$ 分别含有大素因子；
(3) $\gcd(p-1,q-1)$ 应该很小。

为了提高加密速度，通常取 e 为特定的小整数，如 EDI 国际标准中规定 $E=2^{16}+1$，ISO/IEC 9796 中甚至允许取 $e=3$，这时加密速度一般比解密速度快 10 倍以上。

知识 7.15 虚拟专用网络技术

1. 虚拟专用网络技术的含义

虚拟专用网络技术（VPN）的英文全称是"Virtual Private Network"，翻译过来就是"虚拟专用网络"。顾名思义，虚拟专用网络理解成是虚拟出来的企业内部专线。它可以通过特殊的加密的通信协议在连接互联网上的位于不同地方的两个或多个企业内部网之间建立一条专有的通信线路，就如同架设了一条专线一样，但是它并不需要真正地去铺设光缆之类的物理线路。就好比去电信局申请专线，但不用给铺设线路的费用，也不用购买路由器等硬件设备。VPN 技术原是路由器具有的重要技术之一，目前在交换机、防火墙设备或 Windows2000 等软件里也都有支持 VPN 功能，一句话，VPN 的核心就是在利用公共网络建立虚拟私有网。

从另一个角度来说，VPN 是指在公众网路上所建立的企业网络，并且此企业网络拥有与专业网络相同的安全、管理及功能等特点，它代替了传统的拨号访问，利用互联网公网资源作为企业专网的延续，节省昂贵的长途费用。VPN 乃是原有专线式企业专用广域网路的替代方案，VPN 并非改变原有广域网络的一些特性，如多重协议的支持、高可靠性及高扩充度，是在更为符合成本效益的基础上来达到这些特征。

2. VPN 技术和防火墙技术的区别

防火墙建在你和互联网之间，用于保护你自己的电脑和网络不被外人侵入和破坏。VPN 是在互联网上建立一个加密通道，用于保护你在网上进行通信时不会被其他人截取或者窃听，VPN 需要通信双方的配合。

3. VPN 的工作原理

VPN 的主要作用就是利用公用网络（主要是互联网）将多个私有网络或网络节点连接起来。通过公用网络进行连接可以大大降低通信成本。

一般来说，两台连接上互联网的计算机只要知道对方的 IP 地址，是可以直接通信的。不过位于这两台计算机之后的网络是不能直接互联的，原因是这些私有的网络和公用网络使用了不同的地址空间或协议，即私有网络和公用网络之间是不兼容的。VPN 的原理就是在这两台直接和公用连接的计算机之间建立一条专用通道。连接私有网络之间的通信内容经过这两台计算机或设备打包通过公用网络的专用通道进行传输，然后再对端解包，还原成私有网络的通信内容转发到私有网络中。这样对于两个私有网络来说公用网络就像是普通的通信电缆，而接在公用网络上的两台计算机或设备则相当于两个特殊的线路接头。

由于 VPN 连接的特点，私有网络的通信内容会在公用网络上传输，出于安全和效率的考虑，一般通信内容需要加密或压缩。而通信过程的打包和解包工作则必须通过一个双方协商好的协议进行，这样在两个私有网络之间建立 VPN 通道还需要一个专门的过程，依赖于一系列不同的协议。这些设备和相关的协议组成了一个 VPN 系统。一个完整的 VPN 系统一般包括以下几个单元。

（1）VPN 服务器：一台计算机或设备用来接收和验证 VPN 连接的请求，处理数据打包和解包工作。

（2）VPN 客户端：一台计算机或设备用来发起 VPN 连接的请求，也处理数据的打包和解包工作。

（3）VPN 数据通道：一条建立在公用网络上的数据连接。

注意所谓的服务器和客户端在 VPN 连接建立之后在通信中的角色是一样的，服务器和客户端的区别在于连接是由谁发起的而已。这个概念在两个网络之间的连接尤其明显。

4. VPN 的解决方案

针对不同的客户要求，VPN 有 3 种解决方案：远程访问虚拟网（Access VPN）、企业内部虚拟网（Intranet VPN）和企业扩展虚拟网（Extranet VPN），这 3 种类型的 VPN 分别与传统的远程访问网络、企业内部的 Intranet 以及企业网和相关合作伙伴的企业网所构成的 Extranet（外部扩展）相对应。

知识 7.16　电子商务安全管理策略

电子商务安全管理是实现电子商务安全的重要环节,不能单纯地仅仅从技术角度去考虑如何解决,而是应该运用综合的安全管理思路来解决。因此,电子商务的安全管理应该从人员、审计、网络维护和抵御病毒等诸多方面综合考虑,从而建立一个完整的电子商务安全体系。

1. 建立人员管理与保密制度

（1）建立人员管理制度

网络的安全程度取决于网络最薄弱的环节,最危险的就是个人警惕性的下降和丧失。很多事例显示,人员的素质是决定系统安全的重要因素。因此,建立一支遵守纪律、自觉、主动、热爱系统维护与管理的人才队伍是计算机安全工作的最重要一环。

（2）建立人员保密制度

保密制度需要根据系统信息的安全级别确定安全重点并提出相应的保密措施。信息的保密级别一般分为3级:第一,绝密级。这是重点保护对象,只限于公司高层人员掌握。第二,机密级,这也需重点保护,只限于公司中层管理者以上人员使用。第三,秘密级,这可以在互联网上公开,但必须拥有保护程序,防止黑客入侵。

2. 审计稽核制度

审计制度是指对工作人员所做的记录,应用科学方法进行系统审核,包括经常对系统日志的检查,审核,及时发现对系统故意入侵的行为记录和对系统安全功能违反的记录,监控和捕捉各种安全事件,保护、维护和管理系统日志,在此基础上做出客观公正评价的制度。

稽核制度是指工商、税务、银行、会计人员利用网络,借助于稽核业务应用软件调阅、查询、审核辖区内各电子商务参与单位业务经营、流程运作的合理性、安全性,堵塞漏洞,保证网上交易安全,对可能存在的问题发出相应的警示,对已有的违法犯罪行为做出处理处罚的有关决定的一系列步骤及措施。

3. 网络系统的维护制度

对于企业的电子商务系统来说,企业网络系统的日常维护就是针对内部网的日常管理和维护,它是一件非常繁重的工作,但对于防范系统被攻击和破坏的确是非常重要和有效的方法。对网络系统的日常维护,可以从几个方面进行:一是对软、硬件及网络资源的日常管理维护制度,包括互联网、网络设备、服务器和客户机、通信线路、各种支撑软件和应用软件,及时监控用户使用网络资源情况,对陌生用户及时查清来源,并加以相应处理,对于越权用户查明越权原因,根据实际情况限制其权限。除此之外,定期清理网络存储资源,有些用户将自己的私人文件存储到共享区域,严重影响网络资源的利用。还有一些临时文件或日志,需要将它们定期清理。二是定期进行数据备份,数据备份与恢复主要是利用多种介质,如磁介质、纸介质、光碟等,对信息系统数据进行存储、备份和恢复。这种保护措施还包括对系统设备的备份。

4. 防病毒工作

计算机病毒是一段具有破坏性的软件代码,它依附于正常的软件或电子文档,能够自我复制,破坏系统。病毒在网络环境下具有很强的传染性,对网络交易的顺利进行和交易数据的妥善保存造成很大的威胁,因此必须建立病毒防范措施。

目前主要通过安装防病毒软件进行防毒。同时还要定期清理病毒，及时升级防病毒软件版本，通报病毒入侵等工作。将网络系统中易感染病毒的文件属性、权限加以限制，对各终端用户只给予只读权限，杜绝病毒入侵的渠道，从而达到预防的目的。

其次考虑在何处安装病毒防治软件。在企业中，重要的数据往往保存在位于整个网络中心结点的文件服务器上，这也是病毒攻击的主要目标。为保护这些数据，网络管理员必须在网络的多个层次上设置全面保护措施。建立多层防病毒体系，多层病毒防护体系的建设策略是"层层设防，集中控制，以防为主，防杀结合"。除此之外，工作站和邮件服务器也是病毒进入的主要途径，应该在工作站和邮件服务器上安装防病毒软件。病毒扫描的任务是由网络上所有工作站共同承担的，每台工作站相对比较轻松。如果每台工作站安装最新防病毒软件，就可以在日常工作中加入病毒扫描的任务，性能可能会少许下降但无需增添新的设备。邮件在发往其目的地前，首先进入邮件服务器并被存放在邮箱内，在这里安装防病毒软件会比较有效。

电子商务安全关系到电子商务的成功与否，它决定着一个电子商务网络能否可以为客户提供安全可靠的网上服务。虽然我国的电子商务安全技术已经取得了一定的成绩，但是电子商务要真正成为一种主导的商务模式，是一个复杂的系统工程，仅从技术角度防范是远远不够的，还必须完善电子商务方面的立法，以规范飞速发展的电子商务活动，从而引导和促进电子商务又好又快地发展。

案例分析

黑客对网站的攻击

电子商务领域的安全问题由来已久，早在2000年即发生过"神秘黑客攻击美国五大网站"的事件。2000年2月7日至9日，一伙神秘黑客在3天的时间里接连袭击了互联网上包括雅虎、美国在线新闻等在内的五大最热门的网站，并且造成这些网站瘫痪长达数小时。

雅虎网站是继美国在线之后排名第二的大网站，现在注册用户1亿多，平均每天传送的资料多达4.65亿页，每月吸引的访问者多达4 200万人。

遭到袭击后，"雅虎"的技术人员大惊失色，立即采取紧急措施，一边查明黑客的袭击手段，一边进行紧急补救。技术人员们知道，现在正是一年中网上购物最活跃的时候，如果不能及时恢复服务，就意味着数百万美元的交易将落空。

技术人员很快发现，黑客使用了一种名为"拒绝服务"的入侵方式，在不同的计算机上同时用连续不断针对服务器的电子请求来轰炸雅虎网站。这种方式类似于某人不停拨打某个公司的电话来阻止其他电话打进，从而导致公司通信瘫痪。在袭击进行最高峰的时候，网站平均每秒钟要遭受1 000 MB数据的猛烈攻击，这一数据量相当于普通网站一年的数据量。面对如此猛烈的攻击，雅虎的技术人员却束手无策，只能眼睁睁地看着泛滥成灾的垃圾电子邮件堵住了雅虎用户上网所需的路由器。

到攻击当日上午10时15分，汹涌而来的垃圾邮件堵死了雅虎网站除电子邮件服务等3个网点所有的路由器，雅虎公司大部分网络服务均陷入瘫痪，公司不得不将网站入口关闭。此时，美国的雅虎用户根本无法登录雅虎的任何站点，而世界各地其他的用户也只能登录雅虎 59% 的站点。

13 时 25 分，雅虎公司的技术人员终于设法识别了电子请求的数据类型，并且加上新的邮件过滤器将其滤去，这才部分恢复了正常的服务，有 70% 的网站重新为用户提供服务。

美国东部时间 2 月 8 日，也就是雅虎网站遭袭后第二天，尽管世界各著名网站已经高度警惕，但还是再次遭到这些神秘黑客的袭击。世界最著名的网络拍卖行 eBay 因神秘黑客袭击而瘫痪了整整 2 小时，以致任何用户都无法登录该站点；赫赫有名的美国有线新闻网 CNN 随后也因遭神秘黑客的袭击而瘫痪近 2 小时；风头最劲的购物网站 Amazon.com 也被迫关闭一个多小时。

eBay 网站发言人罗宾·佐恩在接受记者采访时透露说，该网站实际上瘫痪了整整 3 小时 10 分钟，跟"雅虎"的瘫痪时间一模一样。当时，神秘的袭击者以每秒钟 800MB 的数据猛攻网站，这一数据量相当于正常数据量的 24 倍，不堪重负的网站终于在美国东部时间下午 5 时 45 分彻底瘫痪。网络公司赶紧向其客户发了一份紧急通知，坦言网站正在遭受黑客的袭击，但有关客户的机密数据却丝毫未损。这份紧急通知还给其客户吃定心丸说："我们正在采取多种措施反击黑客们的袭击，并且将与当地和联邦政府有关部门、互联网服务商以及我们合作伙伴们紧密协作。"

2 月 9 日，澳大利亚悉尼一家公司的网站也遭受了同样的网站袭击，这家名叫"比蒂有限公司"的网站在过去 3 个星期的时间内连接 20 多次遭受黑客"拒绝服务"软件的袭击，每次都导致网络瘫痪，而且一次长达数小时。

5 起袭击事件给全世界敲响了警钟。3 天内发生的这 5 起网络大规模袭击事件有着惊人的相似之处：首先，袭击者用数以亿万计的垃圾邮件猛烈袭击目标网站，从而导致该网站网络堵塞，最终因不堪重负而彻底瘫痪，从而使全世界各地的用户都无法登录该网站；其次，袭击者似乎分布在世界各地，因为这些垃圾邮件是从世界各地的多个互联网连接点发出来的。以"雅虎"网站遭袭击为例，当时互联网 50 处不同的节点一起向"雅虎"发起袭击，袭击者们显然是经过严密协调的。

对于这 5 起袭击事件造成的损失，各大网络公司都讳莫如深。尽管所有遭袭击的网络公司都一再强调这次袭击没有损害用户的利益，但公司本身的损失却相当惨重。雅虎公司发言人在袭击事件发生后一再强调说，由于雅虎公司使用先进保密技术，所以数据库没有受到侵袭，用户的机密数据没有被破坏或丢失，公司的损失也不算大。从表面上看，雅虎的损失确实不大，袭击事件发生的当天，华尔街股市上雅虎的股值并没有下跌。然而，网络专家却认为，由于现在正是网上购物的活跃时期，3 小时的无法服务就意味着数百万美元的交易落空。此外，对于给广告用户造成的损失，雅虎表示会在今后的几天时间里设法加排广告以示补偿。

对于 eBay 公司来说，这次袭击事件无疑是雪上加霜。1999 年 6 月，eBay 网站因遭受黑客袭击而瘫痪整整 22 小时，从而使公司的股值在 5 天的时间内损失了 26%。1999 年 11 月，该网站在 3 天的时间内因遭黑客袭击再次瘫痪 4 个多小时。以后，公司被迫投资 1 800 万美元用于改善网络的安全运行。即使如此，eBay 网站在此次袭击中仍未能逃脱瘫痪的厄运。

案例思考：

1. 黑客对雅虎网站是如何袭击的？几次袭击有什么相似之处？

2. 阅读材料后,你认为网络袭击对商业运作有什么危害?
3. 结合材料,谈谈电子商务安全的重要性。

课后习题

1. 选择题

(1) 信息的完整性是指( )。
    A. 信息不被篡改、延迟和遗漏
    B. 信息内容不被指定以外的人所知悉
    C. 信息在传递过程中不被中转
    D. 信息不被他人所接收

(2) 计算机网络系统的安全威胁不包括以下( )类型。
    A. 黑客攻击   B. 病毒攻击
    C. 网络内部的安全威胁   D. 自然灾害

(3) 设置防火墙的主要目的是( )。
    A. 起重发的功能   B. 防止局域网外部的非法访问
    C. 起加速网络传输的功能 D. 起路由功能

(4) 杀毒软件可用于解决( )的问题。
    A. 数据误发   B. 未授权访问主机资源
    C. 电子邮件病毒   D. 发送数据后抵赖

(5) 对称加密方式主要存在( )问题。
    A. 加密技术不成熟   B. 无法鉴别贸易双方的身份
    C. 密钥安全交换和管理 D. 加密方法很复杂

(6) 在数字签名中,发送方使用( )进行数字签名。
    A. 接收方公钥   B. 接收方私钥
    C. 发送方公钥   D. 发送方私钥

(7) 出于安全性考虑,网上支付密码最好是用( )组成。
    A. 生日的数字   B. 字母和数字混合
    C. 银行提供的原始密码 D. 常用的英文单词

(8) 当浏览器连接到一个安全网站时,URL地址栏最可能出现的显示内容为( )。
    A. http://www.somewhere.com   B. https://www.somewhere.com
    C. ftp://www.somewhere.com   D. telnet://www.somewhere.com

(9) 下列( )说法是正确的。
    A. SET安全协议解决了电子支付中参与者的角色问题
    B. SET安全协议解决了交易支付的完整性
    C. SET安全协议解决了身份认证和不可抵赖性
    D. SET安全协议解决了购物和支付信息的保密性

(10) 数字证书中包含的基本信息有
    A. 证书主人的个人信息   B. 证书主人的信用评级资料

  C. 证书主人的公开密钥   D. 认证中心的数字签名

2. 简答题

（1）什么是数字证书？它有何用途？

（2）简述对称加密和非对称加密的过程，分析其优缺点。

（3）简述防火墙的定义、分类及其工作原理。

（4）计算机病毒防范措施主要有哪几种？

（5）什么是 SSL 安全协议？什么是 SET 安全协议？简述其优缺点。

项目八

电子商务法规

本项目通过"电子商务法规"阐述电子商务的相关法律及职业道德,包括国内外的商务立法内容及特点,网上合同的内容,电子商务纠纷的问题,电子商务师的职业道德。

项目要求

【项目内容】

对电子商务方面的相关法律法规及道德规范进行了解,熟悉网上合同的基本内容,掌握解决电子商务纠纷的相关问题,使学生牢记电子商务的职业道德。

【知识要求】

了解电子商务带来的法律问题及法律关系;掌握电子商务的立法范围及相关的法律法规;掌握电子商务师的职业道德规范和修养。

相关知识

知识8.1 电子商务法概述

1. 电子商务法概念

电子商务法是指以电子商务活动中所产生的各种社会关系为调整对象的法律规范的总和,它是一个新兴的综合法律领域。

调整对象是立法的核心问题,它揭示了立法调整的因特定主体所产生的特定社会关系,也是一个法律区别于另一法律的基本标准。电子商务法的基本含义中,已经涉及了电子商务法的调整对象问题。电子商务法的调整对象应当是电子商务交易活动中发生的各种社会关系,而这类社会关系是在广泛采用新型信息技术并将这些技术应用到商业领域后才形成的特殊的社会关系,它交叉存在于虚拟社会和实体社会之间,有别于实体社会中的各种社会关系,且完全独立于现行法律的调整范围。

2. 电子商务法对法律的依赖

与传统的面对面的交易相比,电子商务的虚拟性、国际性等特点表现出对法律更大的依赖,这主要表现在以下一些方面。

(1) 电子商务常常是远程异地网上交易,代替了面对面、一手交钱一手付货的传统交易模式。对交易过程的安全和诚信提出了新的要求。

(2) 电子支付和认证信息取代传统的纸质现金和凭证,对信息安全技术、加密技术的要求和交易各方身份的认证技术提出更高要求。

(3) 电子商务是通过互联网、网站服务器等组成的虚拟环境实现的,交易过程超越企业、地区甚至国家的范围,因此对征税等问题需要新的规则和新的技术支持。

(4) 电子商务规则的制定不能单靠一个企业、行业,甚至一个国家,需要全国乃至全世界各国的探讨和协调。

(5) 电子商务的技术推陈出新,会不断引发新的问题,因此会对法律提出新的挑战。

3. 电子商务法律的基本问题

电子商务引发的新的法律问题很多,而且随着交易手段和技术的发展,新的法律问题还会不断出现。下面列举一些比较突出的问题。

(1) 电子合同的有效性问题

电子信息与纸质合同相比,存在容易被修改、删除、复制和丢失的一些缺点。同时电子合同不能脱离特定的计算机等信息化工具存在并被交易双方感知。这就是如何保证电子合同的有效性的问题。

(2) 电子商务平台故障时的法律效力问题

企业开展电子商务往往利用网站作为平台,完全依赖于网络和计算机的可靠性。互联网是一个完全开放式的网络,任何人都可以进入网站。无论是计算机硬件、软件的错误或由于黑客的攻击都可能导致计算机的出错。这就需要明确交易安全的责任和信息表达的正确性的法律效力问题。

(3) 消费者权益的保护问题

由于网上购物是在虚拟的网络环境中完成的,购物者不仅看不到商家,也看不见、摸不着货物本身。这时,如何保证消费者能在网站承诺的时间内,得到质量合格的商品,就需要有法律的保障。

(4) 隐私权问题

在网上购物时,商家往往要求顾客必须首先注册,填写大量个人信息,其中包括姓名、住址、电话、电子邮箱、年龄、性别及受教育程度等,非常细致。在网上付款时还要键入个人信用卡账号等信息。顾客无法知晓是否有人正在世界的某个角落虎视眈眈地准备窃取自己的隐私,个人隐私随时有可能被泄露。这就需要靠法律来规范网络公司的行为,保护购物者的隐私不受侵犯。

(5) 知识产权的保护问题

电子商务是以电子信息取代传统商务中信息的传递方式,给用户带来极大的方便。但由于电子信息的易传播和复制性,使得在网上知识产权的保护遇到了新的挑战。这里不仅包括传统知识形态的产权保护问题,还包括很多网上新的知识形态的产权保护。例如,域名、网页、数据、网络营销的工具和策略以及数字化的商品和服务等。

(6) 电子商务的税收问题

一些国家为了促进电子商务的发展,在开始时对网上交易实行免税,但电子商务作为一种商务活动,理应向国家纳税。然而由于电子商务本身的虚拟性和国际性,实现网上交易纳税并不是一件容易的事。这里不仅涉及如何监管网上交易的数量、收入等难以实现的问题,而且界定交易地点、税收管辖等问题也绝非易事。

知识 8.2 国际电子商务立法的特点

1. 电子商务的国际立法先于各国国内法律制定

以往的国际经济贸易立法通常是先由各国制定国内法律,然后由一些国家或国际组织针对各国国内法的差异和冲突进行协调,从而形成统一的国际经贸法律。20 世纪 90 年代以来,由于信息技术发展的跨越性和电子商务发展的迅猛性,在短短的几年时间里,即已形成电子商务在全球普及的特点,因而使各国未能来得及制定系统的电子商务国内法规。同时,由于电子商务的全球性、无边界的特点,任何国家单独制定的国内法规都难以适用于跨国界的电子交易,因而电子商务的立法一开始便是通过制定国际法规而推广到各国的。联合国贸法会 1996 年《电子商务示范法》即为适例。

2. 电子商务国际立法具有边制定边完善的特点

由于电子商务发展迅猛,且目前仍在高速发展过程中,电子商务遇到的法律问题还将在网络交易发展过程中不断出现,因而目前要使国际电子商务法律体系一气呵成是不可能的,只能就目前已成熟或已达成共识的法律问题制定相应的法规,并在电子商务发展过程中加以不断完善和修改。

3. 电子商务的贸易自由化程度较高

由于电子商务具有全球性的特点,如施加不当限制,将会阻碍其发展速度,因而要求电子商务实施高度贸易自由化。电子商务贸易自由化程度将高于其他贸易方式。

4. 电子商务国际立法重点在于使过去制定的法律具有适用性

电子商务的发展带来了许多新的法律问题,但电子商务本身并非同过去的交易方式相对立,而只是国际经贸往来新的延伸,因此,电子商务国际立法的重点在于对过去制定的国际经贸法规加以补充、修改,使之适用于新的贸易方式。

5. 发达国家在电子商务国际立法中居主导地位

由于发达国家具有资金、人才、技术优势,因而其电子商务程度远远高于发展中国家。发展中国家电子商务尚处于起步阶段甚至尚未开展,因而在电子商务立法方面发达国家、尤其是美国处于主导地位。

6. 工商垄断企业在电子商务技术标准和制定上起了主要作用

由于互联网技术日新月异,政府立法步伐难免滞后于技术进步,可能妨碍技术更新。因此,美国等发达国家政府主张,电子商务涉及的技术标准由市场而不是政府来制定。由于 IBM、HP 等工商大企业具有资金、技术优势,因而目前电子商务涉及的技术标准实质上是由发达国家工商垄断企业制定的。

知识 8.3　国际电子商务立法主要内容

1. 市场准入

市场准入是电子商务跨国界发展的必要条件。WTO通过的有关电信及信息技术的各项协议均贯穿着贸易自由化的要求。

2. 税收

由于电子商务交易方式的特点,给税收管辖权的确定带来困难,因而引起改革传统税收法律制度、维护国家财政税收利益的课题。1997年的美国《全球电子商务纲要》主张对网上交易免征一切关税和新税种,即建立一个网上自由贸易区。惟欧盟执委会于2010年2月宣布将对网络数字商品课征加值税(Value Added Tax,VAT,营业税的一种)的方针,并于3月重申其对欧盟境外商品借由数字传输贩售予以课税的政策,并着手研究模拟征税方法与技术细节。欧盟执委会宣布拟就网络数字商品的交易(例如下载软件、档案、音乐、影片等)课征营业税。对于各国束手无策的电子交易课税问题,经济合作与发展组织(OECD)在2000年12月22日公布了一项电子商务永久设立定义的适用解释。这项解释的内容所造成的影响是,未来通过网页进行的电子商务,由该公司实际网站永久设立地所在国课税。

3. 电子商务合同的成立

电子商务方式是由买卖双方通过电子资料传递实现的,其合同的订立与传统商务合同的订立有许多不同之处,因而需要对电子商务合同的成立做出相应的法律调整。《电子商务示范法》承认自动订立的合同中要约和承诺的效力,肯定资料电文的可接受性和证据力,对资料电文的发生和收到的时间及资料电文的收发地点等一系列问题均作了示范规定,为电子商务的正常进行提供了法律依据。

4. 安全与保密

在电子数据传输的过程中,安全和保密是电子商务发展的一项基本要求。目前,一些国际组织已先后制订了一些规定,以保障网络传输的安全可靠性。

5. 知识产权

全球电子商务的迅速普及,使现行知识产权保护制度面临新的更加复杂的挑战,对版权、专利、商标、域名等知识产权的保护成为国际贸易与知识产权法的突出问题。在新一轮WTO谈判中,网络贸易中的知识产权保护也将成为电子商务谈判的一个重要内容,从而构成新的全球电子商务协议的组成部分。

6. 隐私权保护

满足消费者的保护个人资料和隐私方面的愿望是构建全球电子商务框架必须考虑的问题。

7. 电子支付

利用电子商务进行交易必然会涉及支付。电子支付是目前电子商务发展的一个重点。电子支付的产生使货币有形流动转变为无形的信用信息的网上流动,因而将对国际商务活动与银行业产生深远的影响。

知识 8.4　联合国国际贸易法委员会的《电子商务示范法》

联合国国际贸易法委员会(United Nations Commission on International Trade Law，UNCITRAL 简称贸法会)是国际上的权威机构。

1996年12月，联合国大会以51/62号决议通过了《电子商务示范法》(简称《示范法》)，这是迄今为止世界上第一个关于电子商务的法律。它的出台，使电子商务的主要法律问题有了可靠依据。

《示范法》分两个部分，共17条。第一部分涉及电子商务总的方面；第二部分涉及特殊事实领域的电子商务，其中只有一章(2条)涉及货物运输中使用的电子商务(不是重点内容)。《示范法》是"对数据电文适用的法律要求"，包括对数据电文的法律承认、书面形式、签字、原件、数据电文的可接受性和证据力、数据电文的留存、合同的订立和有效性、当事各方对数据电文的承认、数据电文的归属、确认收讫、发出和收到数据电文的时间和地点等作了详细规定。

1998年以来，联合国国际贸易法委员会还开始了重点在于数字签名和认证许可的模型法律的制定工作。强劲的电子商务全球化趋势要求无论哪个国家采纳何种体制或法律原则，必须拥有使文件和交易得到国际认可的机制。在电子商务环境中，必须拥有使文件和交易得到国际认可的机制。在电子商务环境中，要求对有关公司、客户和合同的某些信息进行核查，这对于在电子交易中建立信任是必不可少的，尤其是初次交易时更是如此。到目前为止，数字签名技术的使用和有关法律的应用一直是电子市场中关于身份验证和交易认证的中心问题。许多国家(包括美国的许多州)已经通过数字签名和身份认证的法律。

知识 8.5　我国关于电子商务的法律问题

我国自1991年以来，先后颁布并实施了《中华人民共和国著作权法》和《著作权法实施条例》，《计算机软件保护条例》和《计算机软件著作权登记办法》、《实施国际著作权公约的规定》和《全国人大常委会关于惩治著作权的犯罪的决定》、《国际联网管理暂行规定》等法律、法规，初步形成了全方位的保护计算机软件著作权的法律体系。

我国现行的涉及交易安全的法律法规主要有4类：

(1) 综合性法律。主要是民法通则和刑法中有关保护交易安全的条文。

(2) 规范交易主体的有关法律。如公司法、国有企业法、集体企业法、合伙企业法、私营企业法、外资企业法等。

(3) 规范交易行为的有关法律。包括经济合同法、产品质量法、财产保险法、价格法、消费者权益保护法、广告法、反不正当竞争法等。

(4) 监督交易行为的有关法律。如会计法、审计法、票据法、银行法等。

我国法律对交易安全的研究起步较晚，且长期以来注重对财产静态权属关系的确认和安全保护，未有反映现代市场经济交易频繁、活泼、迅速的特点。虽然上述法律制度体现了部分交易安全的思想，但大都没有明确的交易安全的规定，在司法实践中也没有按照这些制度执行。如《民法通则》第六十六条规定的："本人知道他人以本人的名义实施民事行为而不做否认表示则视为同意。"体现了交易安全中表见代理的思想,但却没有形成一套清晰的表见代理制度。在立法和司法解释上,远离交易安全精神的规范大量存在。

知识 8.6　电子商务中的知识产权保护

1. 电子商务知识产权概述

网络的重要用途之一是资源共享。在此情况下,知识产权面临着一系列问题,如网上发表文章是否有著作权、随意下载网上信息后自行出版图书是否算侵犯知识产权等等。

网上交易通常包括销售知识产权的授权产品。为促进电子商务,卖方须确知产权未被盗用,买方须确知买的商品为非盗用、非仿冒产品。为此,国际间必须建立保护知识产权的协议,包括保护版权、专利及商标等,各国应立法以遏制产品的仿冒和知识产权的盗用。

2. 电子商务知识产权问题的特点

(1) 易复制性。由于数字化后的作品具有"可复制性"和"独创性"等特征,因而已有作品数字化应属于著作权人的一项专有权利,应该受到著作权法的保护。将作品数字化本身就是一种"复制"行为,应受"复制权"的制约。因此在著作权法修正案中关于"复制权"的条款中,应将"复制权"扩展为以印刷、复制、临摹、拓印、录音、录像、翻录及翻拍转换等数字化或者非数字化方式将作品制作一份或者多份的权利。

(2) 易传播性。作品的网络传播,既不完全是作品的发行,也不完全是作品的播放,它是一种全新的作品传播方式。虽然在网络上销售的版权保护作品是以数字化形式存在的,但并没有改变其版权所有权,在电子商务活动中,应注重作品版权主体的认定。

(3) 知识产权的无国界性。知识产权最突出的特点之一就是它的"专有性";而网络上应受到知识产权保护的信息则是公开的、公用的,也很难受到权利人的控制。其中"地域性"是知识产权的又一特点,而网络传输的特点则是"无国界性"。

3. 电子商务知识产权的相关法律

对于电子商务的发展,有关知识产权的两个问题是十分重要的:一是版权的保护,二是商标和域名的保护。

我国在网络立法方面相对滞后,目前对网络环境下著作权的法律保护主要有:

(1) WTO 规则涉及知识产权保护的《与贸易有关的知识产权协议(TRIPS)》。

(2) 2001 年 10 月 27 日修正的《中华人民共和国著作权法》。

(3) 国务院 2002 年 1 月 1 日施行的《计算机软件保护条例》。

(4) 最高人民法院 2000 年 11 月 22 日通过的《关于审理涉及计算机网络著作权纠纷案件适用法律若干问题的解释》。

此外,2004 年 12 月 22 日,最高人民法院、最高人民检察院《关于办理侵犯知识产权刑事案件具体应用法律若干问题的解释》正式施行。

知识 8.7　电子商务纠纷的解决方式

互联网的虚拟性和跨地域性决定了在电子商务活动过程中产生的纠纷在许多方面和传统的纠纷存在很大差异,怎样解决电子商务纠纷已经引起了人们的广泛关注。目前,电子商务纠纷的表现形式各种各样,如最突出的著作权、商标权、人身权等侵权纠纷以及电子商务活动中发生的合同纠纷等,但从实质上看,所有这些纠纷都可以归纳为两类,即侵权纠纷和合同纠纷。侵权纠纷是由于行为人侵害他人财产或者人身权利而产生的侵权行为人和受害人之间的纠纷;而合同纠纷则是由于合同各方当事人在合同解释、履行过程中产生的纠纷。一般来说,纠纷的解决方式主要有协商、调解、仲裁及司法4种方式。但由于电子商务的特殊性,业内人士还在积极地寻找适合电子商务纠纷的解决方式——在线争议解决方式。

所谓在线争议解决方式(Online Dispue Resolution,ODR),是指运用计算机和网络技术,以替代性争议解决方式(ADR,除诉讼方式以外的其他各种解决争议方法或技术的总称)形式来解决争议。目前,在线争议解决方式主要有4种形式即在线清算、在线仲裁、在线消费者投诉处理、在线调解。

1. 在线清算

Cybersettle 是最早提供在线清算服务的,主要是针对保险索赔。Click Nsettle 紧随其后,适用于任何金钱纠纷。两者都有一种专门的系统,通过这一系统,争议双方各自报价,但无从知晓对方的出价。如果双方的报价符合事先的约定的某一公式,则系统自动以中间价成交。

2. 在线仲裁

目前最主要的在线仲裁(Online Arbitration)提供者是加拿大的 e-Resolution,主要解决域名争议。争议的解决以 ICANN 的"统一域名纠纷处理规则"为依据。解决域名争议的请求可以通过电子邮件提出,也可以通过填写安全网页上的申请表提交。仲裁委员会在听取当事人双方的陈述后,作出具有约束力的裁决。

3. 在线消费者投诉处理

更佳商业局在线(BBB-Online)是美国中央更佳商业局的子公司,致力于发展以在线方式处理消费者投诉,形成在线消费者投诉处理纠纷解决机制。通过 BBB-Online,消费者可以以在线方式提交投诉,但是目前对投诉的处理还没有完全做到在线。一般情况下,在收到投诉后 BBB-Online 首先会进行和解,即与公司内部的有关人员联系,常常能马上解决。如果和解不成,在多数情况下会利用电子邮件和电话进行简易的调解程序。如果这些非正式的、部分利用在线方式的努力都不成功,BBB-Online 会提供更加正式的离线争议解决方式,包括面对面的调解和仲裁。目前这种在线消费者投诉处理还不成熟,仍需部分使用离线方式,但毕竟已向在线解决方式迈出了步伐。

4. 在线调解

在线调解与离线调解在程序上并没有重大区别,不同的是通信方式。在线调解使用经过加密的电子邮件,或经过加密的聊天室,在某些情况下,还可以使用可视会议。通过使用密码,调解员可以和一方当事人单独在一间"房间"里谈话,而另一方当事人在另一间"房间"等候。目前,美国马萨诸塞州大学信息技术和争议解决中心正在开发一个名为"第三方"的系列软件,可以加强双方当事人和调解员在线上进行互动式的交流。在线调解的双方当事人都需要有一台可以接入互联网的电脑。调解的系统和文件都存储在特定的服务器上,只有经过授权的使用者才可以进入。这一系统一般都是由调解员或调解组织提供的。

知识 8.8　电子商务师的职业道德

职业道德是人们在一定的职业活动范围内所遵守的行为规范的总和。电子商务师的职业道德是对电子商务人员在职业活动中的行为规范。电子商务师的职业道德修养,主要是指职业责任、职业纪律、职业情感以及职业能力的修养。优良的职业道德是新时期电子商务师高效率从事电子商务工作的动力,是电子商务师职业活动的指南,也是电子商务师自我完善的必要条件。

电子商务师的职业道德规范主要包括8个方面。

1. 忠于职守,坚持原则

各行各业的工作人员,都要忠于职守,热爱本职工作。这是职业道德的一条主要规范。作为电子商务师,忠于职守就是要忠于电子商务师这个特定的工作岗位,自觉履行电子商务师的各项职责,认真辅助领导做好各项工作。电子商务师要有强烈的事业心和责任感,坚持原则,注重社会精神文明建设,反对不良思想和作风。

2. 兢兢业业、吃苦耐劳

电子商务师的工作性质决定了从业人员不仅要在理论上有一定的造诣,还要具有实干精神。能够脚踏实地、埋头苦干、任劳任怨;能够围绕电子商务开展各项活动,招之即来,来之能干。在具体而紧张的工作中,能够不计个人得失,有着吃苦耐劳甚至委曲求全的精神。

3. 谦虚谨慎、办事公道

电子商务师要谦虚谨慎、办事公道,对领导、对群众都要一视同仁,秉公办事,平等相待。切忌因人而异,亲疏有别,更不能趋附权势。只有谦虚谨慎、公道正派的电子商务师,才能做到胸襟宽阔,在工作中充满朝气和活力。

4. 遵纪守法、廉洁奉公

遵纪守法、廉洁奉公是电子商务师职业活动能够正常进行的重要保证。遵纪守法指的是电子商务师要遵守职业纪律和与职业活动相关的法律、法规,遵守商业道德。廉洁奉公是高尚道德情操在职业活动中的重要体现,是电子商务师应有的思想道德品质和行为准则。它要求电子商务师在职业活动中坚持原则,不利用职务之便或假借领导名义谋取私利,不搞你给我一点"好处",我回报你一点"实惠"的所谓"等价交换"。要以国家、人民和本单位整体利益为重,自觉奉献,不为名利所动,以自己的实际行动抵制和反对不正之风。

5. 恪守信用、严守机密

电子商务师必须恪守信用,维护企业的商业信用,维护自己的个人信用。要遵守诺言,遵守时间;言必信,行必果。在商务活动中,电子商务人员应当严格按照合同办事。通过网络安排的各种活动,自己要事先做好准备工作,避免因个人的疏忽对工作造成不良影响。

严守机密是电子商务师的重要素质。电子商务师的一个显著特点是掌握的机密较多,特别是商业机密。因此,要求电子商务师必须具备严守机密的职业道德,无论是上机操作还是文字工作都要严格遵守国家的有关保密规定,自觉加强保密观念,防止机密泄露。发现盗窃机密的行为和盗窃机密的不法分子,应与之做坚决斗争,并应及时报告公安、保密部门。

6. 实事求是、工作认真

电子商务师要坚持实事求是的工作作风,一切从实际出发,理论联系实际,坚持实践是检验真理的唯一标准。电子商务师工作的各个环节都要求准确、如实地反映客观实际,从客观存在的事实出发。电子商务师无论是搜集信息、提供意见还是拟写文件,都必须端正思想,坚持实事求是的原则。在工作中,切忌主观臆断、捕风捉影,分析问题必须从客观实际出发。

7. 刻苦学习、勇于创新

电子商务师工作头绪繁多、涉及面广,要求电子商务师有尽可能广博的知识,做一个"通才"和"杂家"。现代社会科学技术的发展突飞猛进,知识更新速度加快,因此,电子商务师应该具有广博的科学文化知识,以适应工作的需要。

作为电子商务师,对自身素质的要求应更严格、更全面,甚至更苛刻一些。是否具有良好的素质,对于做好电子商务师工作非常重要,也是评价电子商务师是否称职的基本依据。因此,电子商务师必须勤奋学习、刻苦钻研,努力提高自身的思想素质和业务水平。

现在各行各业的劳动者,都在破除旧的观念,勇于开创新的工作局面。作为复合型人才的电子商务师更应具有强烈的创新意识和精神。要勇于创新,不空谈、重实干,在思想上是先行者,在实践上是实干家,不断提出新问题,研究新方法,走出新路子。

8. 钻研业务、敬业爱岗

从发展的角度看,电子商务师必须了解和熟悉与自身职业有直接或间接关系的领域中取得的新成果,才能更好地掌握电子商务师工作的各项技能。

电子商务师要根据自身分工的不同和形势发展的需要,掌握电子商务交易所需要的技能,如计算机技能、网络技能、网络营销技能、电子支付技能等。这些技能都必须随着电子商务技术的发展和自身工作的需要,在实践中不断地学习和提高。同时,电子商务师掌握电子商务交易中的各种管理知识,将网络技术与商业管理结合起来,提高企业应用电子商务的能力,促进企业经济效益的提高。

项目实施

【项目任务】

根据项目内容,本项目为学习电子商务法律法规,对电子商务方面的相关法律法规及道德规范进行了解,熟悉网上合同的基本内容,掌握解决电子商务纠纷的相关问题,使学生牢记电子商务的职业道德。主要有下面几个任务:

1. 了解电子商务中的交易纠纷。
2. 学习电子商务的相关法律法规。

【项目要求】

1. 浏览电子商务网站的客服中心,了解电子商务交易中常见的纠纷及处理方法。
2. 阅读相关的法律法规条款,认真学习并进行运用,分析相关的交易纠纷案例。

【实施步骤】

1. 了解电子商务中的交易纠纷

(1) 登陆阿里巴巴网站(http://china.alibaba.com),如图 8-1 所示,进入客服中心,分别进入交易安全中的"买家防骗"、"卖家防骗"、"交易规则"和"交易纠纷",阅读相关文章。

(2) 在"买家防骗"中,了解买家常遇到的问题及处理办法,常见的问题有:网购超低价,不是馅饼是陷阱;服装产品,谨防严重货不对版;质量安全认准 QS、3C 等标志;用支付宝交易时,买家防骗注意事项;网络钓鱼常见骗术和防范策略,作为买家,遇到欺诈怎么办;从卖家联系方式上看花招;骗术之投资公司和中介机构等。

(3) 在"卖家防骗"中,了解卖家常遇到的问题及处理方法,常见的问题有:谨防外地大额订单诱惑;"买家托儿"骗术简析;假冒转账、汇款欺骗卖家;作为卖家,遇到欺诈怎么办?如何防范客户套价?防止骗样,要警惕几种情况;谨防对方利用"银行时间差"诈骗;典型骗术之"外贸"骗局等。阅读分析相关的骗局破解和案例剖析。

图 8-1　阿里巴巴客服中心

(4) 在"交易规则"中,常见的交易规则有:已经用支付宝付款,但是卖家没有发货怎么办;贸易争议处理规则;支付宝争议处理规则;支付宝交易核查处理规则;支付宝账户安全措施;支付宝超时规则;支付宝担保交易规则;虚拟物品交易纠纷处理规则;商品质量问题的判断规则;交易纠纷处理原则等。

(5) 在"交易纠纷"中,了解常见的交易纠纷及处理方法,常见的交易纠纷有:通过支付宝担保交易,怎么处理收到的产品货不对版;诚信通会员收款不发货,怎样投诉;小额批发平台交易中出现了交易纠纷;已付款,卖家没货我该如何拿回钱;交易前如何了解对方信誉度、保证付款安全性;作为卖家发货后,买家收货后拒绝付款怎么办;买卖双方交易中出现分歧时,已付至支付宝的货款该给谁;作为卖家发货后,买家收货后拒绝付款怎么办等。

(6) 在阿里巴巴网站中,详细了解阿里巴巴网站是如何建立诚信体系的?在阿里巴巴平台上提供了哪些诚信措施和方法来保证电子商务交易的安全?试着举例分析。

2. 学习电子商务的相关法律法规

(1) 登陆中国电子商务法律网(http://www.chinaeclaw.com),如图 8-2 所示。认真浏览阅读"国内新闻"、"案件追踪"、"国际新闻"、"法规释义"、"立法动态"、"最新法规"、"案例评述"等栏目的相关内容。

图 8-2　中国电子商务法律网

（2）对电子签名、电子支付、电子合同、个人信息安全、知识产权、现代物流等相关的法律条款进行认真学习，学会运用相关的法律法规分析和解决电子商务中的一些交易纠纷问题。

（3）登陆网上交易保障中心网（http://www.315online.com.cn），如图 8-3 所示。认真浏览网站中的各个栏目，对电子商务中的法律法规及相关的要求标准进行学习，阅读相关的交易案例的分析。

图 8-3　网上交易保障中心

扩展知识

知识 8.9　电子商务网站基本资质许可

依据我国相关法律规定，从事电子商务经营的网站需要依照法律规定办理相应的资质许可。目前，主要的登记许可项目是 ICP 登记及许可、ISP 许可证、移动网增值业务经营许可证（SP 证）、BBS 许可证、跨地区增值电信业务经营许可证等。

1. 网站 ICP 证的办理

互联网信息服务（互联网 Content Provider，简称 ICP）分为两类：经营性和非经营性。经营性 ICP 是指利用网上广告、代制作网页、服务器空间出租、有偿提供信息、电子商务及其他网上应用服务等方式获得收入的 ICP。

从事经营性互联网信息服务的经营单位应向信息产业部或各省通信管理局申请办理增值电信业务经营许可证（简称 ICP 证）。未取得经营许可或未履行备案手续，擅自从事互联网信息服务的，由相关主管部门依法责令限期改正，给予罚款、责令关闭网站等行政处罚；构成犯罪的，依法追究刑事责任。

2. 网站 ICP 备案的办理

非经营性 ICP 是指不以赢利为目的，且有独立域名或独立服务器的网站，如政府上网工程中的各级政府部门网站、新闻单位的电子版报刊和企事业单位的各类公益性、业务宣传类的网站等。从事非经营性互联网信息服务的单位应在 http://www.miibeian.gov.cn 网站上办理备案手续。

3. ISP 证的办理

ISP（互联网 Server Provider）就是互联网接入服务提供商，指那些为用户提供互联网接入的企业。

申请经营增值电信业务的条件：经营者为依法设立的公司；在省、自治区、直辖市范围内经营的，注册资本最低限额为 100 万元人民币。在全国或跨省、自治区、直辖市范围内经营的，注册资本最低限额为 1 000 万元人民币；有可行性研究报告和相关技术方案；有与开展经营活动相适应的资金和专业人员；有必要的场地和设施；有为用户提供长期服务的信誉或者能力；最近 3 年内未发生过重大违法行为。

4. SP 证（移动网增值业务经营许可证）的办理

提供接入移动网络的各种增值服务，包括内容服务、娱乐、游戏、短信、彩信、WAP、铃声下载，商业信息和定位信息等服务的企业。信息服务业务面向的用户是固定通信网络用户、移动通信网络用户、互联网用户或其他数据传送网络的用户。

申请 SP 证的条件是：经营者为依法设立的公司；在省、自治区、直辖市范围内经营的，注册资本最低限额为 100 万元人民币。在全国或跨省、自治区、直辖市范围内经营的，注册资本最低限额为 1 000 万元人民币；有可行性研究报告和相关技术方案；有与开展经营活动相适应的资金和专业人员；有必要的场地和设施；有为用户提供长期服务的信誉或者能力；最近 3 年内未发生过重大违法行为。

5. BBS 许可证的办理

提供互联网电子公告服务(BBS),即在互联网上以电子布告牌、电子白板、电子论坛、网络聊天室、留言板等交互形式为上网用户提供信息发布条件的网站。

从事互联网信息服务,拟开展电子公告服务的,应当在向省、自治区、直辖市电信管理机构或者信息产业部申请经营性互联网信息服务许可或者办理非经营性互联网信息服务备案时,提出专项申请或者专项备案。

开展电子公告服务,除应当符合《互联网信息服务管理办法》规定的条件外,还应当具备的条件:有确定的电子公告服务类别和栏目;有完善的电子公告服务规则;有电子公告服务安全保障措施,包括上网用户登记程序、上网用户信息安全管理制度、技术保障设施;有相应的专业管理人员和技术人员,能够对电子公告服务实施有效管理。

6.《跨地区增值电信业务经营许可证》的办理

申请跨地区增值电信业务经营许可证应符合的条件:经营者为依法设立的公司;公司注册资本最低限额为1 000万元人民币;有与开展经营活动相适应的资金和专业人员;有为用户提供长期服务的信誉或者能力;有可行性研究报告和相关技术方案;有必要的场地和设施;最近3年内未发生过重大违法行为等;跨省(自治区、直辖市)设立6个以上分公司或子公司(子公司须控股51%以上);对于已经取得某省(自治区、直辖市)通信管理局颁发的ICP经营者,现拟申请经营跨地区信息服务的,还需要跨省(自治区、直辖市)设置两个以上物理服务平台接入公用通信网提供信息服务。但对尚未开展相关信息服务的申请者,可无此要求。

知识 8.10　示范法的主要条款内容

《贸易法委员会电子商务示范法》主要条款的内容如下:

第一条　适用范文。内容包括:建议和适用的范围,与原有法律文件的关系,商贸所涵盖的范围等。

第二条　定义。内容包括:各种技术术语的定义。

第三条　解释。内容包括:对本法的说明。

第四条　经由协议的改动。内容包括:改动程序的法律规定。

第五条　数据报文的法律承认。内容包括:报文受法律的承认。

第六条　书面。内容包括:书面单证与数据报文之间的法律关系。

第七条　签字。内容包括:数据签字的法律效率。

第八条　原件。内容包括:报文与法律原件的等价性条件问题。

第九条　数据报文的可接受性和证据力。包括:报文的法律地位和作为证据的问题。

第十条　数据报文留存。内容包括:对保留报文记录的法律规定。

第十一条　合同的订立和有效性。包括:电子报文合同具有书面合同同样的法律效力。

第十二条　当事各方对数据报文的承认。包括:报文具有法律效力,不得擅自修改。

第十三条　数据报文的归属。内容包括:报文的收、发和管理方法。

第十四条　确认收讫。内容包括:如何确认对方是否收到报文的法律程序。

第十五条　发出和收到数据报文的时间和地点。包括:对收、发报文时间的界定方式。

第十六条　与货运合同有关的行动。包括：对货物的说明、承运合同和执行细节等。
第十七条　运输单据。内容包括：各类运输单据报文的法律地位等。

知识 8.11　知 识 产 权

我国知识产权司法保护的对象包括对著作权（版权）、专利、商标、邻接权以及防止不正当竞争权等涉及人类智力成果的一切无形资产的财产权和人身权的保护。

（1）著作权，也称版权，是基于文学、艺术和科学作品而产生的，法律赋予公民、法人和其他组织等民事主体的一种特殊的民事权利；是指作者基于对特定的作品依法享有的专有权利；是作者及其他著作权人对文学、艺术、科学作品等作品享有的人身权以及全面支配该作品并享受其利益的财产权的总称。

著作权包括：发表权、署名权、修改权、保护作品完整权、复制权、发行权、出租权、展览权、表演权、放映权、广播权、信息网络传播权、摄制权、改编权、翻译权、汇编权、应当由著作权人享有的其他权利。

（2）专利权是指依法批准的发明人或其权利受让人对其发明成果在一定年限内享有的独占权或专用权。专利权是一种专有权，一旦超过法律规定的保护期限，就不再受法律保护。

《专利法》规定，专利申请经实质审查没有发现驳回理由的，由国务院专利行政部门作出授予专利权的决定，发给专利证书。1992 年 12 月 31 日以前申请获得的发明专利权保护期为申请日起 15 年，实用新型和外观设计专利保护期为申请日起 5 年，期满前专利人可申请延展 3 年。1993 年 1 月 1 日后申请获得的发明专利权的保护期为申请日起 20 年，实用新型和外观设计专利权的保护期限为申请日起 10 年。

（3）商标权，是指商标权人对其注册商标依照法律规定所享有的权利，是知识产权的一种。具有知识产权的一般特征。商标权是一个集合概念，包括商标所有权和与其相联系的商标专用权、商标续展权、商标转让权、商标许可权、法律诉讼权等。其中注册商标的专有使用权是绝对权、独占权、排他权、支配权、专有权。

知识 8.12　电子商务的税收

任何事物都存在于空间和时间之中，电子商务亦不例外。尽管电子商务交易的"虚拟化"，使人感觉电子商务交易似乎不受空间时间的限制（实际上电子商务只是缩短了交易的时间，取消和减少了物理意义上的场所如办公楼、商店、仓库等而已），然而，电子商务交易中的人（买卖双方）、钱（货款）、物（有形的、无形的）仍存在于一定空间和时间之中，绝不会因电子商务交易的"虚拟化"而"虚拟"得无影无踪。任何事物在其相互联系的环节中有主要环节。在电子商务的信息流、资金流、物资流 3 个环节中，资金流是主要的环节。在研究电子商务税收政策时，我们应抓准"人""钱""物"，特别是"钱"这个环节（如欧美国家建立监管支付体系的征管体制的设想，即是一个有益的启示），研究、制定相应税收征管政策和措施。任何事物都是相互依存的。人们既然能够创造出传输巨量数字信息流的网络通信技术，也就能够发明管理、控制数字信息流的方法与措施。信息技术和网络技术的发展也为税收征管提供了先进的技术手段,带来了先进高效的现代管理技术。

关税对于任何一个国家来说,都是重要的税收来源之一。但由于互联网全球性的特点,无疑对国际贸易关税征收提出新的问题。互联网上的贸易缺乏传统有形货物贸易的清晰、确定的交易地理界限。就目前互联网电子商务的不同形式来看,如果通过互联网订购,但以邮递方式或其他传统方式交付的商品,仍然有可能征税。但是当货物或服务是以电子形式交付时,也就是通过互联网在网上交付时,互联网的特殊结构就使得传统的税收法律很难适用。

目前国际上大的跨国计算机软件公司,与其他跨国公司的总公司之间都存在着一种"一揽子"许可协议。软件公司根据作为软件用户的跨国公司在全球范围内所拥有的计算机数量的多少及其业务发展趋势,就其所需要的软件在一定时期内进行一次性许可,授权该跨国公司及其全球范围的子公司在许可的数额范围内进行合法复制。这种许可方式与互联网的结合对相应的税收管辖提出了新的难题。因为作为软件用户的该跨国公司分布在全球范围的子公司在其总公司购买了许可之后,就可以合法地通过其全球连通的内部网,从总公司的服务器上下载软件。

这种行为,从软件出版商的角度看,是经过合法授权的,可是从该子公司所在的主权国家的角度看,却是对当地税收法律的规避。因为,如果所授权的软件不是从网上下载,而是储存在整盒包装的光盘里从海关运进来,按照大多数国家的现行法律,都要交纳一定的关税,那么这种现行税制是否应该移植到互联网电子商务上来呢?如果移植,有关税收当局又如何有效地实施征管呢?

具体措施如下:

(1) 积极参与制定有关电子商务的法律、法规、制度以及相应的实施细则,与相关部门合作,实施多方监控。现行的税收法律法规对新兴的网络贸易的约束已显得力不从心,应及时对由于电子商务的出现而产生的税收问题有针对性地进行税法条款的修订、补充和完善,对网上交易暴露出来的征税对象、征税范围、税种、税目等问题实时进行调整。税务机关应联合财政、金融、工商、海关、外汇、银行、外贸、公安等部门,共同研究电子商务运作规律及应对电子商务税收问题的解决方案,并通过纵横交错的管理信息网络,实现电子商务信息共享,解决电子商务数据信息的可控性处理,建立符合电子商务要求的税收征管体系。

(2) 建立网上交易经营主体工商注册、税务登记制度。在现有的税务登记制度中,应增加关于电子商务的税务登记管理条款。积极推行电子商务税务登记制度,即纳税人在办理了网上交易申请、登记手续之后必须到主管税务机关办理电子商务的税务登记,取得固定的网上税务登记号,所有从事网上经营的单位和个人,凡建有固定网站的都必须向税务机关申报网址、经营内容等资料,纳税人的税务登记号码和税务主管机关必须明显展示在其网站首页上。作为提供网上交易平台的电子商务运营商,在受理单位和个人的网上交易申请时,还应要求申请人提供工商营业执照和税务登记证传真件,并向工商机关和税务机关进行验证。这样既可从户籍管理的出发点确保税收监管初步到位,同时也有利于提高网上交易的信用度。

(3) 建立电子商务税款代扣代缴制度。电子商务交易的方式适合建立由电子商务运营商代扣代缴税款的制度,即从支付体系入手解决电子商务税收征管中出现的高流动性和隐匿性,可以考虑把电子商务中的支付体系作为监控、追踪和稽查的重要环节。在确认交易完成并由电子商务平台运营商支付给卖方货款时,就可以由交易系统自动计算货款包含的应纳税款,并由运营商在支付成功后及时代扣代缴应纳税款。如果从事网上经营的单位和个人自建网络交易平台的,则应通过银行、邮局等金融机构的结算记录进行代扣代缴,凡是按税法规定达到按次征收或月营业额达到起征点的,一律由金融机构代扣代缴应纳税款。

(4)进一步加大税收征管投入力度,培养面向"网络税收时代"的税收专业人才。电子商务与税收征管,偷逃与堵漏,避税与反避税,归根结底都是技术与人才的较量。电子商务本身就是一门前沿学科,围绕电子商务的各种相关知识也在不断发展,而目前我国税务部门大多缺乏网络技术人才,更缺乏相关的电子商务知识。因此,税务机关必须利用高科技手段来鉴定网上交易的真实性,审计追踪电子商务活动流程,从而对电子商务实行有效税收征管。通过立法,建立税务机关与银行、电子商务交易平台运营商之间的网上交易数据共享机制,通过在运营商交易平台安装税控器,用信息技术对电子支付进行有效监控,获得纳税人真实的网上交易数据等等,使税收监控走在电子商务的前面。

案例分析

网上银行纠纷案

2006年9月27日,北京市海淀区法院审结了一起因通过网上银行进行交易而引发的储蓄存款合同纠纷案件。驳回了杨先生要求赔偿存款的诉讼请求。

杨先生称,2004年2月14日,在工行海淀支行西苑储蓄所存款,开具存折,至2005年9月3日,杨先生的存折上有存款74 025.37元。2005年9月15日,当杨先生去银行取款,发现账上只有13 425.37元,有60 600元无故消失。杨先生认为银行应为此赔偿这笔存款。故起诉至法院,请求法院依法判决工行西区支行、工行海淀支行共同赔偿存款60 600元。

工行西区支行辩称,我行系严格遵照法律法规及约定履行支行义务。杨先生基于意思自治与我行签订了网上银行服务协议。我行依据杨先生指令为其办理汇款业务,其后果应由杨先生自行承担。2005年9月4日至15日间,杨先生的账户通过我行的网上银行系统汇款36笔,总计60 600元,手续费600元。此36笔交易系在凭杨先生的账号、密码登录网上银行系统后,向我行发出指令,我行依据该指令办理,指令的发出均视为杨先生本人所为。我行为杨先生办理网上汇款业务系正常提供金融服务的行为,并正当地履行了协议约定的义务,因此,本案争议的60 600元款项的转出所造成的后果应当由杨先生自行承担。故不同意杨先生的诉讼请求。

工行海淀支行辩称:2006年6月我行进行机构分设,分拆出23家网点,原中国工商银行股份有限公司北京海淀支行西苑储蓄所由工行西区支行管辖,并更名为中国工商银行股份有限公司北京海淀西区支行西苑储蓄所,现我行对西苑储蓄所不具有管辖权。我行对此事无任何过错,故不同意杨先生的诉讼请求。

法院经审理认为,本案中,杨先生称其存款无故消失的责任应由银行承担,这笔存款的交易方式以及银行交易流程应为本案例判断银行是否承担法律责任的焦点问题,对此,法院分析如下:根据银行提供的交易记录清单可知,本案争议的60 600元存款,均系网上银行汇款支付。

根据庭审调查可知,在整个网上交易过程中,客户需输入两个密码,即登录密码以及支付密码,在首次登录时,客户还需输入在柜台申请开通网上银行时设置的初始登录密码,以上密码均由客户本人掌握,提供服务的银行对此并不知晓,在客户申请网上银行业务申请书背面有《中国工商银行电话银行、网上银行使用协议书》,该协议书经杨先生签字接受后,应视为约束双方行为的合同约定,双方均应严格按约定履行,该协议书约定:用户必须妥善保管本人网上银行登录密码和支付密码,所有使用上述密码进行的操作均视为用户本人所为,依据密码等电子信息办理的各类结算交易所发生的电子信息记录均为该项交易的有效凭证。密码以其私密性、可更改性等特点成为当今社会保证交易安全的有效办法,越来越多的人选择设置密码,或者不断更新密码的形式来保证存款的安全性以及交易的稳定性,本案中,通过杨先生为其存折、银行卡均设置密码的行为可知,其对为存取款凭证设置密码以保证安全性是有明确认识的。

网上银行操作较传统的柜台交易具有简便、快捷等特点,极大地方便了客户进行相关业务操作,但因不是客户与业务员之间面对面交易,因此为保证交易安全,需要通过输入密码形式保证交易的稳定与安全。

经审理查明,原工行海淀支行西苑储蓄所在客户申请网上银行业务时尽到了相关审查核实义务,在客户进行网上银行操作过程中尽到了相关提示义务,在客户能够准确输入登录密码以及交易密码的前提下,对于客户发出的汇款指令予以接受,并提供了相关服务,收取了相应手续费,原工行海淀支行西苑储蓄所已完全履行了合同义务,在杨先生不能提供充分证据证明存款消失系因原工行海淀支行西苑储蓄所过错导致的情况下,法院认为原工行海淀支行西苑储蓄所不应对杨先生所述存款消失的结果承担法律责任。

因银行内部分立原因,原工行海淀支行西苑储蓄所的法律责任由工行海淀支行与工行西苑支行共同承担,在法院认定原工行海淀支行西苑储蓄所不承担法律责任的情况下,对于杨先生要求工行海淀支行与工行西区支行共同承担赔偿存款责任的诉讼请求法院不予支持。故法院驳回了杨先生的诉讼请求。

一审宣判后,双方均未明确表示是否上诉。

案例思考:

1. 通过案例,能够说明在电子商务的发展中,网上银行的使用要注意哪些问题?
2. 如何看待本案例所反映的实际问题?

课后习题

1. 选择题

(1)(　　)能够预防服务纠纷的产生。

  A. 及时回复买家　　　　　　　　B. 态度礼貌
  C. 热情提供专业的指导　　　　　D. 关注细节,令买家满意

(2)美国为电子商务交易制定了(　　)。

  A. 电子商务示范法　　　　　　　B. 全球电子商务竞赛规则
  C. 全球电子商务法　　　　　　　D. 全球电子商务框架

(3)涉及电子商务安全的法律保护问题通常从商品交易安全的法律法规和(　　)来

考虑。

  A．国家安全法   B．宪法

  C．合同法   D．计算机安全的法律法规

(4)《电子商务示范法》由（　　）颁布。

  A．中国   B．新加坡   C．美国   D．联合国

(5) 下列有关电子商务师的职业道德规范的论述，（　　）是错误的。

  A．严守机密是电子商务师的重要素质

  B．实事求是，工作认真是职业道德规范的基本规范

  C．兢兢业业，吃苦耐劳是电子商务师职业活动能够正常运作的重要保证

  D．遵纪守法，廉洁奉公是评价电子商务师是否称职的基本依据

(6) 商品交易的纠纷种类主要有（　　）。

  A．商品纠纷   B．物流纠纷

  C．服务纠纷   D．以上均不是

(7) 下列属于常见的因服务导致的纠纷类型是（　　）。

  A．服务态度不好   B．服务不及时

  C．服务不专业   D．货物漏发、错发

(8) 目前，电子商务涉及的法律问题有（　　）。

  A．在线不正当竞争与网上无形财产保护问题

  B．电子合同问题

  C．网上电子支付问题

  D．在线消费者保护问题

(9) 根据《中华人民共和国计算机信息网络国际联网管理暂行规定》第 8 条规定，网络交易中心的设立必须具备的条件是（　　）。

  A．符合法律和国务院规定的其他条件

  B．具有健全的安全保密管理制度和技术保护措施

  C．具有相应的计算机信息网络、装备以及相应的技术人员和管理人员

  D．是依法设立的企业法人或者事业法人

(10) 以下关于国际组织制定的电子商务的相关法律法规的说法正确的是（　　）。

  A．1996 年 6 月联合国国际贸易法委员会通过了《电子商务示范法》

  B．国际商会于 1997 年 11 月 6 日通过的《国际数字保证商务通则(GUIDEC)》

  C．欧盟于 1999 年发布了《数字签字统一规则草案》

  D．2001 年 3 月 23 日联合国国际贸易法委员会正式公布了《电子签字示范法》

2．简答题

(1) 简述国内外主要出台了哪些电子商务法规？

(2) 简述《电子商务示范法》的制定有何意义？

(3) 电子商务立法所覆盖的范围是什么？

(4) 简述电子商务交易中买卖双方当事人的权利和业务。

(5) 电子商务的从业人员应该遵循哪些道德规范？

参考文献

[1] 仲岩.电子商务实务.北京:北京大学出版社,2009
[2] 苗成栋,于帅.电子商务概论.北京:北京大学出版社,2009
[3] 姚春荣,刘利华.电子商务概论.武汉:武汉大学出版社,2009
[4] 郭汝惠,刘聪惠.电子商务实训.北京:电子工业出版社,2008
[5] 淘宝大学.网店视觉营销.北京:电子工业出版社,2013
[6] 鲍嘉.网上店铺设计与装修宝典.北京:人民邮电出版社,2010
[7] 陈谦.网上开店创业宝典.北京:中国经济出版社,2009
[8] 淘宝大学.网店推广核心工具.北京:电子工业出版社,2012
[9] 凌守兴.网络营销实务(第2版).北京:北京大学出版社,2014
[10] 乐承毅.网络营销案例分析.成都:西南财经大学出版社,2011
[11] 方玲玉.网络营销实务——项目教程.北京:电子工业出版社,2013
[12] 梁冬梅.网络营销及案例分析.北京:清华大学出版社,2008
[13] 穆紫.网店推广实战方法.北京:电子工业出版社,2011
[14] 刘宏.电子商务概论.北京:清华大学出版社,2010
[15] 施志君.电子商务基础与实训.北京:化学工业出版社,2009
[16] 许国柱.电子商务实务.北京:清华大学出版社,2010
[17] 赵礼强,荆浩.电子商务理论与实务.北京:清华大学出版社,2010
[18] 扈健丽.电子商务概论.北京:北京理工大学出版社,2010
[19] 杭俊.电子商务概论.北京:机械工业出版社,2010
[20] 牛东来.电子商务理论与实践.北京:北京理工大学出版社,2000
[21] 廖以臣.电子商务实验教程.武汉:武汉大学出版社,2008
[22] 程光,张艳丽.信息与网络安全.北京:清华大学出版社,2008